Cuaderno/Manual de laboratorio

TO ACCOMPANY

Un paso más

An Intermediate Spanish Course

GENE S. KUPFERSCHMID

McGRAW-HILL PUBLISHING COMPANY
New York   St. Louis   San Francisco   Auckland   Bogotá
Caracas   Hamburg   Lisbon   London   Madrid   Mexico
Milan   Montreal   New Delhi   Oklahoma City   Paris
San Juan   São Paulo   Singapore   Sydney   Tokyo   Toronto

This is an EBI book.

Cuaderno/Manual de laboratorio to accompany *Un paso más*
An Intermediate Spanish Course

1 2 3 4 5 6 7 8 9 0   MAL   MAL   9 5 4 3 2 1 0

ISBN: 0-07-557647-3

Manufactured in the United States of America

Contents

Preface

This manual for *Un paso más* provides students with the opportunity to develop listening, speaking, reading, and writing skills on an individual basis. Instructors can use assignments in the manual to follow student progress and adjust their use of class time accordingly.

Each chapter of the manual has two parts: **Manual de laboratorio** and **Ejercicios escritos**. The **Manual de laboratorio**, to be used with the *Un paso más* tape program, contains a variety of activities to practice speaking and listening to conversational Spanish. Each chapter of the **Manual de laboratorio** opens with *Para comenzar*, a listening activity that introduces the topic of the chapter. In Chapters 1–10 this is followed by a pronunciation section, *Se pronuncia así*, which reviews and practices Spanish sounds that are especially problematic for English speakers. The *Estructuras y vocabulario* section includes exercises corresponding to the grammar and *En otras palabras...* sections of the textbook. The *Para escuchar* section offers listening activities in the form of conversations and simulated radio materials, followed by comprehension activities. The answers to most exercises are given on the tape. Answers are *not* provided in the student manual for at least one activity in each *Para escuchar* section. (Answers are, however, in the *Instructor's Manual*.)

With the exception of Chapters 22, 23 and 24, the structure and sequence of the **Ejercicios escritos** follow those of the textbook. Written activities are given for *En otras palabras...*, *Lengua y estructuras*, *Palabras problemáticas*, and *De todo un poco* sections. Some require simple manipulation of language and structures, while others call for a more creative or personal response. A number of activities are realia-based. *Con sus propias palabras*, which appears in every chapter through Chapter 21, has been designed to systematically develop writing skills. In this section, students are presented with a task which is explained and practiced in *Preparación* before the actual writing assignment is given in *Aplicación*.

Chapters 22, 23 and 24 are review chapters. In addition to the *En otras palabras...* sections that correspond to those in the textbook, they offer comprehensive review of definite and indefinite articles, **ser** and **estar**, the preterite and imperfect, the passive voice, the uses of **se**, commands, and the subjunctive.

Students can check their work and evaluate their own progress by first completing the exercises and then referring to the answer section at the end of the manual, where answers are given for all exercises that do not require a creative or personal response. Possible answers are given for some open-ended activities. Creative and/or personal response activities can be carried out in class, with students working in small groups. Instructors will find that they can spot difficulties and gauge comprehension of specific points by checking the creative and/or personalized exercises *before* a quiz or exam.

CAPÍTULO PRELIMINAR

Manual de laboratorio

Para comenzar

A. Arturo is talking about his friends. Complete his statements by circling the letter of the most appropriate word or phrase. Be careful! There may be more than one correct answer. You will hear the statements twice.

1. a	b	c	ch		4. a	b	c	ch
2. a	b	c	ch		5. a	b	c	ch
3. a	b	c	ch		6. a	b	c	ch

B. Cognados. The following ad for a Spanish-English dictionary contains many cognates that make it easy to understand. Scan the ad, noting those words and expressions that are similar to English. Then listen to the statements on the tape and indicate whether they are true (**cierto**) or false (**falso**). Pause now to look at the ad.

LA UNIVERSIDAD DE MIAMI

Su autoridad se traduce en este práctico
DICCIONARIO ESPAÑOL-INGLÉS INGLÉS-ESPAÑOL
¡El idioma vivo que se usa hoy!

1. Cierto	Falso	3. Cierto	Falso
2. Cierto	Falso	4. Cierto	Falso

Se pronuncia así: Spanish Vowels

The five basic vowel sounds in Spanish are [a], [e], [i], [o], [u]. The vowels are pronounced in short, quick, distinct sounds. They should never be pronounced with a glide, like the long *a* in the work *make* [meyk]. The *uh* sound or "schwa," which indicates how unstressed vowels are pronounced in English, is not used in Spanish.

A. Repeat the following sentences, imitating the speakers' pronunciation. Each group of sentences will focus on one vowel sound.

1. Spanish [a]
   Ana y Clara son altas.
   Mañana él va a la playa.
   Claro que vas a la cena.
2. Spanish [e]
   Pepe bebe café.
   Mercedes lee el informe.
   Él les permite perder.
3. Spanish [i]
   Mimí dice que sí.
   Rita me imita y me irrita.
   Linda invita a Anita y Camila.
4. Spanish [o]
   Todo lo bueno es de Rodolfo.
   Como pollo con Manolo.
   Colombia ganó el partido de polo.
5. Spanish [u]
   Úrsula usa un uniforme azul.
   Uruguay es un país único.
   La luz de la luna te alumbra.

B. Dictado.* Practice listening for Spanish vowel sounds in the following exercise. You will hear a series of words in each group. Write the word that does not contain the indicated sound. You will hear each series twice.

1. _____

2. _____

3. _____

4. _____

5. _____

Estructuras y vocabulario

GENDER OF NOUNS; DEFINITE AND INDEFINITE ARTICLES

You will hear a series of questions about the room you see in the drawing. Answer them, using definite and indefinite articles, as in the model. You will hear the correct answer on the tape. First, listen to the list of useful words.

---

*Answers to exercises called **Dictado** are found in the Appendix.

botella *bottle*	zapatos
guitarra	ropa
cartel (*m.*) *poster*	tocadiscos (*m.*) *record player*

MODELO: ¿Qué hay en el escritorio? → *Hay una computadora.*

1. ...   2. ...   3. ...   4. ...   5. ...   6. ...

GENDER AND NUMBER OF NOUNS AND ADJECTIVES

Mirta is describing some of her friends to Carlos. Carlos in turn is also describing some of his friends. Play the role of Carlos by changing Mirta's statements based on the written cues. You will hear the correct answer on the tape. Follow the model.

MODELO: Ramón es una persona muy sincera. (María y Juana) →
María y Juana también son muy sinceras.

1. Carmenza	3. Ana y Raquel	5. Marco
2. mis compañeros de cuarto	4. la señora Andrade	6. mi profesora

EN OTRAS PALABRAS… ¿CÓMO ES UD.?

Leticia is trying to get to know Juan Pablo a little better by asking him some questions about the way he is. Play Juan Pablo's role and answer Leticia's questions, expressing the opposite quality and using the phrase **¡De ninguna manera!** You will hear a possible answer on the tape. Follow the model.

MODELO: ¿Eres antipático? → *¡De ninguna manera! Soy simpático.*

1. ...   2. ...   3. ...   4. ...   5. ...   6. ...

THE PRESENT INDICATIVE

Raúl is conducting a survey to determine the basic characteristics of his classmates. Answer his questions in the affirmative or negative, as appropriate. You will hear a possible answer on the tape.

1. ...   2. ...   3. ...   4. ...   5. ...
6. ...   7. ...   8. ...   9. ...   10. ...

ASKING QUESTIONS; INTERROGATIVES

Carmen has just met Patricia. As she talks about herself, she also asks her new friend several questions. Use the statements with which she describes herself to formulate the questions that she asks Patricia. You will hear a possible answer on the tape. Follow the model.

MODELO: Yo trabajo a las seis de la tarde. → *¿Cuándo trabajas tú?*

1. ...   2. ...   3. ...   4. ...   5. ...   6. ...

UN PASO MÁS HACIA LA COMUNICACIÓN: INTERACTING POLITELY

You will hear several statements overheard at Susana's party. React to each one by circling the letter of the most appropriate expression. Be careful! There may be more than one correct answer. You will hear the statements twice.

1. a	b	c	ch		4. a	b	c	ch
2. a	b	c	ch		5. a	b	c	ch
3. a	b	c	ch					

GUSTAR

Ramona is conducting a survey on the types of personalities preferred by students in your Spanish class. Answer Ramona's questions, using the verb **gustar**. You will hear a possible answer on the tape. Follow the model.

MODELO: ¿Te gustan más las personas serias o las personas que tienen un buen sentido de humor? →
Me gustan las personas serias.

1. …   2. …   3. …   4. …   5. …   6. …

Para escuchar

A. You will hear several people provide a brief description of themselves. After each description, you will hear a series of statements. Indicate whether they are true (**cierto**), false (**falso**), or not known (**no se sabe**), based on what you just heard. You will hear the statements twice.

1. Cierto	Falso	No se sabe		6. Cierto	Falso	No se sabe
2. Cierto	Falso	No se sabe		7. Cierto	Falso	No se sabe
3. Cierto	Falso	No se sabe		8. Cierto	Falso	No se sabe
4. Cierto	Falso	No se sabe		9. Cierto	Falso	No se sabe
5. Cierto	Falso	No se sabe				

B. El horóscopo.

Antes de escuchar: Before listening to the following passage, try to guess the meaning of the italicized words from the context given in the following sentences. Familiarity with these words will help you understand the listening passage.

1. Su signo es Sagitario. Es una persona *nacida* en el mes de diciembre.

   _____ birthplace   _____ born   _____ established

2. Ella siempre se enamora muy rápidamente de los chicos. Es una persona muy *apasionada*.

   _____ pacifist   _____ passive   _____ passionate

3. Me gusta mucho hablar con él. Es muy amable y tiene un gran *encanto*.

   _____ charm   _____ character   _____ enchanted

4. A Mario no le gusta que su novia hable con otros chicos. Él es una persona muy *celosa*.

   _____ lonely   _____ jealous   _____ sultry

5. Maribel es su amiga más *fiel*. Siempre que la necesita, ella la ayuda.

   _____ faithful   _____ filthy   _____ best

The passage you are about to hear simulates a radio program that you could hear in a Spanish-speaking country. It is an example of the type of listening passage you'll be working with throughout this lab program. Before you begin the activity, read the instructions and study the fill-in chart that follows, so that you are familiar with the kind of information you will be asked to provide. These passages will often contain many unfamiliar words or expressions. Rather than becoming frustrated when you encounter words you do not understand, focus on obtaining only the information needed to complete the chart.

You will listen to excerpts from a radio broadcast by Radio Andina in La Paz, Bolivia. Tanya Dorada, a famous astrologist, is describing the various personalities associated with horoscope signs. You will hear descriptions related to two signs, Virgo and Leo. First, listen to the horoscope descriptions for general comprehension. Then, as you listen a second time, write down the adjectives that correspond to the following categories:

	VIRGO	LEO		VIRGO	LEO
En el trabajo es:	_____	_____	Con sus amigos es:	_____	_____
	_____	_____		_____	_____
	_____	_____		_____	_____
	_____	_____			
En el amor es:	_____	_____			
	_____	_____			
	_____	_____			

Ejercicios escritos

En otras palabras... Sus amigos

ACTIVIDAD: LAS CUALIDADES

What are the desirable qualities you look for in the following people?

1. un amigo (una amiga): _____, _____ y _____

2. un novio (una novia): _____, _____ y _____

3. un compañero (una compañera) de cuarto: _____, _____ y _____

4. un profesor (una profesora): _____, _____ y _____

5. un candidato político (una candidata política): _____, _____ y

_____

A. Cognates

ACTIVIDAD: VERDADEROS AMIGOS

To see how frequently cognates occur, circle them as you read the following monologue. Then complete the list that follows with cognates from the paragraph.

Un problema grave: El automóvil de Felipe no funciona. ¿Qué hacer? Felipe busca un teléfono y llama al mecánico. «¡Hola! Habla Felipe Mercader. Mi automóvil no funciona. No sé si será el motor o el carbura–dor. ¿Cómo? ¿Necesito ir a una estación de servicio? ¿Gasolina? Muy buena idea. Gracias, ¿eh?» El mecánico es muy inteligente, ¿no es cierto?

1. Lo que no funciona: _____

2. Lo que Felipe busca: _____

3. A quién llama: _____

4. Problemas que puede tener: _____ o _____

5. Lo que necesita Felipe: _____

6. Lo que necesita el automóvil: _____

7. Cómo es el mecánico: _____

En otras palabras… ¿Cómo es Ud.?

ACTIVIDAD: EL CUESTIONARIO

Before you came to college, you probably received a questionnaire asking about yourself so that you could be matched with a roommate. In case you didn't get one or didn't fill it out, complete this form with the adjectives that best describe you and the person with whom you already share (or would like to share) your living quarters.

Soy…

1. _____

2. _____

3. _____

4. _____

5. _____

Quiero (Tengo) un compañero (una compañera)…

1. _____

2. _____

3. _____

4. _____

5. _____

B. Gender of Nouns; Definite (the) and Indefinite (a, an) Articles

ACTIVIDAD: PRÁCTICA

Complete Columna A with the appropriate definite article. Use the indefinite article to complete Columna B.

COLUMNA A

1. ____ amiga		6. ____ gente	
2. ____ timidez		7. ____ agua	
3. ____ imaginación		8. ____ mentalidad	
4. ____ desastre		9. ____ mano	
5. ____ drama		10. ____ hambre	

COLUMNA B

1. ____ actividad		6. ____ hombre	
2. ____ problema		7. ____ mujer	
3. ____ foto		8. ____ actitud	
4. ____ día		9. ____ diversión	
5. ____ persona		10. ____ radio	

C. Gender and Number of Nouns and Adjectives; CH. Possessive Adjectives

ACTIVIDAD: ¡AQUÍ ESTÁS!

Use as many adjectives as possible and a possessive adjective or the definite or indefinite article to give your impressions of the following aspects of your college life:

1. _____ clases son _____

2. _____ profesores son _____

3. _____ gente aquí es _____

4. _____ compañeros son _____

5. _____ nuevos amigos (nuevas amigas) son _____

6. _____ actitud de los estudiantes es _____

7. _____ compañero/a(s) de cuarto es (son) _____

8. _____ comida de la cafetería es _____

9. _____ fiestas son _____

10. _____ equipos (teams) son _____

11. _____ periódico estudiantil es _____

12. Creo que este año va a ser _____

D. More about Cognates; En otras palabras... ¿Cómo es Ud.?

ACTIVIDAD: ¿LO IDEAL? ¿LO NECESARIO?

What are the characteristics usually associated with the people in the drawings? Use as many adjectives as you can from the **En otras palabras...** sections of this chapter.

1. El dentista: _____

2. La estudiante: _____

3. El idealista: _____

4. La terrorista: _____

5. La pianista: _____

6. El alpinista: _____

E. The Present Indicative

ACTIVIDAD: ¡CUÉNTAME ALGO MÁS!

Prepare to tell a new friend or roommate about yourself by completing the following partially or totally incomplete sentences affirmatively or negatively, using the verb in parentheses. Then use the same verb to ask about that person.

MODELO: (*vivir*) _____ → Vivo en Cleveland.

Y tú, ¿_____? → ¿vives en Cleveland también?

1. (*viajar*) _____ en las vacaciones.

Y tú, ¿_____?

2. *(leer)*   _____ el horóscopo en el periódico.

   Y tú, ¿_____?

3. *(traer)*   _____ el Walkman a mis clases.

   Y tú, ¿_____?

4. *(hacer)*   _____ ejercicio por una hora todas las mañanas.

   Y tú, ¿_____?

5. *(salir)*   _____ todas las noches.

   Y tú, ¿_____?

6. *(conocer)*   _____ a Michael Jackson.

   Y tú, ¿_____?

7. *(decir)*   Siempre le _____ «Buenos días» a nuestro profesor (nuestra profesora) de español.

   Y tú, ¿_____?

8. *(querer)*   _____ ser astronauta.

   Y tú, ¿_____?

9. *(jugar)*   _____ al bridge.

   Y tú, ¿_____?

10. *(ver)*   _____ algunas películas dos o tres veces.

   Y tú, ¿_____?

11. *(saber)*   _____ pilotear un avión.

   Y tú, ¿_____?

12. *(tener)*   _____

   Y tú, ¿_____?

13. *(ir)*   _____

   Y tú, ¿_____?

14. *(ser)*   _____

   Y tú, ¿_____?

F. Asking Questions; Interrogatives

ACTIVIDAD A: LA ENTREVISTA DE EMPLEO

The applicant in this cartoon gives all the wrong answers, but he gets the job nonetheless! Help him make a better impression by giving the correct response to the interviewer's questions. If there is an unanswered question, guess the information from the cartoon or write a question mark in the space provided.

1. nombre _____

2. domicilio _____

3. fecha de nacimiento _____

4. nacionalidad _____

5. sexo _____

6. profesión _____

7. estado civil (*marital status*) _____

8. estudios cursados _____

9. número de cédula (*ID number*) ___

10. estado de salud _____

tos... *whooping cough*
viruela *small pox*

Now imagine that as the interviewer you have to fill in the following information about the job applicant. What will you say?

11. comprensión de las preguntas _____

12. recomendación para el empleo _____

ACTIVIDAD B: ¡AHORA TE TOCA A TI!

Imagine that you are applying for a similar job and are being asked for similar information about yourself. Complete the question with the appropriate interrogative word, then give the information requested in a complete sentence.

1. ¿_____ se llama Ud.? _____

2. ¿En _____ ciudad vive Ud.? _____

3. ¿_____ es su dirección? _____

4. ¿_____ es su número de teléfono? _____

5. ¿_____ es su fecha de nacimiento? _____

6. ¿De _____ país es Ud.? _____

7. ¿_____ es su profesión? _____

8. ¿_____ es su estado civil? _____

9. ¿_____ son los estudios cursados? _____

10. ¿_____ es su número de Seguridad Social? _____

11. ¿_____ es su estado de salud? _____

12. ¿A _____ podemos pedirle una recomendación de Ud.? _____

13. ¿_____ puede Ud. comenzar a trabajar? _____

G. Gustar

ACTIVIDAD A: ¡HOLA!

What a pleasant surprise! Since you indicated on the questionnaire that you planned to study Spanish, you have been assigned a roommate from Mexico. In order to share a room happily for a year, you should know more about each other, so you will want to ask the following questions, according to the model:

MODELO: interesar / política → *¿Te interesa la política?*

1. gustar / leer ciencia ficción
2. interesar / las películas de los Hermanos Marx
3. gustar / las telenovelas (*soap operas*)
4. molestar / la música de rock duro (*hard*)
5. gustar / jugar al tenis

6. gustar / la comida china
7. importar / la cuestión de la ecología
8. interesar / conocer a mis amigos
9. molestar / dormir con las ventanas abiertas
10. importar / tener teléfono en el cuarto

1. _____

2. _____

3. _____

4. _____

5. _____

6. _____

7. _____

8. _____

9. _____

10. _____

ACTIVIDAD B: FANTASÍAS

Have you ever thought you would like to work with a famous film director such as Sam Shepard, play basketball with Larry Bird, or discuss art with Pablo Picasso? For four of the following items, select a famous person, real or fictitious, present or past, and tell why you chose him/her:

MODELO: jugar un deporte con… → Quiero jugar al básquetbol con Larry Bird porque me gusta el básquetbol y él lo juega muy bien. (Es un buen jugador.)

1. tener una cita con…
2. invitar… a mi próxima fiesta
3. tener una cena romántica con…
4. jugar un deporte con…
5. trabajar con…

6. hacer un viaje con…
7. pasar una semana en una isla desierta con…
8. estudiar con…
9. visitar a…
10. ayudar a…

1. _____

_____

2. _____

_____

3. _____

_____

4. _____

_____

De todo un poco

ACTIVIDAD A: MURCIÉLAGO

How many words can you form with the ten letters of the word **murciélago**? Each word should contain at least two letters; conjugated verbs may be used. Oh, yes—no letter may be used more than once *in the same word*. See if you can think of at least ten words!

1. _____
2. _____
3. _____
4. _____
5. _____

6. _____
7. _____
8. _____
9. _____
10. _____

ACTIVIDAD B: CON SUS PROPIAS PALABRAS

As this is the beginning of the semester, surely there are some questions you would like to ask your professor about the course or about himself/herself. Write them out, using each of the following interrogatives at least once: **¿Cuál? ¿Cuándo? ¿Dónde? ¿Quién? ¿Qué? ¿Por qué?**

1. ¿_____ ?

2. ¿_____ ?

3. ¿_____ ?

4. ¿_____ ?

5. ¿_____ ?

6. ¿_____ ?

7. ¿_____ ?

CAPÍTULO **1**

Manual de laboratorio

Para comenzar

A. You will hear a group of people describing the type of sport they most enjoy or prefer. After listening to each description, select those sports that match their interests by circling the appropriate letter. Be careful! There may be more than one correct answer. You will hear the statements twice.

1. a   b   c   ch   3. a   b   c   ch
2. a   b   c   ch   4. a   b   c   ch

B. Cognados. Scan the following ad, noting cognates and guessing words through context. Then listen to the statements on the tape and indicate whether they are true (**cierto**) or false (**falso**). You will hear the statements twice. Pause now to look at the ad.

1ER OPEN *alada*

WINDSURFING 7-8-9 Junio   TROFEO *alpha* INTERNATIONAL

La empresa Myrurgia, con su marca Alada, sigue estando presente en el mundo del windsurfing y organiza este año el I OPEN ALADA de WINDSURFING con ámbito internacional.

Dicho campeonato, se celebrará en aguas del Club de Mar de Sitges (Barcelona) contando con importantes características: participación de las mejores figuras nacionales, elevados premios en metálico, un bonito escenario natural, regalo de planchas de navegar, sorteo de velas Alada,... En definitiva, queremos convertir este I OPEN ALADA en una gran fiesta joven.

A más Alada, más besos.

EAU DE TOILETTE FRAICHE

1. Cierto   Falso   3. Cierto   Falso
2. Cierto   Falso   4. Cierto   Falso

Se pronuncia así: Breath Groups and Linking

Speaking in breath groups and linking words together are two techniques that will help you establish the proper cadence when speaking Spanish.

A breath group is a word or a group of words pronounced between pauses. Frequently a short sentence will be pronounced as one breath group, while a lengthier sentence may consist of two or more breath groups.

A. Practice pronouncing breath groups by repeating the following paragraph taken from the reading "A toda vela." Try to imitate the speaker as closely as you can.

Es el más joven de los deportes náuticos / y el que está de moda. / El windsurfing, / o tabla a vela, / más que una diversión de verano / se ha convertido en un "boom" social, deportivo y comercial, / algo que crece cada día.

Within a breath group there are several ways in which words can be "linked" together to facilitate their pronunciation. They are the following:

• The final consonant of a word is linked to the initial vowel of the word immediately following, forming one syllable. For example, the words **en** and **España** when used together are pronounced **enespaña**.

B. Practice this type of linking by repeating the following phrases taken from the reading:

cien escuelas	en una tabla
navegación a vela	empezar en frío
fundamentos aerodinámicos	esperar un crecimiento

• When two identical vowels belonging to different words are joined within a breath group, they are pronounced as a single vowel. For example **Elena** and **habla** when joined are pronounced **Elenabla**.

C. Practice this type of linking by repeating the following phrases from the reading:

alternativa absoluta	hasta a los ecologistas
de entrada	tanta aventura
sobre el agua	

• When dissimilar vowels between words come together within a breath group, they are usually pronounced jointly in a single syllable.

CH. Practice with the following phrases from the reading:

tanto entusiasmo	el frío y el agotamiento
puede ahogarse	ligera y silenciosa
se ha convertido	y hasta a los ecologistas
así empezó todo	deportivo y comercial

Estructuras y vocabulario

SUBJECT PRONOUNS

You're at a baseball game with a large group of friends. Francisco, the seven-year-old nephew of your best friend, is asking you questions about the people around you and about several of the players on the field. Answer his questions affirmatively, using subject pronouns as shown in the model. You will hear the correct answer on the tape.

    MODELO: ¿Aquella chica es Margarita Campos? → *Sí, es ella.*

1. ...   2. ...   3. ...   4. ...   5. ...

THE PRESENT INDICATIVE

Your friend Pamela is very sports-minded. She practices a number of sports and also enjoys watching others play. Describe Pamela's sports activities, forming complete sentences based on the written cues. You will hear a possible answer on the tape. Follow the model.

    MODELO: jugar al tenis todas las semanas → *Pamela juega al tenis todas las semanas.*

1. practicar la natación durante el verano
2. jugar al golf este fin de semana
3. aprender el windsurfing
4. querer jugar al básquetbol con sus amigos hoy
5. siempre ver los partidos de fútbol americano los domingos
6. ser miembro del equipo de natación
7. ir a los partidos de fútbol los sábados
8. seguir el campeonato de hockey por la televisión

EXPRESSIONS WITH TENER

You will listen to a group of friends describe how they are feeling and what they need. Complete their statements by selecting the correct answer from the options you will hear. You will hear each statement twice.

1. a	b	c		4. a	b	c
2. a	b	c		5. a	b	c
3. a	b	c		6. a	b	c

THE PERSONAL A

You are attending a soccer game in Buenos Aires, Argentina, with a friend who has never seen soccer played before. Answer his questions using the written cues and the personal **a**, where appropriate. You will hear the correct answer on the tape. Follow the model.

    MODELO: ¿Qué hace el jugador del equipo Boca Juniors? (buscar / balón) → *Busca el balón.*

1. gritar / árbitro
2. llamar / entrenador
3. mirar / reloj
4. buscar / campeón
5. saludar / espectadores
6. pedir / descanso (*time out*)

PRONOUNS THAT FOLLOW PREPOSITIONS

Pedro has just arrived at a class reunion and asks his friend Carmen some questions about the people attending. Play Carmen's role and answer Pedro's questions, using prepositional pronouns, as in the model. You will hear the correct answer on the tape.

MODELO: ¿De quién hablan Lorenzo y Manuel? ¿de Loreta? → *Sí, hablan de ella.*

1. …   2. …   3. …   4. …   5. …

THE PRESENT PROGRESSIVE

Say what these people are doing based on what you see in the drawing. Use the present progressive. You will hear the correct answer on the tape. Follow the model.

MODELO: ¿Qué hace Rita? → *Está tomando una foto.*

1. …   2. …   3. …   4. …   5. …

Para escuchar

A. You will hear several sports news stories being broadcast from a radio station in Mexico City. After each one you will hear a series of statements. Indicate whether they are true (**cierto**), false (**falso**), or not known (**no se sabe**), based on the news story. You will hear the statements twice.

1. Cierto	Falso	No se sabe	6.	Cierto	Falso	No se sabe
2. Cierto	Falso	No se sabe	7.	Cierto	Falso	No se sabe
3. Cierto	Falso	No se sabe	8.	Cierto	Falso	No se sabe
4. Cierto	Falso	No se sabe	9.	Cierto	Falso	No se sabe
5. Cierto	Falso	No se sabe	10.	Cierto	Falso	No se sabe

B. Una encuesta

Antes de escuchar: The passage you are about to hear deals with the sports preferences of Spanish people. Answer the following questions about your own preferences before listening to the passage:

1. ¿Qué deportes prefieres ver por la televisión?

2. ¿Qué deportes te gustan como espectador?

_____

3. ¿Qué deportes te gusta practicar más?

_____

4. ¿Qué deportes prefieres *no* practicar?

_____

You will hear a TV commentator from the Spanish Television Network report the results of a survey about sports preferences and practices among Spanish people today. First, listen carefully for general comprehension. Then, as you listen a second time, fill in the following grid indicating the preferences of men and women, based on the information provided by the commentator:

	HOMBRES	MUJERES
DEPORTES PREFERIDOS COMO ESPECTADORES		
DEPORTES PRACTICADOS		

Ejercicios escritos

En otras palabras… ¿Te gusta el wind-surfing?
Para hablar más de los deportes

ACTIVIDAD A: ¡EN SUS MARCAS, LISTOS, YA! (*ON YOUR MARK, GET SET, GO!*)

¿Es Ud. aficionado/a a los deportes? ¿Lee la página deportiva del periódico? ¡Vamos a ver! Complete Ud. la siguiente tabla con los nombres de los deportes apropiados. Puede nombrar el mismo deporte varias veces.

Los deportes…

1. que requieren una vela: _____

2. acuáticos: _____

3. que se practican sobre el hielo: _____

4. que se practican sobre la nieve: _____

5. que pueden ser practicados por una sola persona: _____

6. que requieren dos personas; _____

7. de equipos con más de cuatro jugadores: _____

8. en que hay contacto físico entre los participantes: _____

9. peligrosos: _____

10. que requieren un equipo costoso: _____

ACTIVIDAD B: ¿QUIÉN ES QUIÉN?

Who is at the big game? Identify the following people:

Las personas que...

1. enseñan a los/las atletas a jugar bien son _____

2. deciden cuál jugador o equipo gana el punto son _____

3. ganan casi todos los partidos y reciben una medalla o un trofeo son _____

4. gritan y aplauden durante un partido son _____

Y Ud., ¿cómo se identifica en este contexto? _____

A. Subject Pronouns

ACTIVIDAD A: ¡VAMOS AL PARTIDO DE FÚTBOL!

Jairo's favorite soccer team is the Águilas. Alicia doesn't mind watching a soccer game occasionally, but would really prefer a good movie. As you read about their first date, decide which response is appropriate for each of them, using subject pronouns for emphasis or clarity, as in the model.

MODELO: Es la primera cita de Alicia y Jairo. (querer ir al partido de fútbol / querer ver una película) → Él quiere ir al partido de fútbol. Elle quiere ver una película.

1. Ellos van al partido. (no estar entusiasmado/a / estar contento/a)

_____

2. Hablan de los equipos. (ser aficionado de los Águilas / decir que los Halcones juegan mejor)

_____

3. ¡El partido ha comenzado! (gritar con entusiasmo / mirar sin mucho interés)

_____

4. ¡Los Halcones ganan el partido! (estar contento/a / estar desilusionado/a)

_____

ACTIVIDAD B: DESPUÉS DEL PARTIDO

After the game, Jairo invites Alicia to a café. As you continue reading about their date, write in the subject pronoun where necessary and leave the space blank if one is not needed.

Jairo y Alicia van al Café Torino y _____¹ se sientan a una pequeña mesa para dos. _____²

miran el menú y _____³ hablan un poco más del partido. Jairo le dice a Alicia: «_____⁴ dices

que _____⁵ no te interesa mucho el fútbol. Entonces, ¿cómo sabías _____⁶ que el de los

Halcones es un buen equipo?» «¡Ah!», responde Alicia. «Mi hermano y sus amigos siempre hablan de

los equipos y a veces _____⁷ los escucho.» En este momento viene el mesero y le dice a Alicia:

«¿Qué desea _____⁸ tomar, señorita?» «_____⁹ quiero churros y chocolate», contesta Alicia.

«¿Y _____¹⁰, señor?» Jairo piensa un momento y después le dice: «_____¹¹ creo que

_____¹² voy a pedir un café y una tostada de jamón y queso.» En este momento, un joven pasa por

la mesa, _____¹³ mira a Jairo y le dice: «¿Eres _____¹⁴ Jairo Maldonado?» «Sí, soy

_____¹⁵,» responde Jairo. «¡Momentito! ¡_____¹⁶ eres Carlos Villavicencio! ¡Casi no te

reconocí con el bigote (*mustache*)! ¿Cómo estás _____¹⁷, hombre? ¡Tanto tiempo que _____¹⁸

no nos vemos! Alicia, _____¹⁹ quiero presentarte a mi viejo amigo, Carlos. ¡Mesero! ¡Un café y

unas tostadas más! Y ahora _____²⁰ necesitamos una mesa más grande también.»

ACTIVIDAD C: ¿QUIÉN?

What happens when Jairo and Alicia are in the café? Answer the questions with the subject pronouns. Use a name only when necessary.

MODELO: ¿Quién no tenía interés en ir al partido de fútbol, Jairo o Alicia? → *Ella*

1. ¿Quién sabía que el de los Halcones es un buen equipo, Jairo o Alicia? _____

2. ¿Quién pide churros y chocolate, Jairo o Alicia? _____

3. ¿Quién se encuentra con un amigo en el café, Jairo o Alicia? _____

4. ¿Quién tiene bigote, Jairo o Carlos? _____

5. ¿Quién está contento de ver a Carlos, Alicia o Jairo? _____

B. The Present Indicative

ACTIVIDAD: PREFERENCIAS DEPORTIVAS

Tell about yourself and the following people or sports by conjugating the infinitives in the present indicative and making other necessary changes.

MODELO: Yo... (no) (*practicar*) _____ el béisbol. → Yo *no practico* el béisbol.

1. Yo... (no)

   (*jugar*) _____ al tenis, (*hacer*) _____ gimnasia, (*correr*) _____, (*esquiar*) _____, (*mirar*) _____ los deportes en la televisión, (*ser*)

_____ aficionado/a de los Yanquis, (*conocer*) _____ a unos jugadores de

fútbol y (*mantener*) _____ el equilibrio en los esquís.

2. El squash...
(*ser*) _____ un deporte ligero, (*estar*) _____ de moda, (*requerir*)

_____ una raqueta, (*quemar*) _____ muchas calorías, (*crecer*)

_____ en España y no (*costar*) _____ mucho jugarlo.

3. Mis amigos y yo... (no)
(*asistir*) _____ a todos los partidos de nuestro equipo, (*traer*) _____ cerveza al

partido, (*salir*) _____ temprano del partido, (*leer*) _____ los resultados en el

periódico y a veces (*tener*) _____ ganas de (*patinar*) _____.

4. Los jugadores de nuestro equipo... (no)
(*ser*) _____ buenos, siempre (*querer*) _____ ganar, (*hacer*)

_____ ejercicios para precalentarse, (*jugar*) _____ bien, (*tener*)

_____ sed durante el partido y (*viajar*) _____ con el equipo.

5. Y tú...,
¿(*ser*) _____ aficionado/a al hockey? ¿(*esquiar*) _____ bien? ¿(*jugar*)

_____ al golf? ¿(*tener*) _____ que practicar más el tenis? ¿(*navegar*)

_____ en verano? ¿(*venir*) _____ al próximo partido? ¿(*ir*) _____

a los Juegos Olímpicos?

C. Expressions with *tener*

ACTIVIDAD A: ¿QUÉ TIENEN?

The people in the drawings are playing or watching a sport. Use one or more **tener** expressions to tell about them, using **mucho** or **poco** when you want to be more explicit.

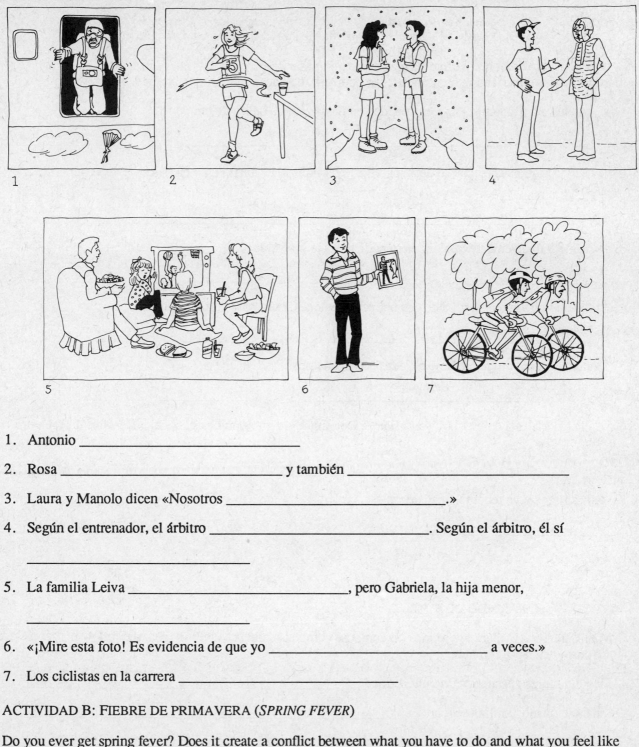

1. Antonio _____

2. Rosa _____ y también _____

3. Laura y Manolo dicen «Nosotros _____.»

4. Según el entrenador, el árbitro _____. Según el árbitro, él sí

   _____

5. La familia Leiva _____, pero Gabriela, la hija menor,

   _____

6. «¡Mire esta foto! Es evidencia de que yo _____ a veces.»

7. Los ciclistas en la carrera _____

ACTIVIDAD B: FIEBRE DE PRIMAVERA (*SPRING FEVER*)

Do you ever get spring fever? Does it create a conflict between what you have to do and what you feel like doing? Tell what you and the following people feel like doing on a lovely spring day and what has to be done, selecting from the optional expressions listed here or creating others.

MODELO: La doctora Valencia está en su consultorio y tiene que ver a 20 pacientes hoy. →
Tiene ganas de jugar al tenis, pero tiene que atender a los pacientes.

Palabras útiles: comer, estudiar, navegar, trabajar, pasar el día en el campo, estar a dieta, jugar al frisbee, ir a una clase, ir a una entrevista, ser perezoso, no hacer nada, ir de compras, ganar dinero

1. Enrique va a graduarse en la universidad en junio y ahora busca un empleo.

    _____

2. El señor Blanco es ejecutivo de una gran empresa (*corporation*). Tiene un barco de vela, pero lo usa muy poco.

    _____

3. Matilde trabaja en Nueva York, pero no le gusta la gran ciudad.

    _____

4. A Lucía no le gusta su ropa de verano, pero no tiene dinero para comprar otra.

    _____

5. Vamos a hacer un picnic hoy. ¿Puedes acompañarnos?

    _____

6. La heladería está abierta hoy y a la señora Domínguez le gusta mucho el helado. Desafortunadamente, es muy gorda.

    _____

7. Mis amigos y yo tenemos un examen esta tarde.

    _____

CH. The Personal *a*

ACTIVIDAD: EL PARTIDO DE FÚTBOL

Use the **a personal** where appropriate to compose complete sentences telling what the following people are doing during the soccer match:

1. los jugadores / escuchar / el entrenador _____

2. los aficionados / mirar / el partido _____

3. el jugador número 11 / pasar el balón / el jugador número 5 _____

4. algunos aficionados / gritar / el árbitro _____

5. el entrenador / dar una entrevista / una periodista _____

6. Alicia / ver / sus amigos _____

7. el señor Bustamante / mirar / el partido en la televisión _____

D. Pronouns that Follow Prepositions

ACTIVIDAD: EL CAMPEONATO DE TENIS

Some of the champion tennis players today are from Spanish-speaking countries. Rewrite the following account of a championship match, using the new preposition indicated in parentheses and, where necessary, substituting a pronoun for the object of the preposition and making other necessary changes.

MODELO: A las 11:00 vamos a hablar *de* Gabriela Sabatini. (*con*) →
A las 11:00 vamos a hablar con ella.

1. Hoy todos juegan bien, *excepto* la española, Arantxa Sánchez. (*incluso*)

_____

2. *Según* los tenistas de habla española, no hay dificultad en comprenderse. (*Entre*)

_____

3. En el próximo partido, otra tenista española, Conchita Martínez, va a jugar *con* Arantxa Sánchez. (*por*)

_____

4. Y ahora la campeona argentina Gabriela Sabatini está en el estudio para hablar conmigo. Gabriela, quiero hablar un poco *de ti.* (*con*)

_____

5. Gabriela, ¿es verdad que tus padres siempre van a los partidos cuando juegas? «Sí, mis padres siempre vienen *por* mí.» (*con*)

_____

6. Seguramente los que están mirando este partido saben que este trofeo es *para* Gabriela Sabatini. (*de*)

_____

E. The Present Progressive

ACTIVIDAD: ¿QUÉ ESTÁN HACIENDO AHORA?

It's 9:00 on Friday night and many of you are at the big basketball game of the season. Following the model, select the appropriate expressions to tell what you and the other people listed below are or are not doing.

MODELO: Yo... (mirar, dormir) → *Estoy mirando el partido. No estoy durmiendo.*

1. Ahora los jugadores... (correr, saltar, jugar bien, ganar, leer el programa, oír los gritos de los aficionados, descansar)

   _____

   _____

2. Mis amigos y yo siempre vamos a los partidos. Ahora... (aclamar [*to cheer*], comer comida china, mirar el partido, aplaudir, gritar como locos, hacer la tarea, tomar cerveza)

   _____

   _____

3. Pero tengo un poco de dificultad en concentrarme en el partido porque... (pensar en la tarea para el lunes, esperar una llamada de mi novio/a, charlar con mis amigos, tomar mucha cerveza, escuchar una conversación interesante)

   _____

   _____

4. En este momento, mientras nos divertimos, el empollón (la empollona) (*grind*)... (dormir, estudiar los verbos en latín, bailar en una fiesta, memorizar fórmulas de química, leer la revista *Mad*)

Palabras problemáticas

ACTIVIDAD: EL TIEMPO LIBRE

¿Cómo pasa Ud. el tiempo libre? Complete las oraciones para indicar si Ud. juega o toca uno de los siguientes:

1. _____ la trompeta.

2. _____ Nintendo.

3. _____ el bridge.

4. _____ el órgano.

5. _____ billares.

6. _____ la flauta.

7. _____ el ajedrez (*chess*).

8. _____ los policías y ladrones (*cops and robbers*).

De todo un poco

ACTIVIDAD A: CON SUS PROPIAS PALABRAS: SIMPLIFICATION.

Preparación

It is frustrating to be unable to say exactly what you would like to say. Students often try to express themselves in Spanish with the same language they would normally use in English, sometimes with strange or comical results: strange because they translate literally or comical because they produce words or expressions that have no meaning in Spanish. This is especially true of slang, which cannot be translated literally.

It is only natural, at this stage, for you to think first of what you are going to write in English, then to try to replicate it in Spanish. But you will achieve much better results if, instead of translating, you rely upon your knowledge of Spanish and express those same ideas as simply as possible.

Of course, you are not yet ready to present your thoughts and ideas the way a professional journalist would. But you can present the same or similar ideas effectively in a simpler fashion. In the completion activity that follows, you will practice simple rephrasing of some sentences from the article "A toda vela." The original sentences are followed by two simpler ones. Complete them with just a few words to state the same idea that the author of the article expressed, relying upon **En otras palabras**... as much as possible.

1. «El windsurfing, o tabla a vela, más que una diversión de verano se ha convertido en un "boom" social, deportivo y comercial, algo que crece cada día.»

   a. Hoy en día el windsurfing es _____

   b. El windsurfing está _____

2. «Hace unos 10 años [dos ejecutivos norteamericanos] inventaron una fórmula capaz de combinar los alicientes del esquí con los bajos costos del surf, junto con la autonomía de la navegación a vela.»

   a. El windsurfing combina los mejores aspectos de _____

   b. Los inventores del windsurfing inventaron un deporte que _____

3. «El navegante puede llevar, sin excesivo esfuerzo, el yate bajo el brazo.»

   a. La tabla y la vela son _____

   b. El equipo no pesa _____

4. «Príncipes, ejecutivos, obreros, estudiantes y amas de casa, una nueva marinería intuitiva e incontrolada, cabalgan sobre las olas, tratando de mantener el equilibrio en una tabla.»

   a. Todo el mundo está _____

   b. Es un deporte para _____

5. Y tanta aventura cuesta poco.

   a. Es un deporte divertido y _____

   b. Es mucha diversión por _____

Aplicación

Now that you have practiced saying what you want to say as simply and explicitly as possible, apply this skill by writing a simple paragraph telling about your favorite sport: why you like it, where and by whom it is played, why it is popular, and anything else that you think is interesting. Write your paragraph on another sheet of paper.

ACTIVIDAD B: PALABRAS CRUZADAS

All the words needed to complete this crossword puzzle are about sports. How long will it take you to complete it with the clues given below?

Horizontales

2. Deporte que permite mirar las formaciones de coral
4. La persona que practica un deporte como profesión
5. Es necesaria para practicar el windsurfing
7. Un deporte muy popular en los Estados Unidos y los países del Caribe
8. El número mínimo de jugadores en un partido de tenis
10. Es más popular en Latinoamérica y España que en los Estados Unidos
11. Lugar donde se puede navegar

Verticales

1. Es un deporte acuático
2. Se practica con un equipo de cinco y un cesto
3. Se necesita una bicicleta para practicar este deporte
6. Severiano Ballesteros es campeón en este deporte
8. El número de oponentes en el boxeo
9. Otra parte del equipo necesario para el windsurfing

CAPÍTULO **2**

Manual de laboratorio

Para comenzar

A. Scan the following movie ad, noting important information such as the title and the names of actors, actresses, the director, and so on. Then you will hear a series of statements about the ad. Indicate whether they are true (**cierto**), false (**falso**), or not known (**no se sabe**), based on the information in the ad. You will hear the statements twice. Pause now to look at the ad.

1. Cierto   Falso   No se sabe   4. Cierto   Falso   No se sabe
2. Cierto   Falso   No se sabe   5. Cierto   Falso   No se sabe
3. Cierto   Falso   No se sabe

B. You and a group of friends have decided to see a film tonight. As you look through the entertainment section of the newspaper, you narrow your choices to the three films listed below. You will hear several friends talk about the kind of movie they would like to see. After each statement, select the movie best suited to your friends' tastes. First, listen to the names of the movies and to a brief description of them:

1. *Único testigo*   2. *Mi novia es una extraterrestre*   3. *Superman IV*

1. _____   _____   _____

2. _____   _____   _____

3. _____   _____   _____

4. _____   _____   _____

Se pronuncia así: Diphthongs and Triphthongs

In Spanish, when the weak vowels **i**[*] and **u** combine with the strong vowels **a**, **e** and **o**, or with each other, they form a diphthong. In diphthongs, the strong vowel retains its full syllabic value, while the weak vowel generally loses part of its syllabic force. The sounds of two weak vowels blend together.

The following are the most common diphthongs in Spanish:

    ia, ie, io, iu   **ua, ue, uo, ui**

A. Repeat the following words after the speaker:

gracias	adiós	agua	antiguo
miércoles	ciudad	bueno	Luis

B. *Dictado.* You will hear a series of words in each group. Write the word that does not contain a diphthong. You will hear each series twice.

1. _____   3. _____

2. _____   4. _____

A triphthong is formed when a stressed strong vowel comes into contact with two weak vowels. Four frequent combinations for triphthongs are **iai, iei, uai (uay)**, and **uei (uey)**.

C. Repeat the following words after the speaker:

buey	estudiáis	Uruguay	Camagüey
Paraguay	pronunciéis	evaluáis	continuéis

---

[*]Also written **y**.

Estructuras y vocabulario

UN PASO MÁS HACIA LA COMUNICACIÓN: EXPRESSING PREFERENCES

Marisa invites Carlos to go to the movies. Play the role of Carlos and answer Marisa's questions about his preferences. You will hear a possible answer on the tape. Follow the model.

MODELO: Carlos, ¿te gustaría ir al cine conmigo el sábado? → *Sí, me gustaría.*

1. …   2. …   3. …   4. …

GENDER AND NUMBER OF NOUNS AND ADJECTIVES

Carla asks her friend Ligia some questions about the soap opera «Corazón sin aliento», which Ligia watches every day. Play Ligia's role and answer Carla's questions according to the written cues. Be careful to use the correct gender and number of nouns and adjectives in your answer. You will hear a possible answer on the tape. Follow the model.

MODELO: ¿Cuántos actores conocidos hay en «Corazón sin aliento»? (*sólo uno*) →
              Sólo hay un actor conocido.

1. no, dos   2. no, María Sánchez   3. no, cinco   4. sólo una   5. no, ni una sola

REFLEXIVE PRONOUNS

Answer the questions that you hear based on what you see in the drawing. Use reflexive pronouns in your answer. You will hear a possible answer on the tape. Pause now to look at the drawing.

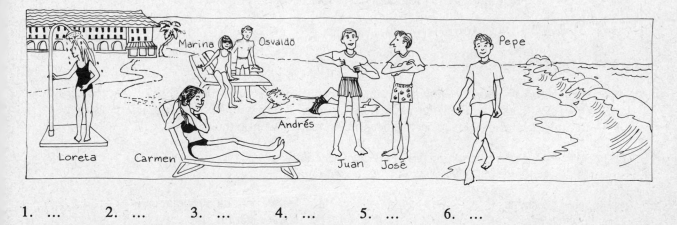

1. …   2. …   3. …   4. …   5. …   6. …

TELLING TIME

Scan the TV programming guide that follows. Then answer the questions you will hear, indicating at which times specific programs are shown. You will hear the correct answer on the tape. Follow the model. Pause now to look at the guide.

En Pantalla Grande y Chica

TV CADENA UNO

11:00 Colorina.
11:30 Vivir mejor.
12:30 Noticiero Cinevisión.
1:00 Tv guía.
1:30 Cristal.
4:30 Telenovela.
  "Flor de invierno".
5:00 Los mejores.
6:00 Telesemana.
7:00 Noticiero 24 horas.
7:29 El minuto de Dios.
7:35 Unidad de rescate.
8:00 El juicio.
8:30 Amar y vivir.
9:30 Noticiero Tv hoy.
10:00 Telenovela.
  "El Cacique y la Diosa".
10:30 Cuento de lo inesperado.
11:00 Intervención partido político.
11:10 Mujeres del mundo.
12:10 Rumba de medianoche.

Recomendamos

Hoy recomendamos la transmisión del programa "Paper Chase", a las 11:10 p.m. por la Segunda Cadena.

Telecaribe

6:00 Telecaribe.
6:30 Noticiero Tv Cartagena.
7:00 Champagne.
7:30 Esta si es la costa.
8:00 Coralito.
9:00 Noticiero Televista.
9:30 Las amazonas.
10:00 Amor gitano.
11:00 Noticiero Tv Cartagena.
11:10 Buenas noches.

★ ★ Cine ★ ★

Cinema 1: Supermán IV
Cinema 2: Rambo III
Capri 1: Rambo III
ABC 1: Moonwalker
ABC 2: Superman IV
Colombia: El Cartel y Deber de guerra
Metro 1: Rambo III
Metro 2: Quién engañó a Roller Rabbit
Colón: Rambo III
Cinerama 84: Rambo III
Cine plaza: La última cacería
Royal centro: La máquina del amor
Cinelandia: Guerreros de la ciudad y Alto al juego

TV CADENA DOS

11:30 Al final del arco iris.
12:00 Historias de amor.
12:30 Telenoticiero del mediodía.
1:00 ¿Quién, dónde, cuándo?
1:30 Consultorio jurídico.
2:00 Educación básica.
4:30 Mask.
5:00 Décimo grado.
6:00 Profesión peligro.
7:00 Noticiero de las siete.
7:29 El boletín del consumidor.
7:35 Los pequeños picapiedras.
8:00 Telenovela.
  "Quieta, Margarita".
8:30 El show de las estrellas.
9:30 Noticiero Nacional.
10:00 Informe especial.
10:30 El show de Benny Hill.
11:00 Deporte con todos.
11:10 Viernes de Cine.
  "Paper Chase".

MODELO: ¿A qué hora pasan el programa «Ésta sí es la costa» por Telecaribe? → *A las siete y media.*

1. ...   2. ...   3. ...   4. ...   5. ...   6. ...

ACABAR DE AND *IR A*

Answer the questions you hear by indicating what the people named have just done and what they are about to do. Use the infinitives given in your manual, in the order given, with **acabar de** and **ir a**, as in the model, to formulate your answers. You will hear the correct answer on the tape.

MODELO: ¿Qué hace Juana? (*escuchar la radio / estudiar*) →
Acaba de escuchar la radio. Ahora va a estudiar.

1. ver la tele / acostarse
2. estudiar / comer
3. hablar por teléfono / ir al cine
4. leer el periódico / tomar café
5. cenar / leer un libro
6. ver una película / beber un refresco

THE INFINITIVE AFTER *AL* OR A PREPOSITION

You are discussing your TV viewing habits with a friend. Respond to his statements, based on the written cues. You will hear a possible answer on the tape. Follow the model.

MODELO: Me gusta mirar televisión para entretenerme. ¿Y tú? (*para relajarme*) →
Me gusta mirar televisión para relajarme.

1. al llegar a casa
2. para divertirme
3. los partidos de fútbol
4. hasta dormirme
5. antes de mirarlas
6. antes de dormirme

VERBS USED IN A REFLEXIVE AND NONREFLEXIVE SENSE

You are being interviewed by potential roommates, who want to know what your everyday habits are like. Answer the questions as if they were addressed to you personally, using reflexive or nonreflexive verbs as appropriate. You will hear a possible answer on the tape.

1. ...   2. ...   3. ...   4. ...   5. ...   6. ...   7. ...   8. ...

Para escuchar

A. You will hear several brief dialogues. After each one, you will hear a series of statements. Indicate whether they are true (**cierto**), false (**falso**), or not known (**no se sabe**), based on the dialogues. You will hear the statements twice.

1. Cierto	Falso	No se sabe		6. Cierto	Falso	No se sabe
2. Cierto	Falso	No se sabe		7. Cierto	Falso	No se sabe
3. Cierto	Falso	No se sabe		8. Cierto	Falso	No se sabe
4. Cierto	Falso	No se sabe		9. Cierto	Falso	No se sabe
5. Cierto	Falso	No se sabe				

B. Crítica de cine

Antes de escuchar: The passage you are about to hear is a movie review in which a commentator expresses his opinions about a particular film. As you listen, it is particularly important to focus on the tone of the narrator's voice as well as on the type of adjectives that he uses. Before beginning, try to recall the last film you saw and use at least three adjectives to qualify the following elements or participants of the film.

El actor principal: _____

La actriz principal: _____

El director: _____

El camarógrafo: _____

You will hear a movie review of the film *Pasión mortal* by a television commentator in Caracas, Venezuela. First, listen carefully for general comprehension. Then rewind the tape to listen a second time, and complete the evaluation of the film on the chart, indicating how different participants were rated by the reviewer.

	EXCELENTE	BUENO	REGULAR	PÉSIMO
Los actores:				
Roberto Paz	_____	_____	_____	_____
Miguel Fiorello	_____	_____	_____	_____
Las actrices:				
Liliana González	_____	_____	_____	_____
Mónica Dialo	_____	_____	_____	_____

	EXCELENTE	BUENO	REGULAR	PÉSIMO
La directora:				
María del Prado	_____	_____	_____	_____
El camarógrafo:				
Pedro Ángel Molina	_____	_____	_____	_____
La película en general	_____	_____	_____	_____

Ejercicios escritos

En otras palabras... Los espectáculos

ACTIVIDAD: UN RESUMEN DE *THE MILAGRO BEANFIELD WAR*

Complete el resumen del artículo «Hollywood y los hispanos» con las palabras o expresiones apropiadas de «Los espectáculos.» Se puede usar las palabras varias veces.

Ésta es la segunda vez que el famoso actor, Robert Redford, _____[1] en director. La película que acaba de dirigir es *The Milagro Beanfield War*, adaptada de la novela del mismo nombre del escritor John Nichols. La _____[2] de Nichols es la primera novela del autor que tiene _____.[3] La película _____[4] el humor con _____[5] históricos, políticos, culturales y sociales para representar los _____[6] que ocurren cuando José Mondragón decide sembrar algunos frijoles en un pequeño terreno situado justo frente a (*right in front of*) la tumba de sus padres.

Redford _____[7] con integridad a la comunidad hispana y sus valores, algo que no ocurre frecuentemente en las películas _____[8] de Hollywood. Los actores hispanos tienen los _____[9] de los _____[10] hispanos. Además, hispanos trabajan en otros _____[11] de la producción. Según el productor cinematográfico, Moctesuma Esparza, «En esta película trabajan más hispanos como jefes de departamento que en cualquier otra.»

En otras palabras... ¡Vamos al cine!

ACTIVIDAD A: NOCHE DE GALA

Do you watch the Academy Awards night on television? Describe it by completing the following paragraph, referring to this section of your book. No word can be used more than once.

¡Es la noche de la entrega de los «Óscars», la noche en que los miembros del comité

_____1 los mejores _____2 y la película _____3 del año! ¡Toda

la gente _____4 del mundo cinematográfico está presente! Los/Las _____5

esperan ganar un Óscar por su actuación en un _____.6 Los escritores de guiones (*scripts*)

y los _____7 de las películas también quieren obtener este reconocimiento. Al oír su

nombre, algunos artistas _____,8 otros _____9 y algunos no saben qué decir.

A veces dan el Óscar a una película _____10 con un _____11 absurdo, y nadie

puede comprender por qué. Sin embargo es un espectáculo interesante y realmente es una noche muy

_____12 para todos los presentes.

ACTIVIDAD B: ¿REÍRSE, SONREÍR O LLORAR?

This evening Marisol and her family are watching a video of the movie *E.T.* As she tells you how she and her family react to the picture, complete the blanks with the correct form of the verb in parentheses.

Yo (*reírse*) _____1 de las aventuras de E.T. porque sé que es una fantasía.

Mis padres también (*reírse*) _____2 porque creen que es cómico.

Mi abuela (*sonreír*) _____3 y dice que E.T. es una criatura adorable.

Mi hermanito Carlos, que tiene solamente 5 años, ni (*reírse*) _____4 ni (*sonreír*)

_____.5 Al contrario, (*llorar*) _____6 porque tiene miedo. No comprende que

es una fantasía.

(*nosotros: reírse*) _____7 cuando Carlos nos dice ésto y le explicamos que criaturas como

E.T. no existen en la realidad.

A. Gender and Number of Nouns and Adjectives

ACTIVIDAD: ¡CINE EN SU CASA!

How about watching a movie at home on the VCR? As you read these ideas for a really different kind of evening, fill in the spaces with the appropriate definite or indefinite article and the correct form of the adjectives in parentheses.

Si Ud. quiere escaparse de _____1 dramas _____ ,2 no tolera más _____3
                                                      (*pésimo*)

violencia _____4 o está cansado/a de _____5 crisis que se ven todas las noches en la
      (*abundante*)

televisión, ¿por qué no se divierte con _____6 festival de dibujos _____7 en su casa?
                                                              (*animado*)

¡Sí! Ud. puede alquilar vídeos de _____8 _____9 personajes de _____10 risa:
                                      (*famoso*)

«Betty Boop», «Super-Ratón», «Tom y Jerry», «Huckleberry Hound» y «_____11 Oso Yogi».

¿Es Ud. aficionado/a a las películas de Walt Disney? Este estudio tiene en _____12 mercado

_____13 serie de vídeos con sus estrellas _____ ,14 «Pato Donald», «Daisy» y «Tío
                                              (preferido)

_____15 McPato», entre otros. _____16 calidad de _____17 dibujos es superior a
      (Rico)

los de _____18 televisión y, en _____19 casos, _____20 comedia es más
                                    (mucho)

_____.21 Lo único que Ud. tiene que hacer es preparar _____22 palomitas de maíz
  (sofisticado)

(popcorn) y _____23 refrescos e ¡invitar a sus amigos a divertirse!

_____24 alternativa es alquilar _____25 vídeos de música rock. Todos sus
      (Otro)

cantantes _____26 tienen sus vídeos _____ ,27 Prince, Madonna, Cyndi
          (favorito)   (musical)

Lauper y Billy Joel. Y, si Ud. quiere algo más _____ ,28 puede alquilar música de
                                                (antiguo)

Blondie o de Los Beatles.

¿Quiere ver películas _____29 en videocassette? Le recomendamos dos que eran
                      (sensacional)

_____30 cuando los jóvenes de hoy eran muy _____.31 Fiebre de
  (popular)   (pequeño)

_____32 sábado por _____33 noche es _____34 dinamita, ¡y _____35 escenas
                                           (puro)

de baile con John Travolta son _____ !36 En Cabaret, Liza Minelli es «Sally Bowles»,
                                (fenomenal)

_____37 heroína _____ ,38 _____39 y _____.40
                   (trágico)   (heroico)   (decadente)

¡_____41 música es _____42 y _____43 actuaciones son _____ !44
                      (inolvidable)   (sobresaliente)

B. The contractions *al* and *del*

ACTIVIDAD: MÁS SOBRE LOS ÓSCAR

Tell what you and the following people are doing while the Oscars are being given out on Academy Awards night by completing the following sentences with the appropriate definite articles or the contractions **al** or **del**.

1. Miro _____ espectáculo en la televisión.

2. Los candidatos escuchan atentamente a _____ presentadores.

3. Al recibir el Óscar, las estrellas les dan un beso a _____ presentadores.

4. Cuando un equipo recibe el Óscar por su trabajo en algo técnico, les da las gracias a _____

   productor y a _____ director y hablan de _____ honor que representa recibir el Óscar.

5. Las estrellas en el auditorio aplauden cortésmente mientras miran _____ monitor de vídeo.

6. Todos hablan de _____ vestido que lleva Cher.

7. Los fotógrafos le toman fotos a _____ nuevo novio de Barbra Streisand.

8. Al día siguiente, mis amigos y yo hablamos de _____ actor que metió la pata (*stuck his foot in his mouth*), de _____ bailes y las canciones y de _____ películas que ganaron un Óscar.

C. Reflexive Pronouns

ACTIVIDAD A: DÍAS DE LA SEMANA, FINES DE SEMANA

Do you do the same thing every day, or do you break up your routine on weekends? Use the reflexive verbs listed in your book to tell what you and the following people do or don't do on certain days.

1. Los lunes yo _____ tarde / temprano, _____, _____,

    _____ y _____ a mis clases o a mi trabajo. Nunca _____ en mis

    clases. Pues, ¡casi nunca!

2. Los fines de semana mis amigos y yo _____, _____ y _____ de

    nuestras responsabilidades, _____ mucho y generalmente _____ tarde. Por

    supuesto, el domingo por la noche _____ del trabajo que tenemos que preparar para el día

    siguiente.

3. Este joven _____ Héctor. No trabaja, tampoco estudia. No hace nada. Todos los días

    _____ tarde, no _____, no _____ ni los dientes ni el pelo, no

    _____, _____ la misma ropa sucia todos los días y siempre dice que

    _____ cuando tiene que trabajar o estudiar. Sus padres dicen «¡Este chico es un desastre!»

4. Las noches durante la semana, los señores Alvear _____ a mirar la televisión.

    _____ los zapatos y _____ del trabajo. A veces están tan cansados que

    _____ mientras miran un programa. Pero los sábados por la noche ellos

    _____, _____ ropa elegante, _____ con algunos amigos y

    _____ al cine, al teatro o a un concierto.

ACTIVIDAD B: ¿QUÉ HACEN?

As you read about one of the activities the following people do today, use your imagination and the reflexive verbs to give as many details as possible.

MODELO: El señor Gómez se prepara para una cita con un cliente importante. →
          Se levanta temprano, se ducha, se afeita, se viste…

1. Luisa se prepara para una entrevista de empleo.

_____

2. Los niños están en la escuela de párvulos (*nursery school*).

_____

3. Esta noche José y Josefina tienen una cita. Van al cine a ver una comedia.

_____

4. ¡Las vacaciones por fin! Ricardo trabaja mucho todo el año y ahora no piensa ir a ninguna parte. Sólo quiere quedarse (*to remain*) en casa, ser perezoso y descansar.

_____

ACTIVIDAD C: ¡LÓGICO!

To tell what is happening as you and the following people prepare to attend a New Year's Eve party, select the appropriate verb to complete the sentence according to the model.

   MODELO: Si estás cansado, puedes… (*sentarse/levantarse*) → *puedes sentarte. (te puedes sentar.)*

1. Antes de ir a la fiesta, mis amigos van a… (*vestirse/desvestirse*)

_____

2. Anita está… (*afeitarse/cepillarse los dientes*)

_____

3. Vas a la fiesta porque quieres… (*olvidarse de sus problemas/acordarse de ellos*)

_____

4. Esta noche vamos a… (*acostarse tarde/despertarse tarde*)

_____

5. Si te duelen los pies cuando bailas, puedes… (*quitarse/ponerse*) los zapatos.

_____

6. ¡Me encantan las fiestas! Sé que voy a … (*divertirse/aburrirse*)

_____

CH. Telling time; ¡Es así!

ACTIVIDAD A: EN PUNTO

El señor Fuentes vende periódicos y revistas en un quiosco en la esquina. Durante el día varias personas que compran un periódico o una revista le preguntan «¿Me puede decir qué hora es?» Entonces, el señor

Fuentes mira su reloj y les dice la hora. Mire Ud. el reloj digital del señor Fuentes y dé su respuesta, según el modelo.

MODELO: 8:15 → *Son las ocho y cuarto.*

¿Qué hora es?

1. 8:30 _____
2. 9:20 _____
3. 10:05 _____
4. 10:50 _____
5. 12:00 _____

6. 12:45 _____
7. 14:10 _____
8. 15:40 _____
9. 16:25 _____
10. 18:55 _____

ACTIVIDAD B: A TIEMPO (*ON TIME*)

What is your schedule usually like? Write out the answers to the following questions about it, as in the model.

MODELO: ¿A qué hora se levanta Ud. generalmente? → *A las siete y media.*

¿A qué hora…

1. es su primera clase el lunes (o el martes)? _____

2. tiene que salir de la residencia o de su casa para llegar a esta clase a tiempo? _____

3. termina su clase de español? _____

4. sale de la cafetería si tiene una clase a la 1:00? _____

5. es el programa de televisión que Ud. mira regularmente? _____

6. prefiere ir a ver una película al cine: _____

7. tiene que salir de su casa o residencia si tiene una cita en el centro a las 6:00 de la tarde?

_____

8. llama Ud. a un amigo en California que le dijo «Espero tu llamada cuando sean las 6:20 aquí»?

_____

D. *acabar de* and *ir a*: *En otras palabras…*
Hablando de la televisión

ACTIVIDAD: LA TELEVISIÓN Y LA FAMILIA

Use the elements below with **acabar de** and **ir a** to tell about an evening with the Treviño family.

MODELO: la familia / comer / mirar la televisión →
La familia acaba de comer y ahora va a mirar la televisión.

1. el señor Treviño / encender el televisor / mirar un programa

   _____

2. la señora Treviño / sentarse y quitarse los zapatos / descansar

   _____

3. los chicos / comer / cepillarse los dientes

   _____

4. el señor Treviño / ver un anuncio ofensivo de un desodorante / no comprarlo

   _____

5. la señora Treviño / acordarse de que tiene que hacer una llamada urgente / hacerla

   _____

6. la familia / ver un buen programa / cambiar el canal

   _____

7. a las 10:00 / los chicos / ponerse el pijama / porque / acostarse

   _____

8. a las 11:00 / el señor Treviño apagar el televisor / prepararse un vaso de leche caliente

   _____

E. The infinitive after **al** or a preposition

ACTIVIDAD: UNA NOCHE TRANQUILA EN CASA

As Sra. Chávez tells how she and her family spend a quiet evening at home, complete the sentences with an appropriate preposition from the list, using each one only once.

al, antes de, después de, en vez de, hasta, para, sin

A veces preferimos alquilar unos vídeos _____[1] de ir al cine _____[2] no gastar mucho dinero.

Mi esposo y yo escogimos dos películas, una para nosotros y otra para los niños. _____[3] ver que

vamos a tener cine en casa, los niños se ponen muy contentos. Se ponen el pijama y miran una película

de Walt Disney o algo semejante. _____[4] acostarlos, podemos mirar nuestra película con

tranquilidad. ¡A veces miramos las dos películas _____[5] dormimos en el sofá! Así tenemos una noche agradable _____ [6] tener que pagarle a una niñera (*baby sitter*), el estacionamiento del coche ni… ¡el cine!

F. Verbs Used in a Reflexive and Nonreflexive Sense

ACTIVIDAD: A ESTA HORA…

It is 8:00 in the morning. Using verbs in a reflexive or nonreflexive sense, write sentences telling what the members of the Alonso family are doing in the drawings, then use your imagination to tell what they are going to do next.

1. Marisa y José Luis _____

_____

2. Daniel _____

_____

3. El señor Alonso _____

_____

4. La señora Alonso _____

_____

5. La abuela _____

_____

It is now 8:00 at night. Tell what the same people are doing at this time, then use your imagination to tell what they are going to do next.

6. Marisa y José Luis _____

_____

7. Daniel _____

_____

8. El señor Alonso _____

_____

9. La señora Alonso _____

_____

10. La abuela _____

_____

Palabras problemáticas

ACTIVIDAD: DIVERSIONES

Using the Palabras problemáticas, the vocabulary of the chapter, and your imagination, write a brief description of what is taking place in the drawings.

1.

2.

1. _____

   _____

2. _____

   _____

De todo un poco

ACTIVIDAD A: CON SUS PROPIAS PALABRAS: IDENTIFYING THE READER

Preparación

The papers and compositions you write for your courses are quite different from articles you might write for the student newspaper, from letters you send to family or friends, or from a statement of purpose on an application for a scholarship or grant. The tone is different in each, as is the vocabulary and the style. The reason, of course, is that you identified the reader before you sat down to write, and your writing is directed at that specific reader.

Take another look at the reading selections in Chapter 2 of your text: "Hollywood y los hispanos" (page 43) and "Club de barbas" (page 51). Then ask yourself these questions: Who is the intended reader of these selections? Is it someone who is simply interested in seeing a good movie or listening to a late-night radio program? Is it a parent who wants to know if the film is appropriate for a child under 12 years of age? What matters or is of interest to that reader?

Now look at Actividad A, Cine en su casa. Is this intended for a specific age group? Which one?

Aplicación

Before writing about a movie or video that you have seen recently, make a list of who your potential readers may be. Are they students or do they belong to a broad range of age groups? Are they parents of young children? Are they interested in knowing more about a film before going out to the movies or renting the video?

After you have decided who your potential readers are, write down some of the questions you think are important to them. Then give the title of the film or video as the title of your paragraph and write about it, keeping in mind the questions that you listed and their answers. Write your paragraph on another sheet of paper.

ACTIVIDAD B: LA CALLE DE LOS CINES

Each of the five movie theaters in the illustration is showing a different film. You have to follow the clues to find out which theater is showing which film! As you work out this mind bender, match the name of the theater with the film.

La calle de los cines

El dibujo muestra una cuadra, en la que están instalados cinco cines entre una esquina y otra. En cada uno de ellos dan las siguientes películas, a razón de una por cine: **King Kong, Lassie, Superman,** dibujitos de **Tom y Jerry** y **Tarzán.**
Teniendo en cuenta la ubicación de cada sala cinematográfica, es posible determinar qué película dan en cada uno, a partir de los siguientes datos:

- En el cine Rex nunca dan dibujos animados.
- **King Kong** se da en un cine ubicado en alguna de las dos esquinas.
- En el Avenida dan **Tarzán** o **Lassie.**
- En uno de los cines de al lado del Lumiere dan los dibujitos de **Tom y Jerry.**
- En el Super no dan **King Kong** ni tampoco **Lassie.**
- **Lassie** se da en uno de los cines de al lado del Edison.

Palabras útiles: ubicado (*located*)   esquina (*corner*)   al lado de (*next to*)   cuadra (*city block*)

1. _____ *King Kong*

2. _____ *Lassie*

3. _____ *Superman*

4. _____ *Tom y Jerry*

5. _____ *Tarzán*

   a. Cine Rex
   b. Cine Avenida
   c. Cine Lumière
ch. Cine Edison
   d. Cine Super

Name _____ Date _____ Class _____

CAPÍTULO 3

Manual de laboratorio

Para comenzar

Scan the following ads in which various types of travel services are offered. Then you will hear a series of statements by a group of students who are discussing where and how they would like to travel. After each statement, select the ad that is most closely related to that student's needs. You will hear each statement twice. Pause now to look at the ads.

1.

A PARIS EN TALGO
COMODO HASTA EN EL PRECIO DESDE **13.950** PTAS.

Si quiere llevar su coche disponemos de AUTOEXPRESO.
Oferta especial 20% de descuento, del 1 de Noviembre 1984 al 1 de Junio 1985.

Y si desea **TREN·HOTEL**, consulte el programa **IBERRAIL**

Infórmese en las oficinas de viaje de Renfe o en su agencia de viajes.

TALGO MADRID·PARIS
SU HOTEL A PARIS

Mientras viaja se ahorra la primera noche de hotel

2.

Un Nexo con Europa

Sol y Nieve vía VIASA

SALIDA: Diciembre 18
DURACION: 31 días
VISITAREMOS: Madrid-Granada Burdeos-Paris-Zurich-Vaduz-Innsbruck-Venecia-Florencia-Siena Roma-Niza-Barcelona.
FABULOSO: CURSO DE SKY EN GRANADA (4 días)
AMPLIO PLAN DE CREDITO
Informes e inscripciones:

NEXO TOURS
Av. 8a. No. 21-05 Tel. 675785
Cali, o en su Agencia de Viajes

3.

PUERTO RICO
TENEMOS ASIENTOS PARA LAS FECHAS DIFICILES EN DICIEMBRE Y EN ENERO

EN ENERO NUEVA YORK A SAN JUAN: **$99**

	AVISO 1	AVISO 2	AVISO 3		AVISO 1	AVISO 2	AVISO 3
1.	_____	_____	_____	4.	_____	_____	_____
2.	_____	_____	_____	5.	_____	_____	_____
3.	_____	_____	_____				

Se pronuncia así: The Spanish **r** and **rr**

The Spanish **r** has two distinct pronunciations. The single **r**, except when initial in a word or when preceded by *l*, *n*, or *s*, is pronounced with a single flap of the tongue against the upper gums. The sound is similar to the English *tt* or *dd* in the words Betty and Eddie.

A. Repeat the following words:

para	preparar	pero
ahora	hermana	amarillo
pared	madre	caro

The trilled **r** is written as **rr** between vowels or as **r** at the beginning of a word or when preceded by *l*, *n*, or *s*. It is produced by rapidly vibrating the tip of the tongue against the upper gums.

B. Repeat the following words:

burro	rebelde	Enrique
carro	pizarra	rojo
Ramón	correr	alrededor

C. You will hear a series of words. Circle the letter that corresponds to the word that you hear.

1. a) caro   b) carro
2. a) pero   b) perro
3. a) para   b) parra

4. a) cero   b) cerro
5. a) coral   b) corral
6. a) moro   b) morro

CH. Repeat the following tongue twisters, imitating the speaker's pronunciation:

1. René va al carro con el perro.
2. Tres tristes tigres se llevaron la arena° del mar.   *sand*
3. Rápido corren los carros del ferrocarril.°   *train*

Estructuras y vocabulario

EN OTRAS PALABRAS... PARA UN VIAJE

Pilar is preparing for a trip to Spain. You will hear several incomplete statements by her describing what she should be taking on the trip. Select the option that best completes each statement. You will hear each statement twice.

1. a   b   c   ch
2. a   b   c   ch
3. a   b   c   ch

4. a   b   c   ch
5. a   b   c   ch

USES OF THE DEFINITE ARTICLE

Rigoberto is the manager of Viajes Maravillosos, a travel agency in Montevideo. Play the role of one of his employees by answering questions about various office situations. Use the written cues and definite articles when appropriate. You will hear a possible answer on the tape. Follow the model.

MODELO: ¿Qué día hay vuelos a La Paz, Bolivia? (lunes y miércoles) →
Los lunes y miércoles hay vuelos a La Paz.

1. profesor Martínez
2. martes y jueves
3. sí, francés

4. nueve y media
5. Canadá

THE RECIPROCAL REFLEXIVE; MORE ABOUT REFLEXIVES

Answer the questions you hear based on the drawings and the written cues. Use the reciprocal reflexive construction. You will hear the correct answer on the tape. Follow the model.

MODELO: ¿Qué hacen José y Manolo? → *José y Manolo se hablan.*

EN OTRAS PALABRAS... MÁS SOBRE LOS VIAJES

Scan the following ad about a vacation tour to Mexico, noting important information such as accommodations, travel arrangements, special trips, and so on. Then you will hear a series of statements about the ad. Indicate whether they are true (**cierto**), false (**falso**), or not known (**no se sabe**). You will hear the statements twice. Pause now to look at the ad.

1. Cierto   Falso   No se sabe
2. Cierto   Falso   No se sabe
3. Cierto   Falso   No se sabe
4. Cierto   Falso   No se sabe
5. Cierto   Falso   No se sabe

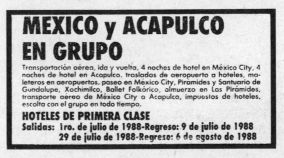

MEXICO y ACAPULCO EN GRUPO

Transportación aérea, ida y vuelta, 4 noches de hotel en México City, 4 noches de hotel en Acapulco, traslados de aeropuerto a hoteles, maleteros en aeropuertos, paseo en México City, Pirámides y Santuario de Guadalupe, Xochimilco, Ballet Folkórico, almuerzo en Las Pirámides, transporte aéreo de México City a Acapulco, impuestos de hoteles, escolta con el grupo en todo tiempo.

HOTELES DE PRIMERA CLASE

Salidas: 1ro. de julio de 1988-Regreso: 9 de julio de 1988
29 de julio de 1988-Regreso: 6 de agosto de 1988

DEMONSTRATIVE ADJECTIVES AND PRONOUNS

Lucía and Mireya are travelling in Guatemala. They are now shopping at an outdoor marketplace. Play Lucía's role and answer Mireya's questions about the things she likes and what she will buy. Use the written cues to formulate answers, along with demonstrative pronouns. You will hear a possible answer on the tape. Follow the model.

MODELO: ¿Te gustan estos sombreros? (no, aquéllos) → *No, me gustan aquéllos.*

1. no, ése   2. éstas   3. no, aquélla   4. sí   5. aquél   6. no, éstas

POSSESSIVE ADJECTIVES (UNSTRESSED)

While packing to return home after a long trip to Panamá, you and your travelling companion are doing an inventory of what's in your suitcase. Answer the questions that he asks, using possessive adjectives and following the model. You will hear the correct answer on the tape.

> MODELO: ¿Es la cámara de tu hermano? (sí) → *Sí, es su cámara.*

1. no   2. sí   3. sí   4. no   5. sí   6. no

EL CLIMA: ¿QUÉ TIEMPO HACE?

You will listen to several weather forecasts for various cities in Chile. Check the appropriate weather conditions as you listen to the announcements. You will hear the correct answer on the tape.

1. _____ Hace calor.   _____ Hace sol.   _____ Hace fresco.   _____ Hace frío.

2. _____ Hace sol.   _____ Llueve.   _____ Nieva.   _____ Hace viento.

3. _____ Hace frío.   _____ Llueve.   _____ Nieva.   _____ Hace viento.

4. _____ Hace calor.   _____ Hace sol.   _____ Hace frío.   _____ Llueve.

UN PASO MÁS HACIA LA COMUNICACIÓN: ASKING FOR INFORMATION

Marta is working at a tourist information center in Managua, Nicaragua. Formulate the questions that several tourists ask her, using the information in the initial statement and the written cues. You will hear a possible answer on the tape. Follow the model.

> MODELO: Me gustaría comprar esas artesanías. (¿A qué precio...) →
> *¿A qué precio están esas artesanías?*

1. ¿Cómo... ?   3. ¿Qué precio... ?   5. ¿Dónde están... ?
2. ¿Me podría... ?   4. ¿Pudiera decirme... ?

Para escuchar

A. You will hear several brief announcements overhead on the public address system at the international airport of San José, Costa Rica. Then you will hear a series of statements after each announcement. Indicate whether they are true (**cierto**), false (**falso**), or not known (**no se sabe**), based on the information you have heard. You will hear each statement twice.

1. Cierto   Falso   No se sabe   6. Cierto   Falso   No se sabe
2. Cierto   Falso   No se sabe   7. Cierto   Falso   No se sabe
3. Cierto   Falso   No se sabe   8. Cierto   Falso   No se sabe
4. Cierto   Falso   No se sabe   9. Cierto   Falso   No se sabe
5. Cierto   Falso   No se sabe

B. Una reserva para Caracas

Antes de escuchar: The passage you are about to listen to is about Adela's attempt to make a reservation for her trip to Caracas, Venezuela. Before listening, complete the following information about the last trip you took on any kind of transportation.

Medio de transporte: _____

Tipo de pasaje: _____

Precio del pasaje: _____

Lugar de salida: _____

Destino: _____

You will hear a phone conversation between Adela and a reservationist at Aerolíneas Argentinas in Buenos Aires. Adela has called to reserve a seat on a flight to Caracas, Venezuela. First listen to the conversation for general comprehension. Then, as you listen a second time, fill in the reservationist's information card.

FICHA DE RESERVA

Nombre del pasajero: _____

Tipo de pasaje: _____ Ida _____ Ida y vuelta

Precio del pasaje: _____

Número del vuelo: _____

Número del asiento: _____

Destino: _____

Hora de salida: _____

Hora de llegada: _____

Ejercicios escritos

En otras palabras… Para un viaje

ACTIVIDAD: EL VIAJERO

¿Qué tiene este viajero? ¿Qué necesita, según Landrú? Busque todos los términos necesarios en «En otras palabras… » y use su experiencia o imaginación para completar las oraciones, según los modelos.

MODELO: para abrir la maleta: *Tiene llaves.*
para estar cómodo: *Necesita un buen hotel.*

1. para llevar la ropa: _____

2. para llevar los documentos: _____

3. para llevar el dinero: _____

4. para abordar el avión: _____

5. para despertarse a tiempo: _____

6. para enviar tarjetas postales: _____

7. para estar cómodo durante el viaje: _____

8. para trasladarse de un sitio a otro: _____

9. ¿Qué otros gastos (*expenses*) puede tener? _____

10. ¿Va a llevar recuerdos de este hotel? ¿Por qué? _____

11. ¿Dónde van a revisar (*to check*) su equipaje cuando vuelva a casa? _____

A.   *Uses of the Definite Article*

ACTIVIDAD: EL VIAJERO

Apparently the traveller in the cartoon in the preceding activity did not have his good luck amulet with him! Look at the cartoon again, then complete the description of it with the definite article, when necessary.

¡Qué desastre! ¡Ésta es _____¹ única habitación desocupada en toda _____² ciudad! Pero

_____³ señor Villegas no se desanima. Está cansado y quiere dormir. Afortunadamente, siempre

viaja con _____⁴ almohada y _____⁵ manta. Lamentablemente, dejó _____⁶ banqueta

portatil en _____⁷ casa. ¿No hay ropero? Él deja _____⁸ traje, _____⁹ camisa, _____¹⁰

corbata y _____¹¹ sombrero en _____¹² maleta. ¿No hay mesita de noche? ¡No importa! Él

pone _____¹³ pasajes, _____¹⁴ llaves, _____¹⁵ anteojos, _____¹⁶ zapatos,

_____¹⁷ reloj, _____¹⁸ calcetines, _____¹⁹ pasaporte y _____²⁰ reloj despertador en

_____²¹ piso. (No puede pedir que lo llamen para despertarlo porque está en un país donde no

hablan ni _____²² español ni _____²³ inglés. Además, _____²⁴ teléfono no está en su

habitación.) Va a pasar solamente una noche en este hotel. Hoy es _____²⁵ lunes y _____²⁶

martes sale para _____²⁷ Uruguay, _____²⁸ Argentina, _____²⁹ Chile y _____³⁰ Perú

en un viaje de negocios. Y, aunque viaja sin _____³¹ amuleto, tiene suerte. ¡_____³² aerolínea

no perdió su maleta!

B. *The Reciprocal Reflexive; More About Reflexives*

ACTIVIDAD: UN ENCUENTRO ROMÁNTICO EN MADRID

Barbara, a young American tourist, is enjoying a cup of coffee at an outdoor cafe in the Plaza Mayor of Madrid when a young man sits down at the next table. Use the following verbs and a few details to tell what happens next.

Vocabulario útil: ir, sonreír, decir, ver, mirar, dar, reunir, hablar, pensar

1. Ellos _____

2. Él _____

3. Ella _____

4. Ellos _____

5. Ellos _____

6. Ellos _____

7. Al día siguiente, ellos _____

8. Mientras Bárbara está en Madrid, ellos _____

En otras palabras… Más sobre los viajes

ACTIVIDAD A: ¡A PASARLO BIEN EN CHILE!

This tourist guide from Chile graphically depicts the pleasures of travelling in that country. Select the symbol from Columna B that matches the description in Columna A.

	COLUMNA A		COLUMNA B

1. _____ viajar con pasaje de ida y vuelta a Santiago

2. _____ ir a la playa

3. _____ aprender bailes folklóricos

4. _____ ver monumentos y sitios históricos

5. _____ comer la comida típica del país

6. _____ visitar pueblos pintorescos

7. _____ practicar deportes náuticos

8. _____ pescar en los lagos del sur

9. _____ comprar artesanías

10. _____ practicar el esquí acuático

11. _____ escalar montañas en los Andes

12. _____ esquiar en los Andes

a   b   c   ch

d   e   f   g

h   i   j   k

ACTIVIDAD B: MIS SELECCIONES

If you had the opportunity to travel to Chile, which of the items in Actividad A would interest you most? Select five of them and write a sentence telling why you have chosen each one. Use one or more of these expressions:

Me interesa(n)... Me gusta(n)... Me fascina(n)... Me encanta(n)... Quiero...

1. _____

2. _____

3. _____

4. _____

5. _____

C. Demonstrative Adjectives

ACTIVIDAD: VIAJANDO POR CHILE

Comment on the many interesting sights to be seen in Chile by rewriting the sentences with the plural form of the italicized words and making other necessary changes.

MODELO: Quiero ver *aquel monumento.* → *Quiero ver aquellos monumentos.*

1. ¡Mira *ese niño* que juega en la playa! _____

2. Quiero comprar una cinta con *esta canción folklórica.* _____

3. Sí, me gustaría comer *esta comida típica.* _____

4. ¡Vamos a visitar *ese sitio histórico*! _____

5. *Este florero* de cobre (*copper*) es típico de las artesanías de Chile. _____
   _____

6. ¡Mira *aquel joven* que practica el esquí acuático! _____

7. ¿Qué dices? ¿Quieres escalar *aquella montaña*? ¿Estás loco? _____
   _____

CH. *Demonstrative Pronouns*

ACTIVIDAD: ESQUIANDO EN PORTILLO

Even when skiing, there are decisions to be made. Using demonstrative pronouns, complete the snatches of Óscar and Violeta's conversation as they rent equipment and prepare to spend the day on the slopes of the famous ski area of Portillo in Chile.

MODELO: ÓSCAR: ¿Tenemos que ir en este autobús a Portillo?
VIOLETA: No, creo que vamos mejor en *ese*.

1. VIOLETA: ¡Ay! Estas botas no son cómodas. Me pinchan.

   ÓSCAR: Entonces, ¿por qué no te pruebas _____? ¿Como te quedan ahora?

   VIOLETA: _____ tampoco me quedan bien. Pero voy a ponerme otro par de calcetines y quedarme

   con _____, las primeras que me probé.

2. ÓSCAR: ¿Prefieres estos esquís de madera o prefieres los otros que son de fibra de vidrio?

   VIOLETA: ¡Óscar, nadie usa los esquís de madera hoy en día! ¡Claro que prefiero _____!

3. VIOLETA: No recuerdo cuáles son tus bastones de esquí y cuáles son los míos.

   ÓSCAR: Éstos son los míos. Entonces _____ deben ser los tuyos.

4. ÓSCAR: Esta cola de telesquí me parece muy larga.

   VIOLETA: Tienes razón. ¿Por qué no hacemos cola en _____?

5. VIOLETA: La chica argentina acaba de decirme que el grupo que habla inglés no es norteamericano sino canadiense.

   ÓSCAR: ¿Cuál grupo? ¿Ése?

   VIOLETA: Shhhh. Habla en voz baja. Es _____ que está cerca de nosotros.

6. ÓSCAR: ¿Quieres esquiar allí en esa montaña?

VIOLETA: Pues, ¿por qué no esquiamos en _____ aunque está un poco más lejos?

ÓSCAR: Mmmm. _____ no me gusta nada. Parece que es para esquiadores muy avanzados.

VIOLETA: ¡Ay, Óscar! ¡No seas tímido!

ÓSCAR: ¿Y qué quieres decir con _____? ¿que no tengo coraje? Entonces, ¡vamos a _____ !

D. Placement of Adjectives; More on Agreement

ACTIVIDAD: ¡ESQUIAR Y DISFRUTAR!

On the post cards that Óscar and Violeta sent to the folks back home, they described Portillo. Recreate their descriptions by rewriting the sentences to include the adjectives given in parentheses, making sure that they agree with the nouns they modify and are placed appropriately.

1. ¡Estamos practicando este deporte en las montañas de los Andes! (blanco, grande, magnífico)

_____

2. ¡Hay paisajes de belleza! (magnífico, nevado, grande, natural)

_____

3. Afortunadamente las pistas (trails) son para niveles de experiencia. (numeroso, diferente)

_____

4. ¡Hay aficionados en las pistas! (joven y viejo, difícil)

_____

5. Tenemos clases de esquiar con instructores que tienen experiencia. (chileno y europeo, excelente, mucho)

_____

6. ¡Nos encanta este hotel! (moderno, cómodo)

_____

7. Los restaurantes sirven comida. (típico, chileno, sabroso)

_____

8. ¡Tomamos el vino todas las noches! (famoso, chileno)

_____

E. Possessive Adjectives (Unstressed)

ACTIVIDAD: EL FIN DEL VIAJE

Alas, all good things must come to an end, and Óscar and Violeta are now returning to Spain, having thoroughly enjoyed their ski vacation in Portillo. Using possessive adjectives, complete the following dialogue that takes place in the airport in Santiago.

AGENTE: _____[1] pasajes, por favor, señores. Y necesito _____[2] pasaportes también.

ÓSCAR: Aquí tengo _____[3] pasaje y _____[4] pasaporte. Violeta, ¿tienes _____[5] pasaporte y _____[6] pasaje?

VIOLETA: Sí, sí. Los tengo en la bolsa. Momentito… aquí tengo _____[7] pasaporte, pero no encuentro _____[8] pasaje… ¡Ah! Aquí está.

AGENTE: Gracias, señora. ¿Cuáles son _____[9] maletas?

ÓSCAR: Éstas dos.

AGENTE: ¿Y cuántas bolsas llevan Uds. como equipaje de mano?

VIOLETA: Mi esposo lleva _____[10] bolsa y yo llevo _____[11] bolsa. Nada más.

AGENTE: Muy bien. Aquí tienen Uds. _____[12] pasaportes y _____[13] pasajes. El vuelo sale de la puerta 38 a las 18:00.

ÓSCAR: Gracias, señorita. Violeta, ¿por qué no vamos ahora a la tienda libre (duty-free)? Quiero gastar _____[14] últimos pesos en una buena botella de vino chileno.

AGENTE: ¡Señor, señor!

ÓSCAR: ¿Me llama a mí?

AGENTE: Sí, Ud. dejó _____[15] billetera aquí.

ÓSCAR: ¡Dios mío! Gracias, señorita.

F. El clima: ¿Qué tiempo hace?

ACTIVIDAD: ¿QUÉ TIEMPO HACE EN CHILE?

Violeta has bought El Mercurio, a Chilean newspaper. Read over her shoulder to see what the weather is like today, then fill in the information below. (Note: 1.a = primera; 2.a = segunda, and so on.)

Name _____ Date _____ Class _____

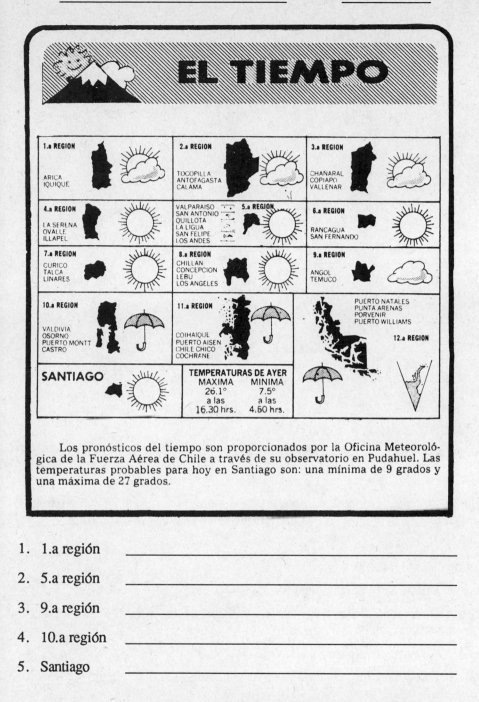

Los pronósticos del tiempo son proporcionados por la Oficina Meteorológica de la Fuerza Aérea de Chile a través de su observatorio en Pudahuel. Las temperaturas probables para hoy en Santiago son: una mínima de 9 grados y una máxima de 27 grados.

1. 1.a región   _____

2. 5.a región   _____

3. 9.a región   _____

4. 10.a región   _____

5. Santiago   _____

Palabras problemáticas

ACTIVIDAD: UNA TURISTA EN MADRID

This is señora Ojeda's first trip to Madrid and she is trying to find the famous museum, El Prado. Complete the sentences to tell what happens in the drawings. Use **buscar**, **mirar**, **llevar**, **sacar**, and **tomar**, as needed.

1. La señora Ojeda _____.

2. _____ su cámara.

3. En el Prado, quiere _____.

4. El guardia le dice «Se prohíbe _____».

5. Después va a un café y _____.

De todo un poco

ACTIVIDAD A: CON SUS PROPIAS PALABRAS: LA DESCRIPCIÓN

Preparación

How would you describe your favorite possession? Let's imagine for a moment that your prized possession is an old trunk that once belonged to your grandmother. You might say:

> Mi cosa favorita es el baúl de mi abuela.

Then you would want to describe its physical appearance:

> Es muy viejo, de madera, y tiene unas flores pintadas.

At this point the reader may form a mental picture of the trunk, but still doesn't know the feeling or thoughts it evokes to make it your prized possession. So you might add:

> Cuando lo miro, me trae buenos recuerdos de mi abuela.

Other details that you could fill in to complete the description are its color, size, smell, feel, and where the object is placed and/or how it is used.

Aplicación

After you have decided on your favorite possession, ask yourself the following questions:

1. How does it look (smell, feel)? List all the adjectives that come to mind.
2. Why am I so fond of it? List one or more reasons.
3. What feelings, memories or sensations does it evoke? List at least two.

Now combine your lists into a unified paragraph telling about "El objeto más preciado para mí". Write your description on another sheet of paper.

ACTIVIDAD B: LA PRUEBA DE GEOGRAFÍA

Here is a geography quiz to refresh the memories of would-be travelers and experienced ones too. Match the names of the capital cities with the names of their countries.

1. _____ Bogotá

2. _____ Buenos Aires

3. _____ Caracas

4. _____ La Habana

5. _____ Lima

6. _____ Washington, D.C.

7. _____ Madrid

8. _____ México

9. _____ Montevideo

10. _____ San Juan

11. _____ Santiago

a. Argentina
b. Chile
c. Colombia
ch. Cuba
d. España
e. Estados Unidos
f. México
g. Perú
h. Puerto Rico
i. Uruguay
j. Venezuela

CAPÍTULO **4**

Manual de laboratorio

Para comenzar

A. You will hear excerpts from several musical programs on Hispanic radio stations. The disc jockey will speak briefly, introducing the record that he is about to play. Listen to each excerpt, then tell what kind of radio station it is. You will hear a possible answer on the tape. Follow the model. You will hear each statement twice.

MODELO: Y ahora les ofrecemos la Sinfonía número 41 de Mozart, interpretada por la Orquesta Sinfónica de Buenos Aires, dirigida por Mario Lambertini. →
Es una estación de *música clásica.*

1. ...   2. ...   3. ...   4. ...

B. You will hear a series of radio advertisements announcing various types of events and services. Listen to each one, then write its number under the drawing that is most closely associated with the announcement. Pause now to look at the drawings.

_____   _____   _____

_____   _____

Se pronuncia así: Spanish b and v

In Spanish the pronunciation of the letters **b** and **v** is exactly the same. At the beginning of a breath group, or right after the consonants *m* or *n*, the sound is that of a weak English *b*.

A. Repeat the following words:

banano	colombiano	balón
vámonos	también	bonito
verdad	conversación	ventana

In other positions, especially between vowels, the sound is considerably weaker. The lips touch only lightly, and air rushes through a narrow opening in the center. The English *v* sound as in the word *victory* should be avoided.

B. Repeat the following words:

había	universidad	tú vas
concebimos	nueve	yo veo
cubano	lavar	la vaca

C. Repeat the following sentences after the speaker:

1. Victoria baila con Vicente Barrios.
2. ¿Vas a Burgos para buscar a Vivián?
3. Bárbara se lava el cabello en Varsovia.
4. Conversamos sobre los problemas de Colombia.
5. El burro y la cabra (*goat*) van para el bosque.

Estructuras y vocabulario

SER

Waiting at a bus stop, Rufino and Clara are chatting about a concert they may be attending this weekend. Answer Rufino's questions negatively or affirmatively, according to the written cues. You will hear the correct answer on the tape.

1. no / jueves / 9.30 p.m. 2. no / rock con raíces 3. sí 4. no / acústicas 5. sí 6. españoles

EN OTRAS PALABRAS... ¿CÓMO ES UD.?

A group of Hispanic students are discussing who their best friends are, and why. Listen to each description and circle the letter of the conclusions that are correct, based on the description. Be careful! There may be more than one correct answer. You will hear the correct answer on the tape.

1. Arturo es...
   - a. sincero
   - b. simpático
   - c. perezoso
   - ch. introvertido
2. Margarita es...
   - a. insensible
   - b. excéntrica
   - c. egoísta
   - ch. conservadora
3. Carmen y Antonio son...
   - a. liberales
   - b. conformistas
   - c. idealistas
   - ch. conservadores

4. Nancy es...
   a. capaz   b. incapaz   c. egoísta   ch. enérgica
5. Mario es...
   a. impráctico   b. generoso   c. conformista   ch. cariñoso

EN OTRAS PALABRAS... ¿CÓMO ESTÁ UD. HOY?

Ligia has just arrived at a party and is greeting many of her friends. As she says hello to them, they tell her how they are feeling at the moment. Listen to each description and circle the letter of the conclusions that are correct, based on the description. Be careful! There may be more than one correct answer. You will hear the correct answer on the tape.

1. Paco está...
   a. alegre   b. de mal humor   c. aburrido   ch. enojado
2. Leticia está...
   a. satisfecha   b. ocupada   c. deprimida   ch. contenta
3. Luz Marina está...
   a. alegre   b. entusiasmada   c. ocupada   ch. preocupada
4. Manolo está...
   a. animado   b. ocupado   c. desilusionado   ch. triste
5. Marta está...
   a. tranquila   b. deprimida   c. contenta   ch. de buen humor
6. Roberto está...
   a. enfermo   b. en la onda   c. animado   ch. asustado

USES OF SER AND ESTAR

Dictado. You will hear a phone conversation in which Lorenzo invites Maricarmen to a concert. Listen to the conversation and complete the following statements, using **ser** or **estar** as appropriate:

1. Maricarmen _____ un poco cansada.

2. Ahora mismo _____ estudiando para el examen de cálculo.

3. Mercedes Sosa _____ una cantante famosa.

4. El concierto _____ el miércoles a las ocho.

5. El Teatro Calígula _____ en la calle Nerón.

THE IMPERFECT TENSE

What kinds of things did you do when you were growing up? Complete the phrases you hear based on the following drawings. You will hear a possible answer on the tape. Follow the model.

   MODELO: Durante los veranos... → Durante los veranos *iba a la playa con mi familia.*

UN PASO MÁS HACIA LA COMUNICACIÓN: INTERJECTIONS

Eustorgio Guzmán is telling you about his experiences at a punk rock concert last night. As he tells you what happened, react to his statements by using one of the following Spanish interjections. You will hear a possible answer on the tape. First, listen to the list of interjections:

¡Qué barbaridad!   ¡Qué lástima!   ¡Qué bien!

1. …   2. …   3. …   4. …

USING VERBS LIKE **GUSTAR**

You will hear a series of statements in which various people react to different events or situations. Listen carefully to each statement, then express a conclusion based on the information you heard and using one of the infinitive phrases provided. You will hear a possible answer on the tape. Follow the model. First, listen to the list of phrases:

encantarle la actuación	interesarle el arte	no faltarle nada
no gustarle la música	molestarle el ruido	parecerle guapo

MODELO: No sé por qué, pero a mí me parece aburrida la música clásica. Siempre que voy a un concierto con mis padres, me duermo. → *No le gusta la música clásica.*

1. ...   2. ...   3. ...   4. ...   5. ...

Para escuchar

A. You will hear two brief dialogues, followed by a series of statements. Indicate whether they are true (**cierto**), false (**falso**), or not known (**no se sabe**), based on the dialogues. You will hear the statements twice.

1. Cierto   Falso   No se sabe   6. Cierto   Falso   No se sabe
2. Cierto   Falso   No se sabe   7. Cierto   Falso   No se sabe
3. Cierto   Falso   No se sabe   8. Cierto   Falso   No se sabe
4. Cierto   Falso   No se sabe   9. Cierto   Falso   No se sabe
5. Cierto   Falso   No se sabe

B. Entrevista

Antes de escuchar: Before listening to the following passage, try to guess the meaning of the italicized words from the context given in the following sentences:

1. La cantante rock *escandalizaba* a todo el mundo con su *deslumbrante maquillaje* y sus exóticos *peinados*.
2. Siempre se ponía joyas *vistosas* y se pintaba *las uñas* de negro.
3. A pesar de vestir de forma tan extraña, ella era la cantante *de moda*. Decía que en la vida siempre hay que buscar *la felicidad* aunque no logremos encontrarla.

Now match the words in column A with the expression they are most closely associated to in Column B. You will hear the words and phrases in Column A on the tape. Pause now to read the words and phrases in Column B.

A

_____ vistosas

_____ deslumbrante

_____ escandalizar

_____ las uñas

_____ la felicidad

_____ los peinados

_____ el maquillaje

_____ de moda

B

a. los dedos
b. estar contento
c. impresionante
ch. muy atractivas
d. pintarse la cara
e. producir sorpresa
f. ser popular
g. el cabello

The passage you are about to hear is a segment from an interview of Alaska by a Spanish journalist. First, listen for general comprehension. Then, as you listen for a second time, take notes on the journalist's note pad.

```
┌─────────────────────────────────────────────────────────┐
│                 Apuntes Del Periodista                   │
│  Datos personales:                                       │
│                                                          │
│                                                          │
│                                                          │
│  Costumbres y hábitos:                                   │
│                                                          │
│                                                          │
│                                                          │
│  Relaciones familiares:                                  │
│                                                          │
│                                                          │
│                                                          │
│                                                          │
│  Planes futuros:                                         │
│                                                          │
│                                                          │
│                                                          │
│                                                          │
└─────────────────────────────────────────────────────────┘
```

Ejercicios escritos

En otras palabras... Hablando de música

ACTIVIDAD: LA MÚSICA ROCK

Conteste las preguntas lógicamente, con información personal.

1. ¿Quién es su rockero o conjunto de rockeros favorito?

   _____

2. ¿Ha visto (*Have you seen*) su actuación? ¿Dónde?

   _____

3. ¿Viste ropa llamativa? Descríbala.

   _____

4. ¿Qué hace cuando está en el escenario?

   _____

A. *Ser; En otras palabras... ¿Cómo es Ud.?*

ACTIVIDAD A: CARACTERÍSTICAS ESENCIALES

¿Cuáles son las características esenciales que, según Ud., deben tener las siguientes personas? Use por lo menos cuatro adjetivos de «En otras palabras... » para describirlas. También puede usar otros adjetivos.

MODELO: un jugador profesional de béisbol →
Tiene que ser capaz y enérgico. A veces también tiene que ser atrevido. Puede ser zurdo o diestro. Es más interesante si es excéntrico.

1. un político (una política)
2. un(a) cantante de música rock
3. un científico (una científica)
4. un(a) artista de cine
5. un médico (una médica)
6. un profesor (una profesora)
7. un buen amigo (una buena amiga)
8. el hombre (la mujer) de sus sueños

1. _____
_____

2. _____
_____

3. _____
_____

4. _____
_____

5. _____
_____

6. _____
_____

7. _____
_____

8. _____
_____

ACTIVIDAD B: ¡VENGA A VERLO!

Bruce Springsteen is as popular in the Spanish-speaking world as he is in other countries. Read the advertisement below, then complete the news item with the appropriate form of **ser**.

BRUCE SPRINGSTEEN
VENGA A VERLO
"GRATIS"
SUSCRIBIENDOSE A ▶ Diario 16

Suscríbase por seis meses a Diario 16 y, además de recibir nues
periódico todas las mañanas antes de las 8 h., se llevará de
regalo dos entradas para el gran concierto que Bruce Springstee
dará el próximo 2 de Agosto en Madrid.
Diario 16 no sólo le informa sobre la actualidad.
También le hace formar parte de ella.

Para suscribirse, diríjase a partir del Miércoles 13 de
Julio, a San Romualdo, 26-6.ª pl., con este cupón y
12.650 pts. en metálico o un talón nominativo a
nombre de INPRESA por dicho importe.
Allí, en nuestro Departamento de Suscripciones, le
entregarán gratis las dos entradas (cuyo valor en
taquilla sería de 6.500 pts.), a los 500 primeros
suscriptores.

Todo el mundo sabe quién _____^{1} Bruce Springsteen, pero… ¿sabe Ud. que su próximo concierto

_____^{2} en Madrid? *Diario 16* _____^{3} el único periódico en España que regala dos entradas a

este concierto a sus nuevos suscriptores. Claro, _____^{4} necesario suscribirse al *Diario 16* por seis

meses, ¡pero esta oferta _____^{5} única! ¡Además, las entradas _____^{6} gratis! Tenga en cuenta

que su valor en la taquilla _____^{7} de 6.500 pesetas. Pero hay que tener prisa. Esta oferta no

_____^{8} para todos. Ud. tiene que _____^{9} uno de los primeros 500 suscriptores. El concierto

_____^{10} el 2 de agosto. ¡No espere! ¡Suscríbase ya!

B. *Estar; En otras palabras… ¿Cómo está Ud. hoy?*

ACTIVIDAD A: UNA ACTUACIÓN DE LOS MENUDOS

Come to a concert of los "Menudos," the fabulous Puerto Rican rock group! Complete each sentence with the correct form of **estar** and an adjective or expression from the words and phrases given to tell what happens before, during, and after the concert.

en el escenario, en el camerino (*dressing room*)
sentado, cansado
preocupado, nervioso
en la onda, de moda
aburrido, desilusionado

de buen/mal humor
satisfecho, tranquilo, contento
alegre, animado, entusiasmado
cantar, bailar, sudar (*to perspire*)

1. Antes del concierto, los miembros del conjunto… _____

2. Su gerente (*manager*)… _____

3. Los aficionados de los Menudos… _____

4. ¡Por fin los Menudos… _____ !

5. ¡El público… _____ !

6. Los Menudos… _____

7. Su ropa… _____

8. Ningún aficionado… _____

9. Después del concierto, los rockeros… _____

10. Mientras tanto, los otros aficionados y yo… _____

ACTIVIDAD B: ¿CÓMO ESTÁ UD.?

Imagine that you are in the following situations and tell how you feel.

1. Ud. tiene entradas a un concierto de su cantante o grupo preferido.

   _____

2. Ud. invita al concierto a una persona muy especial.

   _____

3. El día del concierto, Ud. tiene laringitis, le duele la cabeza y tiene 101 grados de temperatura.

   _____

4. El médico le dice que tiene que quedarse en cama.

   _____

5. Su amigo/a va al concierto con sus entradas… ¡y con otra persona!

   _____

6. Al día siguiente, su amigo/a lo/la llama por teléfono para decirle que el concierto fue fabuloso,
    ¡realmente estupendo!

   _____

ACTIVIDAD C: ARTISTAS DEL MUNDO HISPANO

Complete the following information about some popular singers of the Spanish-speaking world with the
correct form of **ser** or **estar**.

1. Alaska no _____[1] punk, ni hippie. Simplemente _____[2] diferente. El fenómeno de Alaska

    _____[3] comparable al fenómeno de los Beatles. Alaska _____[4] un pseudónimo. Su nombre

    verdadero _____[5] Olvido Gara Jova. Ella dice que _____[6] mexicana y española porque nació en

    México pero ahora vive y trabaja en Madrid.

2. No sólo _____[7] Julio Iglesias el cantante más famoso del mundo hispánico, sino que también

    _____[8] millonario. Las mujeres dicen que este cantante español _____[9] guapo y romántico, y muchas _____¹⁰ enamoradas de él. Además _____¹¹ divorciado. En sus fotos Julio siempre _____¹² rodeado (*surrounded*) de bellas mujeres. Según él, sólo _____¹³ buenas amigas porque sus dos hijos _____¹⁴ lo más importante para él.

3. Plácido Domingo _____¹⁵ un cantante versátil que canta ópera y música popular. _____¹⁶ español y _____¹⁷ casado con una soprano mexicana. El famoso tenor _____¹⁸ hombre extrovertido y simpático. También _____¹⁹ un trabajador incansable que siempre _____²⁰ viajando para dar conciertos por todo el mundo. Rara vez _____²¹ de vacaciones. Según él, no poder _____²² mucho tiempo con su familia _____²³ el precio de la fama. Sin embargo, _____²⁴ contento.

4. Rubén Blades _____²⁵ músico y compositor, ¡pero estudió derecho (*law*)! También _____²⁶ actor, y _____²⁷ conocido como el personaje principal de la película *Salsa* y una de las estrellas de *The Milagro Beanfield War*. En esta película Blades _____²⁸ el sheriff del pueblo. Los críticos _____²⁹ entusiasmados; dicen que _____³⁰ un personaje de credibilidad y que su interpretación cómica _____³¹ excelente. Aunque comenzó su carrera de cantante, dice «El cine _____³² un medio que cada día me interesa más.» ¡Con tantas carreras, _____³³ imposible _____³⁴ aburrido!

ACTIVIDAD CH: MÚSICA ESTA NOCHE

Write as detailed a description as possible about each drawing, using **ser** and **estar** to tell where the music is taking place, what the surroundings are like, what is happening, how the people are dressed, and how they feel.

1. el club de jazz   2. La discoteca   3. La sinfónica

MODELO: *El club de jazz es pequeño (íntimo). El conjunto está tocando jazz. El jazz es muy popular en todo el mundo.*

1. _____
   _____
   _____
   _____

2. _____
   _____
   _____

3. _____
   _____
   _____
   _____

En otras palabras… El camino del éxito

ACTIVIDAD A: ¡ÉXITO!

What are the requirements for success? Next to each career, write the criteria you think are important in order to be successful in that field. Use the vocabulary from the "En otras palabras… " sections of this chapter and the following lists.

Palabras útiles: llevarse bien (*to get along well*), tener suerte, tener enchufe (*connections*)

Para lograr el éxito como…

1. cantante de rock, es necesario _____
   _____

2. médico/a, es importante _____
   _____

3. político, es bueno _____
   _____

4. programador(a) de computadoras, es preciso _____
   _____

5. científico/a, es necesario _____
   _____

6. vendedor(a) de coches usados, es mejor _____
   _____

ACTIVIDAD B: PENSANDO EN EL FUTURO

What are the requirements for success in the career you have chosen? List at least six, referring to those listed in Actividad A and adding others that may not have been mentioned.

Me interesa ser _____. Para lograr el éxito en esta carrera, es necesario...

1. _____   4. _____

2. _____   5. _____

3. _____   6. _____

C. The Imperfect Tense

ACTIVIDAD A: LA NIÑEZ

Start writing the first part of your autobiography now! Tell about your childhood by using the elements given to form a sentence, completing it with information that only you know and adding negatives if necessary.

Antes de asistir a la escuela, yo...

1. jugar con   5. tener miedo de
2. mirar _____ en la televisión 6. acostarme a las
3. gustar helados de   7. decir que / querer ser
4. nunca comer

1. _____

2. _____

3. _____

4. _____

5. _____

6. _____

7. _____

Mi familia...

8. vivir en   11. celebrar las fiestas con (de)
9. pasar las vacaciones en   12. estar
10. ir los domingos a   13. ser

8. _____

9. _____

10. _____

11. _____

12. _____

13. _____

Mis amigos (hermanos) y yo...

14. ser   18. hablar de
15. tener   19. hacer
16. llevarse   20. esperar
17. jugar al

14. _____

15. _____

16. _____

17. _____

18. _____

19. _____

20. _____

ACTIVIDAD B: LA ADOLESCENCIA

Now tell about some of the events, reactions, tastes, and thoughts of your early adolescence, the years from 13 to 15.

Yo...

1. asistir a   4. estar _____ con (de)
2. querer   5. tener interés en
3. Después de mis clases, ir a

1. _____

2. _____

3. _____

4. _____

5. _____

Mis amigos y yo...

6. ir frecuentemente a   9. preocuparse por
7. hablar mucho de (por)   10. pensar que
8. divertirse

6. _____

7. _____

8. _____

9. _____

10. _____

Mis padres...

11. tolerar   14. reírse de
12. decir siempre   15. ser
13. creer que   16. estar

11. _____

12. _____

13. _____

14. _____

15. _____

16. _____

En otras palabras... Hablando del terror

ACTIVIDAD: PELÍCULAS DE TERROR

Movies about the supernatural are quite popular these days. Tell how you react to certain aspects of them, using one of the following expressions or other vocabulary from "En otras palabras... ": **me río de ellas, estoy aterrorizado/a cuando los (las) miro, no los (las) tomo en serio, me encantan.**

1. los seres maléficos _____

2. las criaturas extrañas _____

3. las ocurrencias sobrenaturales _____

4. los trucos cinematográficos que parecen reales _____

CH. Using Verbs like *gustar*

ACTIVIDAD A: ¿HAY DIFERENCIAS ENTRE LAS GENERACIONES?

Are your interests, ideas, and feelings the same as those of your parents (children)? Tell how you and they react to certain aspects of contemporary life by completing the following chart, using these third person verbs: **gustar, importar, interesar, molestar, encantar, faltar, fascinar, parecer.**

MODELO: las películas de ciencia ficción →
A mí me gustan (interesan, fascinan). A mis padres no les gustan.
(A mi papá le gustan, pero a mi mamá le parecen absurdas.)

1. la música rock
2. la moda punk
3. el fútbol
4. el bridge

5. las películas de terror
6. las telenovelas
7. la ecología

8. la política
9. su nivel de colesterol
10. el programa espacial

A MÍ

1. _____
2. _____
3. _____
4. _____
5. _____

A MIS PADRES/HIJOS

6. _____
7. _____
8. _____
9. _____
10. _____

ACTIVIDAD B: UN VERANO EN EL EXTRANJERO

Ramón Álvarez, an exchange student from Spain, will be spending the summer with Laura and her family. In response to Ramón's letter telling about himself, Laura has written him a letter telling about herself and the family. Complete the letter with indirect object pronouns and the correct form of the verb in parentheses.

Querido Ramón,

Recibimos tu carta ayer. A mi familia y a mí (*fascinar*) _____[1] la idea de participar en un intercambio estudiantil. A mí especialmente (*parecer*) _____[2] una gran oportunidad para mejorar mi español, aprender más acerca de España y hacer un nuevo amigo. A nosotros (*interesar*) _____[3] mucho leer lo que escribiste de tu familia, así que se me ocurre que a ti (*interesar*) _____[4] saber más de nosotros, ¿verdad?

A mis padres (*interesar*) _____[5] mucho la política nacional e internacional. Dicen que el entendimiento internacional comienza cuando la gente se conoce y se comprende. Por eso decidieron participar en un intercambio estudiantil. Nosotros somos una familia de la clase media, ni rica ni pobre. No tenemos grandes lugos (*luxuries*), pero tampoco (*faltar*) _____[6] nada.

Mi hermano mayor se llama Peter. Está en su último año en la universidad, y los fines de semana toca en clubes con un grupo de música rock. A mí no (*molestar*) _____[7] la música rock suave, pero no (*gustar*) _____[8] el rock duro. Y a ti, ¿(*gustar*) _____[9] la música rock? ¿Has oído las cintas de Tracy Chapman? A mí (*encantar*) _____[10] su voz y sus canciones.

Mi hermana menor, Cathy, tiene 15 años, y a veces creo que las únicas cosas que a ella (*importar*)

_____[11] son los chicos y la ropa. Pero también estudia español y dice que (*encantar*)

_____[12] la idea de poder practicar con un «español verdadero (*real*)».

Esperamos tu llegada. Hasta pronto,

Laura

Palabras problemáticas

ACTIVIDAD: LA CARTA LLEGA A ESPAÑA

Find out what Ramón Álvarez thinks after he has read Laura's letter by completing the following sentences with the appropriate words from the "Palabras problemáticas" section of this chapter.

1. ¡Qué bien! Esta familia _____ ser muy simpática e interesante.

2. Francamente, _____ un poco a mi familia. Especialmente la hermana de 15 años, que es

   muy parecida a mi hermana.

3. (Yo) _____ de que no todas las familias norteamericanas son como las que

   _____ en los programas de televisión.

4. Hacer el viaje y pasar el verano con una familia tan simpática es como _____ un sueño.

De todo un poco

ACTIVIDAD: CON SUS PROPIAS PALABRAS: USE OF THE DICTIONARY

Preparación

Here are two different ways to write a composition in Spanish. Student A tries to think in Spanish as much as possible. Of course it is a bit difficult at first, but by simplifying and keeping in mind the vocabulary and structures that he or she has been learning, Student A only has to use the dictionary occasionally. Student B writes in English first. Then, with frequent consultation of the dictionary, the composition is translated into Spanish, for Student B is trying to express him/herself exactly as in English. Which student do you resemble?

It is only natural for you to want to express yourself as well as possible in things you write for Spanish class and to feel that your knowledge of Spanish does not yet allow you to do so. But if you are looking up one-quarter to one-half of the words that you use in the dictionary, ask yourself if you are really using all the Spanish you have at your command, if you are applying the technique of simplification that you practiced in Chapter 1 of this manual, and if there aren't alternative ways of saying the same thing.

Of course it is all right to use the dictionary to look up some words. That is another way of increasing your vocabulary. To use it most advantageously, first determine what part of speech the word is. Then keep in mind the context in which you will be using it. For example, you already know that the word *artista* is used in Spanish to refer to a person in the performing arts; in contrast, a painter is called *un pintor* (*una pintora*), not *un(a) artista*. Here is another example. In English you use a brush for your hair, your teeth, to paint the walls or a work of art, or to groom a horse. Now if you were to look up the word *brush* in a good Spanish dictionary, you would find the following words:

cepillo (*hair, teeth, clothes*); **brocha** (*walls*); **pincel** (*painting*); **bruza** (*horses*)

Under the word painting, you would find:

la pintura (*study of painting*); **pintura al óleo** (*painting*); **cuadro** (*picture*)

Which brush would an artist use for a painting? Which would be used for his/her hair? And which would be used to paint an artist's studio? What is shown in a museum?

As you can see, the dictionary must be used judiciously. Practice using words correctly by completing the following sentences with one of the words in parentheses.

Acabo de recibir (*una invitación/un invitado*)[1] a una exposición de (*pintura/cuadros*)[2] del famoso

(*artista/pintor*)[3] colombiano Fernando Botero. La exposición (*es/está*)[4] en una galería en el centro que

(*sé/conozco*)[5] muy bien. Por supuesto, voy a ir a verla porque me (*interesa/importa*)[6] mucho la obra de

Botero.

Aplicación

Alaska comments «Cuando tenía doce años y abría una revista y veía a David Bowie me decía: así quiero ser.» When you were a child, did you want to be like someone you saw on television or in the movies? Did you wish to be like a fictional character in a novel? Or did you want to be a fireman, a veterinarian, or a clown? As you think about the topic, "Cuando yo era niño/a," make a list of five to ten words that you don't know and will need to answer the questions, look them up in the dictionary, and write them in the spaces provided.

1. _____   6. _____

2. _____   7. _____

3. _____   8. _____

4. _____   9. _____

5. _____   10. _____

Now write a paragraph about the indicated topic, beginning with the sentence given below. Write the paragraph on another sheet of paper. When you have finished writing the paragraph, check to see if you used the words you looked up correctly.

Cuando yo tenía _____ años, quería ser (como) _____.

CAPÍTULO **5**

Manual de laboratorio

Para comenzar

Francisco is a biology student at the Universidad de San Marcos in Lima, Peru. Listen as he describes the kinds of activities and projects his science instructors are involved in. Complete his statements by circling the letter of the most appropriate response. Be careful! There may be more than one correct answer. You will hear the statements twice.

1. a b c ch   4. a b c ch
2. a b c ch   5. a b c ch
3. a b c ch

*Se pronuncia así: Spanish **h**, **g** and **j***

The letter **h** is always silent in Spanish.

A. Repeat the following words:

hola	ahora	horario
hispano	hablador	hasta
hondo	ahorrar	hacer

In Spanish, the hard **g** sound is written **gu** before *e* or *i*. At the beginning of a breath group or after *n*, it is pronounced like the *g* in the English word *gone*.

B. Repeat the following words:

gordo	Gonzalo	guerra
guitarra	vengo	inglés
Congo	golpe	manguera

When **g** appears between vowels (except in the combinations *ge* and *gi*) or before any other consonant, its sound is much softer, and air is allowed to pass between the back of the tongue and the palate.

C. Repeat the following words:

agua	Miguel	las gracias
amigo	alguien	algún
regar	margarina	agrandar

When **g** appears in the syllables *ge* and *gi*, it is pronounced like the Spanish **j**, which closely resembles the sound of a strong English *h* in the word *happy*.

CH. Repeat the following words:

general	Jacinta	gitano
Jorge	caja	Argentina
agitar	mejor	Jalisco

Estructuras y vocabulario

THE PRETERITE TENSE

Pilar and Prudencio are involved in scientific research at a university laboratory. Play the role of Pilar and answer Prudencio's questions, indicating that what he asks about has already happened. Use the preterite and the written cues. You will hear the correct answer on the tape. Follow the model.

MODELO: ¿Vas a hablar de tu experimento con Paco? (el lunes) → *No, hablé con Paco el lunes.*

1. ayer
2. anteayer
3. el martes
4. ayer
5. el sábado
6. el mes pasado

THE PRETERITE OF -IR STEM-CHANGING VERBS

Marta is asking Nidia some questions about their friends' habits. Play Nidia's role and answer negatively the questions you hear on the tape, using the preterite tense. You will hear a possible answer on the tape. Follow the model.

MODELO: ¿Se viste Mario con frecuencia elegantemente? → *No, pero ayer se vistió elegantemente.*

1. ...   2. ...   3. ...   4. ...   5. ...   6. ...

IRREGULAR PRETERITES

Mireya is asking Pablo a series of questions about what he did last week. Play the role of Pablo and answer her questions, based on the following calendar. You will hear the correct answer on the tape. Follow the model.

Domingo	Lunes	Martes	Miércoles	Jueves	Viernes	Sábado
hacer tareas de español	ir al partido de fútbol	estar en casa 3 P.M. para estudiar	tener reunión con Prof. Ramírez	traer fotos de México a clase	dar fiesta en casa	ir a la discoteca con Luis

MODELO: ¿Qué hiciste el domingo? → *Hice la tarea de español.*

1. ...   2. ...   3. ...   4. ...   5. ...   6. ...

HACE... TO EXPRESS THE DURATION OF AN EVENT

You are being interviewed by the campus newspaper. Answer the journalist's questions using a phrase with **hace...** and providing personal information. You will hear a possible answer on the tape.

1. ...   2. ...   3. ...   4. ...   5. ...   6. ...

SER AND ESTAR; ADJETIVOS QUE SE USAN CON SER O ESTAR

Luis is talking about his friends to Adela. Complete his statements by circling the letter of the most appropriate answer. You will hear the statements twice.

1. a b   2. a b   3. a b   4. a b   5. a b

THE IMPERSONAL SE

Help Mario find his way around Barcelona by answering his questions. Use the written cues and the impersonal **se** in your answers. You will hear a possible answer on the tape. Follow the model.

MODELO: ¿Dónde puedo comprar mariscos frescos? (en el puerto [*port*]) →
Se puede comprar mariscos en el puerto.

1. en la Plaza Cataluña   3. por las Ramblas   5. el parque Güell
2. en el Barrio Gótico   4. al Corte Inglés

UN PASO MÁS HACIA LA COMUNICACIÓN: REACTING TO OTHERS

At a friend's party, you overhear several conversations. Listen and select the most appropriate reaction to each one. Be careful! There may be more than one correct answer.

1. a   b   c   4. a   b   c
2. a   b   c   5. a   b   c
3. a   b   c

Para escuchar

A. You will hear three brief excerpts from a radio program overheard in Quito, Ecuador. The program, entitled «Novedades de la ciencia y la tecnología», presents the latest news in the fields of scientific research and technology. Then listen to the statements on the tape and indicate whether they are true (**cierto**), false (**falso**), or not known (**no se sabe**), based on the news items. You will hear the statements twice.

1. Cierto   Falso   No se sabe   6. Cierto   Falso   No se sabe
2. Cierto   Falso   No se sabe   7. Cierto   Falso   No se sabe
3. Cierto   Falso   No se sabe   8. Cierto   Falso   No se sabe
4. Cierto   Falso   No se sabe   9. Cierto   Falso   No se sabe
5. Cierto   Falso   No se sabe

B. Apuntes biográficos

Antes de escuchar: The passage you are about to hear is a brief biographical sketch of a well-known scientist. Before listening to the passage, complete the following chart with biographical information about yourself.

	NOMBRE	AÑOS
Escuela primaria	_____	_____
Escuela secundaria	_____	_____
Universidad	_____	_____
Fecha de nacimiento	_____	
Lugar de nacimiento	_____	

You will listen to a television talk-show host in Mexico City introduce one of his guests, Professor Gonzalo Restrepo, with a brief biographical sketch. First, listen for general comprehension. Then, as you listen a second time, complete the biographical chart.

DATOS BIOGRÁFICOS

Lugar de nacimiento _____

Fecha de nacimiento _____

Nombre de la escuela secundaria a que asistió _____

Año en que se graduó _____

Estudios universitarios _____

Título(s) obtenido(s) _____ Años en que lo(s) recibió _____

Cargo que ocupa actualmente _____

Ejercicios escritos

En otras palabras... Familias de palabras

ACTIVIDAD: CÓMO TRABAJAN

Learning different forms of related words—nouns, verbs, and adjectives—is a quick and easy way to increase your vocabulary. Practice doing so by completing the following sentences with the correct form of the appropriate word.

1. (*investigador, investigar, investigación*)

   A través de (*By means of*) sus _____, los _____ ya han descubierto algunas de las causas del cáncer. Ahora, en laboratorios por todo el mundo, están _____ los efectos

de varias formas de quimioterapia.

2. (*ciencia, científico*)

La _____ hoy en día está muy avanzada. Los _____ ya pueden dar una

explicación _____ de muchos fenómenos de la naturaleza.

3. (*catedrático, cátedra*)

Muchos de los científicos que han recibido el Premio Nobel también son _____ que tienen

una _____ en una universidad prestigiosa.

4. (*creador, crear, creación*)

Admiro a los _____ de grandes obras y sus _____ porque creo que es

necesario tener un talento muy especial para _____ una obra. Algún día yo también espero

_____ algo… un libro, un cuadro, una escultura… ¡algo!

5. (*dibujante, dibujar, dibujo*)

Francisco de Goya fue un famoso pintor español que también hizo muchos _____, porque

para ser buen pintor también hay que ser buen _____. Muchos pintores _____

una obra antes de pintarla.

6. (*escritor, escribir, escrito*)

Una _____ que tiene éxito últimamente es la chilena Isabel Allende. Ella

_____ novelas, y yo creo que su primera, *La casa de los espíritus*, está muy bien

_____.

A. The Preterite Tense

ACTIVIDAD A: EL CONGRESO DE CIENTÍFICOS

The annual International Conference of Researchers and Scientists took place last week in Caracas, Venezuela. Afterwards, Dr. Armando González, who represented his research group at the conference, wrote the following report about the meeting for his colleagues. Complete the sentences with the preterite of the appropriate verbs in parentheses.

(*causar, presentar*)

1. Varios científicos _____ los resultados de sus investigaciones. Algunos _____

una profunda impresión.

(demostrar, dudar, mencionar)

2. Dos investigadores _____ de la validez del estudio del grupo del Paraguay y

   _____ otros estudios que _____ resultados muy diferentes.

(asistir, pasar, salir, viajar)

3. Algunos científicos _____ todo el día en el Congreso, pero otros _____ para

   conocer la ciudad o _____ 50 km. para ir a la playa. Yo, por supuesto, _____

   a todas las sesiones.

(cenar, conocer, descubrir, hablar, jugar)

4. Durante el Congreso, yo _____ a científicos de todo el mundo. Después de las sesiones

   _____ al tenis con algunos de ellos en las magníficas canchas del hotel. Por la noche

   (nosotros) _____ en varios restaurantes excelentes. Durante las cenas, _____

   de nuestro trabajo y yo _____ que hay una teoría nueva que podemos aplicar a nuestras

   investigaciones.

(aprender, decidir, escribir, enviar, ver)

5. El último día del Congreso (nosotros) _____ reunirnos en Madrid el año entrante. Yo

   _____ mucho en este Congreso y, como les _____ en las tarjetas postales que

   les _____, _____ muchas cosas interesantes en Caracas.

ACTIVIDAD B: COMPRENSIÓN

The following statements are about the report in Actividad A. Answer with **cierto** (C), **falso** (F), or **no se sabe** (NS), and correct statements that are untrue.

El doctor Armando González…

1. _____ es venezolano.

2. _____ asistió a un congreso científico en Madrid.

3. _____ presentó los resultados del trabajo de su laboratorio.

4. _____ conoció a científicos de todo el mundo.

5. _____ lo pasó bien.

B. The Preterite of -*ir* Stem-changing Verbs

ACTIVIDAD: LA CURIOSIDAD CIENTÍFICA, INTELECTUAL Y PERSONAL

After reading Dr. González' report, some of his colleagues want to know more about the conference. Answer them in the preterite as though you were Armando González, basing your replies on the information given in parentheses.

1. Armando, ¿llegaste al Congreso el mismo día que comenzó? (no / perder el avión)

   _____

2. ¡Qué lástima! Pero, ¿te sentiste bien en Venezuela? ¿Te afectó el cambio de clima? (muy bien / dormir bien todas las noches)

   _____

3. Doctor González, ¿lo pasó bien en el Congreso? (sí / divertirse bastante)

   _____

4. ¿Hablaron Uds. solamente de sus investigaciones científicas, Armando? (no / también reírse bastante)

   _____

5. Ajá. ¿Así que te encontraste con mucha gente? (sí / conocer a científicos de todo el mundo)

   _____

6. Cuéntame, Armando, ¿cómo reaccionaron los otros científicos cuando presentaste los resultados de nuestras investigaciones? (escuchar atentamente)

   _____

7. ¿Nos van a mandar copias de los informes (reports) del Congreso? (claro que sí / pedir copias)

   _____

8. ¿Cuándo regresaste a casa, Armando? (volver anoche)

   _____

9. ¿Oíste las noticias? (no / acostarme inmediatamente / llegar muy tarde)

   _____

10. Algunas ratas que usábamos para nuestro experimento murieron. (¡qué horror! / ¿por qué / morirse)

    _____

C. The Preterite of *dar*, *ir*, and *ser*; CH. Irregular Preterites

ACTIVIDAD A: ¿QUÉ PASÓ?

One of the lab technicians tells the sad story of the events that took place in Dr. González' laboratory during his absence. Complete it with the preterite of the appropriate verb from the choice given in parentheses.

El miércoles, cuando yo _____ ^{1} al laboratorio, _____ ^{2} las jaulas (*cages*)
(*llegar/salir*)   (*mirar/estar*)
de las ratas y _____ ^{3} que todas estaban bien. Yo les _____ ^{4} de comer
       (*ver/saber*)   (*dar/traer*)
y les _____ ^{5} agua en la botellas. _____ ^{6} todo como de costumbre. Ninguna
    (*poder/poner*)   (*Tener/Hacer*)
de las ratas _____ ^{7} nada fuera de lo común. _____ ^{8} un día como los otros.
           (*decir/hacer*)   (*Ser/Estar*)

     Cuando _____ ^{9} al laboratorio al día siguiente, les _____ ^{10} la comida y el
              (*ir/mirar*)   (*traer/hacer*)
agua, como siempre. ¡_____ ^{11} un desastre! ¡No _____ ^{12} creerlo! ¡Todas las
           (*Ser/Estar*)   (*poner/poder*)
ratas estaban muertas! ¡No había una sola rata viva! ¡Casi me _____ ^{13} un ataque de
                                                 (*dar/hacer*)
nervios!

     Todos los que trabajan en el laboratorio se _____ ^{14} qué podía haber pasado. Para
                                         (*preguntar/pedir*)
descubrir la causa, nosotros le _____ ^{15} la autopsia a una rata—pero no
                                 (*tener/hacer*)
_____ ^{16} nada. _____ ^{17} un misterio. Hasta este día, todavía no sabemos lo
    (*saber/venir*)   (*Ser/Estar*)
que sucedió.

ACTIVIDAD B: EL CASO DE LAS RATAS MUERTAS

Solve the mystery of the dead rats by reviewing the case with information from Actividad A and giving your own solution.

1. El miércoles, el técnico _____

   _____

2. Las ratas _____

   _____

3. Al día siguiente, _____

   _____

4. Después de descubrir el desastre, _____

   _____

En su opinión, ¿qué pasó? _____

_____

ACTIVIDAD C: ¿QUÉ HICISTE AYER?

Turning to lighter and less mysterious subjects, tell in as much detail as possible what you did yesterday, referring to the times given below. Try to use verbs only once!

1. Por la mañana: _____

_____

2. Por la tarde: _____

_____

3. Por la noche: _____

_____

D. *Hace*... *to Express the Duration of an Event*

ACTIVIDAD: ¿CUÁNTO TIEMPO HACE... ?

The following people all work or study at the Instituto de Investigaciones. Tell how long they have been doing so, as of today's date. The model is given based on 1990.

> MODELO: Rosario Franco comenzó a estudiar para el doctorado en 1989.→
> *Hace un año que Rosario estudia para el doctorado.*

1. La doctora Benítez comenzó a hacer sus investigaciones de microbiología en 1978.

_____

2. Nilda Rosas es una estudiante posgraduada que vino a trabajar con la doctora Benítez el septiembre pasado.

_____

3. El doctor Azcuénaga llegó a ser director del Instituto en 1985.

_____

4. Jaime Torres es un estudiante de ciencias que quería tener la experiencia de trabajar en un laboratorio. Está lavando probetas (*test tubes*) desde el 15 de junio.

_____

5. La doctora Olmos y el doctor Olivos empezaron a analizar proteínas en 1989.

_____

E. *Ser* and *estar*; *En otras palabras... Adjetivos que se usan con* **ser** *o* **estar**

ACTIVIDAD A: EL PREMIO DE CIENCIAS

This evening Dr. Felipe Durán is being awarded his country's major prize for outstanding scientific achievement. Create your own descriptions of the ceremony and the dinner that follows it, using **ser** or **estar** and the adjectives in parentheses.

MODELO: Las mujeres llevan vestidos largos y los hombres llevan smoking (*tuxedos*). (bien vestido, elegante) → *La gente está bien vestida. Su ropa es elegante.*

1. Al doctor Durán le tiemblan (*tremble*) las manos. (nervioso, feliz)

    _____

2. Los miembros del comité le dan el premio: ¡cinco millones de pesos! (rico, famoso)

    _____

3. Sus colegas aplauden con entusiasmo. (entusiasmado, orgulloso [*proud*] de él)

    _____

4. El doctor Durán le da las gracias a sus colegas en un discurso (*speech*) que dura dos horas. (largo, aburrido)

    _____

5. El doctor Ceballos se duerme durante el discurso. (cansado, aburrido)

    _____

6. Después hay una cena. ¡Todo—la sopa, la langosta (*lobster*), el postre—es perfecto! (delicioso, caliente, exquisito)

    _____

7. Sus colegas brindan (*toast*) por el doctor Durán con champán, y el doctor Ceballos se toma seis copas. (frío, borracho [*drunk*])

    _____

8. ¡Qué noche! El doctor Durán sonríe mucho. (inolvidable, contento)

    _____

ACTIVIDAD B: ¡AL CONTRARIO!

Review what you know about Santiago Ramón y Cajal by reacting to the following cues. Use **ser** or **estar** and, if possible, the antonym of the adjective in your reply.

1. un chico estúpido _____

2. un chico siempre aburrido _____

3. un niño listo _____

4. un adulto irresponsable _____

5. adaptable con respecto a su teoría del sistema nervioso _____

    _____

6. un científico indiferente _____

7. en su opinión, un hombre infeliz _____

8. todavía vivo _____

F. The Impersonal se

ACTIVIDAD A: EN EL LABORATORIO

On Jaime Torres' first day in the lab, various people tell him what is and isn't done around there. Use the impersonal **se** to tell what he learns.

MODELO: no poder fumar → *Aquí no se puede fumar.*

Aquí...

1. llegar temprano todos los días
2. trabajar mucho
3. no comer
4. no hablar por teléfono con los amigos
5. escuchar atentamente cuando el director habla
6. nunca decir que algo es imposible

1. _____

2. _____

3. _____

4. _____

5. _____

6. _____

ACTIVIDAD B: EN LA BIBLIOTECA

What is and isn't done in your school library? Surely you know! Use the impersonal **se** to give this information to an incoming freshman. Some of the things you may want to consider are: **comer, hablar en voz alta, dormir, fumar.**

1. _____

2. _____

3. _____

4. _____

5. _____

6. _____

Palabras problemáticas

ACTIVIDAD: LA EXPERIENCIA DE JULIA

Complete the following paragraph with the "Palabras problemáticas," using appropriate articles when necessary, as Julia tells about her courses.

Mi _____[1] más interesante no es _____[2] en que saco las mejores

_____,[3] pero de todos modos la encuentro fascinante. Leo los libros, escucho atentamente

las conferencias que da el profesor y ¡tomo _____[4] como loca porque no quiero perder ni

una palabra! ¿Qué _____[5] es? ¡Antropología! No tiene ninguna relación con

_____[6] que hago (la computación), pero me encanta aprender acerca de las costumbres y

tradiciones de otras culturas.

De todo un poco

ACTIVIDAD A: CON SUS PROPIAS PALABRAS: SEQUENCE OF EVENTS

Preparación

Review the section titled 'Los descubrimientos' of "Una biografía breve" on page 112 of your text. As you do so, you will see that the author first gives some background information about the accepted theories at that time, then tells how Ramón y Cajal's discovery went counter to them, then gives a chronological sequence of the events leading to the acceptance of his theory. The author also could have begun with Ramón y Cajal winning the Nobel Prize and then telling what he had done, or he could have started at the congress in Germany when the scientist convinced his colleagues of the validity of his theory. In flash-backs, starting at the beginning or in the middle, or even starting at the end and then going back to the beginning, is an acceptable way to recount an event.

Notice also that extraneous details have been omitted. Only a few are given to complete the picture of Ramón y Cajal's character and to add interest to the account.

Go back through the four paragraphs of the indicated section of the reading. In each paragraph, there is a logical sequence and a number of words and phrases that make the chronology of the narration clear to you as a reader. They may be transitional (linking) words or verb phrases that advance the narration or give the background.

Indicate each of the following stages of the narrative sequence with a word or phrase from the reading.

Párrafo 1:   background: _____

           first discovery: _____

           second discovery _____

Párrafo 2:   Cajal's reaction: _____

           reaction of others: _____

Párrafo 3:   background: _____

           first action: _____

           second action: _____

           third action: _____

           fourth action: _____

Párrafo 4:   first result: _____

           second result: _____

Aplicación

You have read about several events in Santiago Ramón y Cajal's youth and adult life. To tell about an interesting event in your own life, "Un momento en la vida de (su nombre)," first make an outline of the sequence of events. Then decide on the order in which you wish to present them. Also, make a list of the details you wish to include. Write an account of the event in one or two paragraphs. Write the account on another sheet of paper. Then check it to make sure you have followed your outline.

CAPÍTULO **6**

Manual de laboratorio

Para comenzar

Scan the following ad sponsored by the Spanish government during recent elections. Then you will hear a series of statements about the ad. Indicate whether they are true (**cierto**), false (**falso**), or not known (**no se sabe**), based on the information in the ad. You will hear the statements twice. Pause now to look at the ad.

1. Cierto   Falso   No se sabe
2. Cierto   Falso   No se sabe
3. Cierto   Falso   No se sabe
4. Cierto   Falso   No se sabe
5. Cierto   Falso   No se sabe

VEN A VOTAR
Votando
se entiende la gente

El 22 de junio es un domingo importante para todos. Porque entre todos vamos a conseguir un pueblo más libre, un país más moderno y un futuro mejor. Ven a votar.
Votando se entiende la gente.

DOMINGO 22 DE JUNIO
ELECCIONES GENERALES

Se pronuncia así: Spanish **m** *and* **n**

The pronunciation of the letter **m** is exactly the same in English and Spanish.

A. Repeat the following sentences:

María mira la mesa en el comedor.   Manolo y Miguel comen rápidamente.
Marta y Marina son colombianas.

The Spanish **n** is pronounced like the English *n* when initial in a syllable and when it appears at the end of a word, before a pause.

B. Repeat the following words:

nación   ningún   nada
nadie   avión   no
también   algún   corazón

Before the consonants *b*, *v*, *m*, and *p*, the Spanish **n** is pronounced like the English *m*.

C. Repeat the following words and phrases:

un barco   un perro   inmediato
conversación   con malicia   convidar
invitación   un vaso   convulsión

Before the consonants *c, qu, g,* and *j,* the Spanish **n** is pronounced like the English *n* in the word *missing.*

CH. Repeat the following words and phrases:

Inglaterra	un jaguar	con cariño
con quién	inglés	pongo
tengo	un queso	angustia

Estructuras y vocabulario

EN OTRAS PALABRAS... HABLANDO DE LA POLÍTICA

Pablo and Hortensia are discussing politics and world events. Complete their statements by circling the letter of the most appropriate conclusions. Be careful! There may be more than one correct answer. You will hear the statements twice.

1. a	b	c	ch		4. a	b	c	ch
2. a	b	c	ch		5. a	b	c	ch
3. a	b	c	ch		6. a	b	c	ch

USING **HACE** TO EXPRESS HOW LONG AGO

You are being interviewed by the university radio station in Barcelona, Spain. Answer the following questions about your study habits from your personal experience, using a phrase with **hace.** You will hear a possible answer on the tape.

1. ...   2. ...   3. ...   4. ...   5. ...   6. ...

LA FECHA

The following historical synopsis outlines key dates in the history of the island of Puerto Rico. Scan it before doing this activity.

You will hear a series of questions about when the events included in the synopsis took place. Answer the questions based on the dates given in the outline. You will hear the correct answer on the tape. Follow the model. Pause now to look at the synopsis.

FECHAS CLAVE DE LA HISTORIA PUERTORRIQUEÑA

19/11/1493 ———> Cristóbal Cólon descubre la Isla.
20/06/1596 ———> El pirata inglés Francis Drake ataca la Isla.
25/07/1898 ———> El ejército de los Estados Unidos se toma el control de la Isla.
03/12/1917 ———> La Ley Jones del Congreso de los Estados Unidos concede la nacionalidad
norteamericana a los puertorriqueños.
18/05/1946 ———> El presidente Truman nombra al primer gobernador puertorriqueño, Jesús Piñero.
03/03/1952 ———> Se establece Puerto Rico como un Estado Libre Asociado.
18/03/1984 ———> Se realizan las primeras elecciones presidenciales primarias en la Isla.

MODELO: ¿Cuándo tomó control de la Isla el ejército de los Estados Unidos? →
El 25 de julio de 1898.

1. ...   2. ...   3. ...   4. ...   5. ...   6. ...

VERBS WITH DIFFERENT MEANINGS IN THE PRETERITE AND IMPERFECT

Adriana is telling Pedro about a political candidate's appearance and speech in her home town. Play Adriana's role and answer Pedro's questions, using the written cues. You will hear a possible answer on the tape. Follow the model.

MODELO: ¿Cuándo supiste que el candidato iba a hablar en tu ciudad? (ayer) → *Lo supe ayer.*

1. sí   2. sí   3. no, no querer   4. sí   5. no

MORE ABOUT USING THE PRETERITE AND IMPERFECT

You will hear a brief description of Ernesto and Alfredo's recent trip to the Dominican Republic, The description will be in the present tense. After you have listened to the description, reconstruct the sentences in the past based on the written cues and using the preterite or imperfect, as appropriate. You will hear the correct answer on the tape. Follow the model. First, listen to the narration in the present tense, trying to get the gist of the story.

MODELO: Ernesto y Alfredo / salir del aeropuerto de San Juan / 3:00 p.m. →
Ernesto y Alfredo salieron del aeropuerto de San Juan a las tres de la tarde.

1. los dos jóvenes / llegar a Santo Domingo / 4:30
2. primero / (ellos) ir al hotel
3. la habitación / estar en el décimo piso
4. por la tarde / visitar la catedral de Santo Domingo
5. en la catedral / haber muchos turistas / y / hacer calor
6. por la noche / Ernesto / no sentirse muy bien
7. (él) tener dolor de cabeza / y / molestarle el estómago
8. Alfredo / llamar a un médico
9. Ernesto / estar tan enfermo / que / (ellos) decidir regresar a San Juan

THE PASSIVE SE

María Benavente, a Venezuelan journalist, is explaining to another journalist from Perú how elections are carried out in her country. Play María's role and answer the Peruvian journalist's questions, using the passive **se** construction and the written cues. You will hear the correct answer on the tape.

1. cada cuatro años   3. por computadora   5. en los parques
2. problemas del país   4. todas las semanas   6. por la noche en la televisión

Para escuchar

A. You will hear a radio news broadcast from Montevideo. The news items will focus on various political events throughout the Hispanic world. After each news item, you will hear a series of statements. Indicate whether they are true (**cierto**), false (**falso**), or not known (**no se sabe**), based on the information in the newscast. You will hear the statements twice.

1. Cierto	Falso	No se sabe		6. Cierto	Falso	No se sabe
2. Cierto	Falso	No se sabe		7. Cierto	Falso	No se sabe
3. Cierto	Falso	No se sabe		8. Cierto	Falso	No se sabe
4. Cierto	Falso	No se sabe		9. Cierto	Falso	No se sabe
5. Cierto	Falso	No se sabe				

B. Un debate político

Antes de escuchar: The passage you are about to hear deals with the views of two political candidates. Before listening, try to recall the last political candidate for whom you voted in a national election or who held views that you agreed with, and answer the following questions, keeping him or her in mind:

1. ¿Estaba de acuerdo con ayudar a los pobres?

_____

2. ¿Quería combatir el tráfico de drogas?

_____

3. ¿Estaba a favor de subir o bajar los impuestos?

_____

4. ¿Creía que era necesario reformar el sistema de salud?

_____

You will hear the introduction to a political debate between two presidential candidates in Perú. The moderator of the debate will introduce the two candidates by providing a few brief biographical details and important information about their ideological positions. First, listen to the introduction for general comprehension. Then, as you listen a second time, summarize the candidates' views by filling in the following chart:

		Gómez de la Serna		Montalvo Peláez
1.	Ayudar a los pobres	_____	SÍ	_____
		_____	NO	_____
2.	Luchar contra la corrupción	_____	SÍ	_____
		_____	NO	_____
3.	Negociar con los guerrilleros	_____	SÍ	_____
		_____	NO	_____
4.	Reformar el sistema de salud	_____	SÍ	_____
		_____	NO	_____
5.	Organizar una reunión para combatir el tráfico de drogas	_____	SÍ	_____
		_____	NO	_____

Ejercicios escritos

En otras palabras... Hablando de la política

ACTIVIDAD A: AUMENTAR SU VOCABULARIO

Complete the sentences using the appropriate form of the noun, verb, or adjective given in parentheses and placing it correctly within the sentence. Not all these words are in the vocabulary, but you will recognize them as related to words that are in the list.

MODELO: (*el fracaso, fracasar*) → —¿Va a *fracasar* la reunión cumbre?
—Espero que no. *El fracaso* sería un desastre.

1. (*el aliado, aliarse, aliado*)

El país X decidió _____ con el país Z porque necesitaba _____. Sus

presidentes tuvieron muchas reuniones, y ahora están _____.

2. (*el apoyo, apoyar*)

Es necesario _____ los esfuerzos hacia la paz. Por supuesto vamos a dar nuestro

_____.

3. (*el gobierno, gobernar, gobernado*)

—¿Cómo piensan _____ el país? Yo sé que querían un _____ democrático.

—Y ahora el país está _____ en forma democrática.

4. (*la reunión, reunirse, reunido*)

—Los presidentes de los países centroamericanos van a tener una _____.

—¿Cuándo van a _____?

—Están _____ ahora mismo.

5. (*la lucha, luchar*)

Por muchos años el pueblo tuvo que _____ por su independencia. Pero _____

valió la pena.

6. (*las elecciones, elegir, elegido*)

Los Estados Unidos tuvieron _____ en 1988 para _____ al presidente. El

presidente ahora está _____.

7. (*la discusión, discutir, discutido*)

En una _____ el político dijo: «No quiero _____ este problema más. Es un

asunto siempre _____, pero nunca resuelto.»

8. (*la destrucción, destruir, destruido*)

Los revolucionarios quieren _____ el sistema para imponer otro. Quieren una

_____ total. Dicen que, cuando este sistema esté _____, van a implantar uno

nuevo.

9. (*el aislamiento, aislar, aislado*)

Los científicos tienen que _____ el virus. Solamente cuando esté _____,

pueden estudiarlo. Pronto lo tendrán en _____.

10. (*el político, la política, político*)

—¿Te interesa _____?

—Sí, me interesan mucho los asuntos _____. Además, algún día me gustaría ser

_____.

ACTIVIDAD B: AUMENTAR SU VOCABULARIO UN POCO MÁS

Are the following pairs of words synonyms or antonyms? Write an *S* next to the pairs that are synonyms and an *A* next to the antonyms.

1. _____ la fuerza – la debilidad

2. _____ los guerrilleros – los rebeldes

3. _____ la guerra – la paz

4. _____ comenzar – terminar

5. _____ la ayuda – el apoyo

6. _____ democrático – totalitario

7. _____ el pueblo – los ciudadanos

8. _____ exigir – pedir

9. _____ un aliado – un enemigo

A. Using *hace* to Express How Long Ago

ACTIVIDAD A: ¿CUÁNTO TIEMPO HACE...?

In 1976 the United States celebrated its Bicentennial, commemorating 200 years of independence from England. How long ago did some Latin American countries achieve their independence from Spain? The model is given based on 1990.

MODELO: 1776 / los Estados Unidos / proclamar →
Hace más de 200 años que los Estados Unidos proclamaron su independencia.

1. 1818 / Chile / lograr
2. 1821 / Costa Rica, El Salvador, Guatemala, Honduras y Nicaragua / proclamar
3. 1819 / Colombia / conseguir
4. 1813 / México / luchar por
5. 1824 / Perú / proclamar
6. 1823 / Venezuela / conseguir

1. _____

2. _____

3. _____

4. _____

5. _____

6. _____

ACTIVIDAD B: SEÑOR DIRECTOR:...

On May 15, 1989, the following letters of complaint about telephone service were published in *La Nación*, a leading Argentine newspaper. After reading them, tell how long ago (from the date of publication) each writer's telephone service began to malfunction.

Teléfonos

Señor Director:

"Desde hace aproximadamente tres meses mi teléfono 87-1363 llama y se contesta solo sin ninguna intervención de mi parte; eso sí, las facturas vienen con excedentes de pulsos, también por causas ajenas a mi voluntad. Espero por este medio obtener la ansiada reparación y que las facturas sean reflejo de la realidad", expresa el 10/5/89 el señor Eduardo Meléndez (J. Alvarez 1704, Capital).

– "El 9 de marzo mi teléfono 393-5846 dejó de funcionar luego de un fuerte aguacero, y mis pedidos de reparación –de toda índole– no han tenido ningún éxito", dice en su carta del 2/5/89 la escribana Alba M. Costa de Hofer (Viamonte 752, Capital).

– El escritor Enrique Anderson Imbert (Gascón 1167, Capital) en su carta del 4/5/89 dice: "Mi teléfono 89-8260 no funciona desde hace un mes. He reclamado a ENTel sin obtener resultado, y el teléfono me es indispendable para cumplir con mi trabajo profesional".

– La señora Cora B. de Massoneau (Larrea 1367, Capital) relata en su carta del 2/5/89: "Con intervalo de 4 días que funcionó en Semana Santa, mi teléfono 824-9869 o está mudo o lo usan las personas cuyas voces se oyen cada varios días. Desde hace dos meses mis reclamos a la empresa no han obtenido respuesta".

– "Mi teléfono 37-4131 dejó de funcionar el 30/10/88, y salvo una breve interrupción de dos días continúa tan silencioso como en la fecha mencionada, a pesar de las múltiples gestiones que he realizado ante la empresa tendientes a

obtener su reparación", escribe el 27/4/89 el señor Tomás Alarcón Montalbán (Belgrano 1305, Capital).

– La Sra. Matilde F. Pelle de Pizzo (Moreno 3471, Capital) cuenta en su carta del 3/5/89: "Mi teléfono 862-8246 (antes 86-8246) no funciona desde el 4/3/89, y mis siete reclamos formales a ENTel no han tenido ningún resultado positivo".

– "Desde tiempo inmemorial, mi teléfono 781-3961 sufre de frecuentes interrupciones, por varios días en cada caso. Pese a mis reiteradas reclamaciones al 114 no he podido obtener la normalización del servicio", dice en su carta del 10/5/89 la señora Aída V. San Martín de Anaya (Cuba 2281, Capital).

MODELO: Sr. Eduardo Meléndez: su teléfono / dejar de funcionar →
Hace tres meses que su teléfono dejo de funcionar.

1. Sra. Alba M. Costa de Hofer: empezar a pedir reparación

_____

2. El escritor Enrique Anderson Imbert: su teléfono / dejar de funcionar

_____

3. Sra. Cora B. de Massoneau: comenzar a reclamar servicio

_____

4. Sr. Tomás Alarcón Montalbán: su teléfono / dejar de sonar

_____

5. Sra. Matilde F. Pelle de Pizzo: hacer su primer reclamo

_____

6. Sra. Aída V. San Martín de Anaya: su teléfono / empezar a sufrir frecuentes interrupciones

_____

B. La fecha

ACTIVIDAD: FECHAS EXACTAS

After you read about some important events in the Spanish-speaking world, write out only the date on which they occurred.

MODELO: 18/9/1818: Chile proclama su independencia de España. → *el 18 de septiembre de 1818*

1. 5/12/1492: Cristóbal Colón llega a la isla Quisqueya y la llama La Española. En 1502 se cambia el nombre por el de República Dominicana.

_____

2. 12/5/1551: Se funda en Lima, Perú, la Universidad de San Marcos.

_____

3. 14/4/1890: Varios países del Hemisferio Occidental crean una organización dedicada a la paz y a la cooperación.

_____

4. 30/4/1948: Veintiuna repúblicas americanas firman la Carta de la Organización de Estados Americanos, el organismo regional de las Naciones Unidas.

_____

5. 1/1/1959: El presidente Batista huye (*flees*) de Cuba. 8/1/1959: Fidel Castro entra en La Habana.

_____

6. 12/10/1964: Comienzan los Juegos Olímpicos en la capital de México.

_____

7. 20/11/1975: Muere el generalísimo Francisco Franco, de España.

_____

8. 7/8/1987: Los presidentes de los cinco países centroamericanos firman un plan de paz.

_____

C. Verbs with Different Meanings in the Preterite and Imperfect

ACTIVIDAD: EL CANDIDATO QUE NO GANÓ LAS ELECCIONES

On May 14, 1989, presidential elections were held in Argentina. Complete the following newspaper article that tells how the unsuccessful candidate and his wife spent that day. Use preterite or imperfect forms of **conocer**, **poder**, **querer**, and **saber**. All other verbs in parentheses should be given in the preterite.

El candidato radical a la presidencia, Eduardo Angeloz, _____[1] a las 9:47 en la mesa
(votar)

número 2 de la Escuela Nacional de Educación Técnica de la ciudad de Córdoba. Nadie

_____[2] cómo votó.
(saber)

Angeloz _____[3] acompañado por su esposa y un pequeño grupo de miembros de su
(llegar)

partido. Unos cien periodistas, reporteros gráficos y camarógrafos de televisión lo esperaban. Aunque

todos _____[4] bien al candidato, fue la primera vez que algunos de ellos
(conocer)

_____[5] a la señora Angeloz, porque ella había participado poco en la campaña electoral.
(conocer)

El candidato _____[6] que estaba viviendo el acto más importante de su vida. «Sin
(decir)

ninguna duda—_____[7]—esto es un honor que nunca imaginé.»
(expresar)

Angeloz no _____[8] responder a preguntas sobre cómo pensaba pasar el día. A las
(querer)

preguntas de los periodistas, _____[9] a decir que al mediodía iban a «almorzar con unos
(limitarse)

amigos».

Después, Angeloz, su esposa y sus acompañantes _____[10] del lugar. Los periodistas
(salir)

todavía tenían curiosidad y _____[11] saber adónde iba. Según algunas fuentes (sources),
(querer)

los Angeloz _____[12] en la casa de un viejo amigo, pero los periodistas no
(almorzar)

_____[13] saber quién era, porque sus acompañantes no _____[14] revelar su
(poder)   (querer)

nombre.

CH. More about Using the Preterite and Imperfect

ACTIVIDAD A: DOS HOMBRES FUERA DE LO COMÚN

Simón Bolívar and José de San Martín were two great figures in the Latin American struggle for independence. To find out more about them, complete the following paragraphs with the preterite or the imperfect of the verbs in parentheses.

Las guerras de la independencia en Sudamérica _____¹ dirigidas por dos hombres fuera de
                                                        (ser)

lo común: Simón Bolívar y José de San Martín. Bolívar _____² en Caracas, pero
                                                                        (nacer)

_____³ en Europa y _____⁴ bien el pensamiento europeo de la época.
   (estudiar)   (conocer)

_____⁵ un hombre impetuoso que _____⁶ el sueño utópico de una América
   (Ser)   (tener)

hispana unida. Él _____⁷ la campaña que _____⁸ en la República de la Gran
                    (dirigir)   (resultar)

Colombia, que después _____⁹ en tres naciones: Venezuela, Colombia y el Ecuador.
                         (fragmentarse)

Cuando Bolívar _____¹⁰ elegido presidente de la República, lo _____¹¹
                  (ser)   (proclamar)

Libertador. Pero las fuerzas españolas _____¹² la lucha en otras regiones. Entonces,
                                             (seguir)

Bolívar _____¹³ al Perú en donde _____¹⁴ sus fuerzas con las de San Martín
           (marchar)   (unir)

para vencer a las fuerzas españolas.

   José de San Martín _____¹⁵ la campaña por la independencia en Chile y la Argentina,
                         (hacer)

y luego _____¹⁶ al Perú. Bolívar y San Martín _____¹⁷ en una reunión en
           (marchar)   (encontrarse)

Guayaquil que no _____¹⁸ ningún resultado porque Bolívar _____¹⁹ el mando
                    (dar)   (querer)

(*command*) supremo pues, según lo que comentan algunos historiadores, _____²⁰ más
                                                                            (ser)

ambicioso que San Martín. Entonces, San Martín no _____²¹ seguir la lucha.
                                                      (querer)

_____²² a la Argentina y luego _____²³ a Francia, lugar donde
   (Regresar)   (irse)

_____.²⁴ Algunos historiadores han dicho que Bolívar _____²⁵ mejor líder
   (morir)   (ser)

que San Martín, pero que el general argentino, también conocido como *Libertador*,

_____²⁶ mejor el carácter del pueblo.
   (conocer)

ACTIVIDAD B: LOS DOS GENERALES

Review what you have just read in Actividad A by writing a complete sentence, using the preterite or the
imperfect to tell which general is referred to, Simón Bolívar, José de San Martín, or both.

1. dirigir las guerras de la independencia
2. conocer las ideas prevalecientes en Europa en
   el siglo XIX
3. soñar con una América hispana unida
4. ser líder de la República de la Gran Colombia

5. hacer su campaña en la Argentina y Chile
6. ser llamado *Libertador*
7. unir sus fuerzas para seguir la lucha
8. querer el mando supremo
9. conocer mejor el carácter del pueblo

Name _____ Date _____ Class _____

1. _____
2. _____
3. _____
4. _____
5. _____
6. _____
7. _____
8. _____
9. _____

ACTIVIDAD C: MOMENTOS MEMORABLES DE LA VIDA

Write a brief description of the following moments in your life, telling what happened, how you felt, and describing the situation. If one of the situations does not apply to you, substitute another memorable moment.

1. aprender a manejar un coche
2. votar por primera vez
3. ir a su primer baile (fiesta) formal
4. ganar algo (un partido, un premio, la lotería)
5. hablar en público por primera vez
6. recibir inesperadamente algo importante (un regalo, una llamada telefónica, una carta)

1. _____

_____

_____

2. _____

_____

_____

3. _____

_____

_____

4. _____

_____

_____

5. _____

_____

_____

6. _____

_____

_____

D. The passive *se*

ACTIVIDAD: ¡UD. ES EL EXPERTO (LA EXPERTA)!

Having been at your university for a while, you undoubtedly know your way around. Help out a freshman by telling where certain things are to be found. Use the passive **se** and fill in the information that indicates your expertise.

MODELO: vender las mejores hamburguesas → *Se venden las mejores hamburguesas en...*

1. comprar las cintas más baratas
2. comer la mejor pizza
3. encontrar el banco
4. ver buenas películas
5. leer revistas y periódicos en español
6. vender camisetas con el nombre de la universidad
7. conseguir el calendario del año académico
8. tomar cerveza los fines de semana

1. _____

2. _____

3. _____

4. _____

5. _____

6. _____

7. _____

8. _____

Palabras problemáticas

ACTIVIDAD: EL ÁLBUM DE FOTOS

As doña Elba, the matriarch of a large, distinguished, and sometimes eccentric family leafs through the family photo album, she tells her grandchildren about some relatives they have never met. Use the "Palabras problemáticas" in the imperfect or preterite to complete her reminiscences.

1. Éste es mi primo César. Estudió antropología por muchos años, y cuando por fin _____

   antropólogo, se fue a la selva amazónica para estudiar una tribu de indios y allá desapareció. Nosotros

   nunca _____ más de él.

2. Ah, esta señora era la tía de mi mamá. Cuando era joven, _____ a un caballero francés y se

   enamoraron a primera vista. Se fue con él a París y _____ novelista. Por eso, ¡yo

   _____ a mi abuela por medio de una de sus novelas!

3. De esta prima de mi papá no hablamos nunca. Estudió música clásica, pero después _____

   actriz. Mi abuelo siempre _____ furioso cuando pensaba en ella aunque ella

   _____ muy famosa.

De todo un poco

ACTIVIDAD A: CON SUS PROPIAS PALABRAS: EN RESUMEN

Preparación

In this section of the preceding chapters, the following topics were discussed: Simplification, Identifying the Reader, Description, Use of the Dictionary, and Sequence of Events. Before applying them all as you write a few paragraphs about a person and/or event in the news, do the following review. First, read the following article quickly, then answer the questions in each category that follows.

En Cartagena
Como rey fue atendido el turista 10 mil; un buen año

Por Eduardo García Martínez

CARTAGENA.--El hombre se llevó la gran sorpresa: llegó al aeropuerto Rafael Núñez como cualquier visitante y allí lo esperaba el alcalde Manuel Domingo Rojas con una gran comitiva, su brazo estirado y la sonrisa a flor de labio.

¿Qué pasaba?: que el gobierno municipal y la Promotora de Turismo decidieron premiar al turista número 10 mil que llegara por vía aérea a la ciudad y Roberto Vargas fue el afortunado.

Venía acompañado de su familia pero sólo uno sería el ganador. De modo que se repuso de la sorpresa y se dejó abrazar por la Gerente de la Promotora, Claudia Fadul Rosa, quien le entregó un obsequio. Después bailó con ella y varias otras empleadas de Pruturismo y del aeropuerto y se declaró el hombre más agradecido del mundo.

Vargas y su familia se vieron de pronto cargados de flores y regalos y mimados por un grupo de personalidades que le reiteraban su satisfacción de tenerlos en la ciudad.

El éxito del programa "Turista 10 mil" se ha conseguido y se institucionalizará.

Como premio, Vargas podrá disfrutar de paseo en yate por la bahía, en coche y en chiva por el sector turístico y la ciudad histórica, visitar los casinos y viajar a las islas del Rosario. Será atendido como un Príncipe y de seguro nunca olvidará las espléndidas vacaciones que ha iniciado.

Vargas es veterinario, natural de Bogotá y está casado con Clemencia Villaveces. Tienen cuatro hijos y siempre escogen a Cartagena de Indias para las vacaciones.

Satisfechos?. Satisfechos

Tanto el alcalde Rojas como la gerente de Proturismo, Claudia Fadul, el programa iniciado dos semanas atrás ha sido no sólo una novedad sino un éxito.

El turista 10 mil llegó antes de lo previsto o sea que la temporada tiene los ingredientes necesarios para ser "muy buena".

La escogencia del turista 10 mil se hizo sobre la base de contar aquellas personas que llegaban a la ciudad en plan de vacaciones y por vía aérea. Podían venir del interior del país o del exterior.

Roberto Vargas llegó de Bogotá y ahora ha dicho que tiene muchas más razones para siempre venírse a Cartagena con su familia.

Simplification

Circle the letter of the most appropriate simplification of the following sentence.

1. Como premio, Vargas podrá disfrutar de paseos en yate por la bahía, en coche y en chiva por el sector turístico y la ciudad histórica, visitar los casinos y viajar a las islas del Rosario.
   a. Vargas vio todos los puntos de interés turístico de la ciudad.
   b. Vargas disfrutó de su viaje a Cartagena.
   c. Vargas viajó mucho.

Identifying the Reader

2. El lector de este artículo será...
   a. un ciudadano que quiere saber lo que pasa en su ciudad
   b. un agente de viajes
   c. un turista

Description

3. ¿Quién es Roberto Vargas? _____

Use of the Dictionary

4. ¿Cuál es la palabra que puede poner en lugar de la palabra indicada?
- el alcalde
   a. el visitante
   b. la primera autoridad municipal
   c. el veterinario
- es afortunado
   a. tiene suerte
   b. está sorprendido
   c. está agradecido
- un obsequio
   a. una sorpresa
   b. una flor
   c. un regalo
- la bahía
   a. la península
   b. la isla
   c. el agua

Sequence of Events

5. Ordene los siguientes sucesos cronológicamente, escribiendo la letra apropiada en la columna a la derecha.
   a. Vargas podrá pasear en yate.
   b. Vargas y su familia llegaron al aeropuerto.
   c. El gobierno municipal y la Promotora de Turismo decidieron premiar al turista número diez mil.
   ch. El alcalde lo esperaba.
   d. Será atendido como un príncipe.
   e. La Gerente de la Promotora lo abrazó.
   f. Se declaró el hombre más agradecido del mundo.

1. _____
2. _____
3. _____
4. _____
5. _____
6. _____
7. _____

Aplicación

"Una persona notable" or "Un suceso actual" is the topic of this assignment. After you have decided on the specific person and/or event that you will write about, identify the reader. Then make a list of the sequence in which you wish to tell what happened. Make another list of the words you will need to describe that person or event. Use the dictionary only if necessary. Then think of the clearest way you can express yourself in Spanish. After you have written your paragraphs (on another sheet of paper) go over them carefully, making sure you have followed your outline.

ACTIVIDAD B: CENTROAMÉRICA

Nearly every day there are articles about Central America in the newspaper. When you read them, can you visualize where those countries are on the map? Are you familiar with the names of their capitals? Test yourself by writing the names of the countries on the map. Then fill in the names of their capitals.

_____, Costa Rica

_____, El Salvador

_____, Guatemala

_____, Honduras

_____, Nicaragua

_____, Panamá

_____, Belice

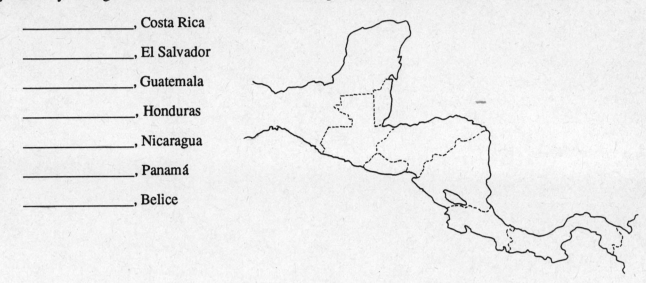

CAPÍTULO **7**

Manual de laboratorio

Para comenzar

You are talking with a group of friends about the food you are hungry for and where you would like to eat. Listen to the statements your friends make, decide which of the restaurants depicted in the ads best matches their tastes and needs, and suggest that you all go there. You will hear the statements twice, and you will hear the correct answer on the tape. Pause now to look at the ads.

MODELO: Esta noche tengo ganas de comer unos chuzos de carne. → *¡Vamos al restaurante Cherry's!*

1. ...   2. ...   3. ...   4. ...   5. ...

Se pronuncia así: The Sounds of Spanish **t** *and* **d**

The Spanish **t** is pronounced differently than its English counterpart. In Spanish, it is produced by touching the back of the upper front teeth with the tip of the tongue. No puff of air is produced as in English.

A. Repeat the following words after the speaker:

tonto	talento	también
Tomás	todo	tanto
taxi	tartamudo	tapete

B. Now repeat the following tongue twisters after the speaker:

1. El tonto de Tomás todo lo tiene.
2. Todo lo que te digo te molesta.

3. Tomó tanto y tan rápido que tuvo que toser.

The Spanish **d** has two distinct sounds. At the beginning of a breath group or after *n* or *l*, the tip of the tongue touches the inner surface of the upper teeth, rather than the ridge above the teeth.

C. Repeat the following words and phrases after the speaker:

un dolor	David	grandioso
cuando	el día	mandar
andando	el domingo	candado

In any other situation, the Spanish **d** is pronounced like the English *th* in the word *thus*.

CH. Repeat the following words and phrases after the speaker:

cada	moda	dedo
adiós	una diosa	pared
los días	madera	estudioso

D. Now repeat the following tongue twisters after the speaker:

1. Don Daniel y doña Diana dijeron adiós sin decir nada.
2. Cada diosa daba dádivas° a las doncellas.   *gifts*
3. Andaba de tarde un día por el grandioso condado.

Estructuras y vocabulario

EN OTRAS PALABRAS... PARA HABLAR DE «ODA A LA ALCACHOFA»

You will hear a series of descriptions. Tell what is being described by selecting the appropriate words from the following list. You will hear the correct answer on the tape. Follow the model. First, listen to the list:

una col	una bolsa
una olla	los bigotes
un cesto	una zanahoria
un huerto	

> MODELO: Es el lugar donde se cultivan verduras como el coliflor, las alcachofas... ¿Qué es? → *Es un huerto.*

1. ...   2. ...   3. ...   4. ...   5. ...   6. ...

DIRECT OBJECT PRONOUNS: **LO, LA, LOS, LAS**

Luis is asking Laura some questions about her eating habits. Play Laura's role and answer Luis's questions, using direct object pronouns and the written cues. You will hear the correct answer on the tape. Follow the model.

> MODELO: ¿Te gusta comer la carne asada o frita? (asada) → *Me gusta comerla asada.*

1. a las siete
2. en el supermercado

3. no
4. crudas

5. al tiempo (*at room temperature*)
6. sí

EN OTRAS PALABRAS... ¡BUEN PROVECHO!

You will hear several dialogues. Write the number of the dialogue in the space below the drawing to which it most closely corresponds. Be careful! There may be more than one correct answer. Pause now to look at the drawings.

1. ____   2. ____   3. ____   4. ____

DIRECT OBJECT PRONOUNS: ME, TE, NOS, OS

Rodolfo is leaving in a few days for Madrid, Spain, where he'll spend a year studying. Listen to him as he talks to his two friends, Mario and Marta, about their plans. Play his friends' roles and answer his questions affirmatively, using the correct direct object pronoun. Be careful to note when Roberto addresses one friend and when he addresses both of them. You will hear a possible answer on the tape. Follow the model.

MODELO: Marta, ¿me vas a llamar por teléfono los fines de semana? →
Sí, te voy a llamar por teléfono.

1. ...   2. ...   3. ...   4. ...   5. ...   6. ...

EN OTRAS PALABRAS... ¡QUE SUEÑES CON LOS ANGELITOS!

A group of friends are having breakfast at a café in Buenos Aires. Listen to them talk about how they slept that night, then check the appropriate box in the following chart. You will hear the correct answer on the tape.

	DURMIÓ BIEN	DURMIÓ MAL	NO SE SABE
Manolo	_____	_____	_____
Carmen	_____	_____	_____
Rodrigo	_____	_____	_____
Carlos	_____	_____	_____
Sandra	_____	_____	_____

EXPRESSING OBLIGATION

Scan the following recipe for making *flan de caramelo*, a caramel custard dessert popular throughout the Hispanic world. Then answer the questions you hear using phrases that express obligation: **hay que, tener que, deber**. You will hear a possible answer on the tape. Follow the model. Pause now to look at the recipe.

FLAN DE CARAMELO

* En una cacerola (*pan*) mezcle 4 huevos y 2 tazas de leche.
* Añada 8 cucharadas de azúcar.
* Añada 1 cucharadita (*teaspoon*) de vainilla.
* Ponga la cacerola en el horno (*oven*) a una temperatura de 350 grados.
* Después de una hora saque la cacerola y póngala en la nevera.
* Voltee (*Flip over*) el flan después de enfriarlo y añádale el caramelo antes de servir.

MODELO: ¿Qué hay que hacer primero? → *Primero hay que mezclar 4 huevos y 2 tazas de leche.*

1. …   2. …   3. …   4. …   5. …

VERB + VERB

You are being interviewed by the campus newspaper about your cooking and eating habits. Answer the questions that you hear with personal information. You will hear a possible answer on the tape.

1. …   2. …   3. …   4. …   5. …   6. …

Para escuchar

A. You will hear radio commercials for two restaurants located in Tegucigalpa, Honduras. After the commercials you will hear a series of statements about the preferences and needs of several people. Mark the restaurant that best matches the person's needs. Mark **ninguno de los dos** if neither of the two restaurants is suitable. You will hear the correct answer on the tape.

	EL POLLO LOCO	COSTA AZUL	NINGUNO DE LOS DOS
Norberto	_____	_____	_____
María	_____	_____	_____
Gonzalo	_____	_____	_____
Vera	_____	_____	_____
Marisa	_____	_____	_____
Manuel	_____	_____	_____

B. En un restaurante elegante

Antes de escuchar: You are about to listen to a couple ordering their meal at a restaurant in Caracas. Before listening to the passage, answer the following questions with personal information about the last time you had dinner at a fancy restaurant.

1. ¿Qué pediste de primer plato (*appetizer*)? _____

2. ¿Qué pediste de plato principal? _____

3. ¿Pediste algo de postre? _____

4. ¿Pediste algo de beber? _____

Jairo and Lola are having dinner at a fancy restaurant in downtown Caracas. You will hear the conversation that takes place between them and the waiter, who is taking their order. First, listen for general comprehension. Then, as you listen a second time, complete the waiter's order on the following form.

	LOLA PÉREZ	JAIRO CASTRO
Primer plato	_____	_____
Plato principal	_____	_____
Postre	_____	_____
Bebidas	_____	_____

Ejercicios escritos

En otras palabras... Para hablar del poema

ACTIVIDAD: ASOCIACIONES

¿Qué palabra(s) de cada grupo *no* se asocia(n) generalmente con el tema indicado? Indíquelas. Si hay alguna palabra que no cabe lógicamente dentro del grupo pero Ud. quiere incluirla por «razones poéticas», explique por qué en la línea indicada.

1. la comida: la alcachofa, los bigotes, la col, el huevo, tierno, el repollo, el orégano, el mercado, el corazón, el vinagre, dulce

    Explicación: _____

2. la ropa: vestir(se), probarse, temer, desvestir(se), la falda, la camisa, apretado, los zapatos, verde, la olla, la bolsa

    Explicación: _____

3. el jardín: los bulbos, las legumbres, verde, la carrera, el huerto, las filas, la feria, el sueño

    Explicación: _____

4. lo militar: el guerrero, erecto, la milicia, marcial, temer, orgulloso, las filas, el comando, la detonación, armado, la carrera

    Explicación: _____

5. los recipientes: el cesto, la caja, llevar, la bolsa, la botella, la olla, el corazón

Explicación: _____

A. Special Uses of the Pronoun **lo**

ACTIVIDAD: LA BUENA NUTRICIÓN

Hoy en día se habla mucho de la nutrición. Aquí hay algunos comentarios que se escuchan y se leen. Diga qué le parecen, respondiendo a ellos con una de las siguientes expresiones:

Ya lo creo.   ¡No lo creo!   (Ya) Lo sé.   (No) Lo dudo.

1. _____ Es importante tomar un buen desayuno.

2. _____ La sal y el azúcar son malos para la salud.

3. _____ No es necesario tomar vitaminas si se come bien.

4. _____ Es mejor no comer mucha carne roja.

5. _____ La comida frita contiene mucho colesterol.

6. _____ La comida congelada (*frozen*) no tiene tantas vitaminas como la comida fresca.

7. _____ Muchos refrescos contienen cafeína.

8. _____ Las zanahorias son buenas para la vista.

B. Direct Object Pronouns: **lo, la, los, las;** En otras palabras... ¡Buen provecho!

ACTIVIDAD A: ANTES DE LA CENA

The newlyweds Alicia and Daniel are having their first dinner party. Using the third person direct object pronouns (**lo, la, los, las**) complete their conversation with answers to the questions they nervously ask each other as they prepare the meal. Look carefully for the cues that will indicate whether to use the present, present progressive, preterite, or infinitive.

1. —¿Invitaste a Gabriela y Ramón?   —Sí, _____ .

2. —¿Aceptaron la invitación?   —Sí, _____ .

3. —¿Compraste las alcachofas?   —¡Claro que _____ !

4. —¿Trajiste el vino de la bodega?   —Ahora mismo _____ .

5. —¿Preparaste la ensalada?   —Sí, _____ esta mañana.

6. —¿Pelaste las papas?   —Estoy _____ ahora.

7. —¿Cortaste los pollos?   —No, el carnicero (*butcher*) _____ .

8. —¿Hiciste la torta?   —¡Ay, me olvidé de _____ !

ACTIVIDAD B: ¡A SU GUSTO!

Do you eat certain foods? How do you like them prepared? Use the verbs in the "Palabras útiles" and the vocabulary of "En otras palabras… " to describe your tastes, the preparation techniques you use, or your attitude toward the foods listed here. Write at least two sentences for each food, following the model.

MODELO: las alcachofas →
No como alcachofas. No las como nunca.
Como las alcachofas hervidas. Las sirvo con sal, pimienta, aceite y jugo de limón.

Palabras útiles: comer, preferir, pelar, servir, preparar, tomar, querer, pedir, comprar, cortar, probar

1. los huevos: _____

_____

2. el bistec: _____

_____

3. las papas: _____

_____

4. el rosbif: _____

_____

5. las verduras: _____

_____

6. la sopa: _____

_____

7. el pollo: _____

_____

8. los postres: _____

_____

9. el pescado: _____

_____

10. la fruta: _____

_____

C. Direct Object Pronouns: *me, te, nos, os*

ACTIVIDAD A: EN EL RESTAURANTE LAS TRES PALOMAS

To make sure that its clients are getting the best possible service, Las Tres Palomas has asked them to complete a brief questionnaire. Imagine that you and a friend, full and satisfied after eating a wonderful meal there, are filling out the questionnaire.

1. ¿Cómo los atendió el mesero?
2. ¿Los escuchó con cuidado?
3. ¿Los ayudó a comprender el menú?
4. Si Uds. comen aquí frecuentemente, ¿los reconoció el dueño del comedor?
5. ¿Los saludó cuando entraron?
6. ¿Los invitó a comer aquí otra vez?

1. _____

2. _____

3. _____

4. _____

5. _____

6. _____

ACTIVIDAD B: UNA PRUEBA DE AMOR

As Juliet waits anxiously for Romeo to appear below her balcony, she flips through the pages of a magazine and comes across the following test. To calm her anxiety, she decides to take it to see if Romeo's love for her is real, adding her own feelings as well. Fill out the answers as though you were Juliet.

MODELO: ¿Te admira? → *Sí, me admira. Y yo lo admiro.*

1. ¿Te ama como tú lo amas? _____

2. ¿Te escucha cuando hablas? _____

3. ¿Te mira con adoración? _____

4. ¿Te espera debajo del balcón? _____

5. ¿Te invita a escaparte con él? _____

6. ¿Cuándo viene a buscarte? _____

ACTIVIDAD C: LOS CALLOS

Imagine that, while you are in Spain, you have been invited to dinner at the home of your friends, the Sotomayor family. Sra. Sotomayor has prepared a lovely dinner, and the main course is tripe (*callos*), a food that is eaten throughout Europe and Latin America. To tell what is happening at the dinner table, form complete sentences based on the cues. Replace the italicized nouns with direct object pronouns and place them correctly within the sentences.

1. toda la familia / comer / *los callos*
2. yo tengo miedo de / probar / *los callos*

3. La señora Sotomayor me pregunta —¿No te gusta este plato? —Sí, señora. estar comiendo / *este plato*. Todo está riquísimo.
4. es obvio que / yo / tener que / probar / *los callos* / si / querer ser cortés
5. la verdad es que yo preferir/ no comer / *este plato*
6. Yo / probar / *los callos* / ¡Son deliciosos!

1. _____

2. _____

3. _____

4. _____

5. _____

6. _____

En otras palabras... ¡Que sueñes con los angelitos!

ACTIVIDAD: ¿SUEÑES CON LOS ANGELITOS?

Tell about your personal sleeping habits, using words or expressions from 'En otras palabras.,.," Write at least 4 sentences.

1. _____

2. _____

3. _____

4. _____

CH. Expressing Obligation

ACTIVIDAD: PARA MANTENERSE EN FORMA

What does one have to do to get into shape? After three years of touring as a member of an unsuccessful rock band, José has decided to return to the university to finish his degree. Use the expressions **(no) deber**, **(no) hay que**, and **(no) tener que** to make suggestions that will help him get back into shape and readjust his habits.

MODELO: adaptarse a otro modo de vivir → *Tienes que adaptarte a otro modo de vivir.*

1. acostarte tarde y levantarte tarde
2. dormir como un tronco, sin tomar pastillas
3. dormir la siesta
4. tomar por lo menos diez tazas de café al día
5. beber mucho alcohol
6. fumar cigarrillos
7. comer con frecuencia comida rápida
8. practicar un deporte
9. vivir una vida sana
10. vender tu guitarra acústica

1. _____

2. _____

3. _____

4. _____

5. _____

6. _____

7. _____

8. _____

9. _____

10. _____

D. Adverbs Ending in -mente

ACTIVIDAD: LA VIDA DE UN ROCKERO

José is telling about life on the road while touring with the rock group. Complete his sentences with an appropriate adverb ending in **-mente** based on the list of adjectives at the right. Try to use most of the adjectives in the list.

1. Tomaba café _____.	completo
	frenético
2. A veces me acostaba sin desvestirme _____.	constante
	cómodo
3. Por la noche teníamos que comer _____.	excesivo
	parcial
4. Bostezaba _____.	normal
	frecuente
5. En los autobuses no podía dormir _____.	profundo
	total
6. Tocamos _____ y _____.	rápido
7. El público nos aplaudió _____ y _____.	lento
	asiduo
8. Como no ganábamos mucho, tenía que vivir _____.	económico
	letárgico
9. No viví muy _____ o _____.	

10. Ahora quiero vivir _____ y _____.

E. Verb + Verb

ACTIVIDAD: COMER BIEN

Graciela and her roommate have invited some friends to come for dinner tonight. Write out their conversation, using the elements indicated. ¡OJO! Number 8 requires the preterite.

1. (nosotras) no soler / invitar / nuestros amigos a cenar

_____

2. ¡a mí / fascinar / cocinar! _____

3. ¡Qué bien! nuestros amigos / desear / traer vino

_____

4. (nosotras) poder / preparar una paella

_____

5. pero en realidad, yo / preferir / servir un plato menos complicado

_____

6. y tú, Tina, ¿saber / preparar la sangría

_____

7. ¿qué / pensar / servir de postre? _____

8. yo / decidir / hacer un flan _____

9. alguien / deber / comprar flores para la mesa

_____

10. (nosotras) esperar / comer a las 9.00

_____

11. pero nuestros amigos / soler / llegar tarde

_____

12. ¡Qué suerte! Alberto dijo que / querer / lavar los platos después

_____

Palabras problemáticas

ACTIVIDAD: HISTORIA DE UNA BATIDORA (*MIXER*)

Como todos saben que a la señora Quiñones le gusta cocinar, sus hijos le regalaron una batidora para su cumpleaños. ¡Pero sus sobrinos también le regalaron una batidora! En realidad, ella no necesita dos batidoras. Cuente el resto de la historia, usando todas las palabras problemáticas.

_____

_____

_____

_____

_____

De todo un poco

ACTIVIDAD A: CON SUS PROPIAS PALABRAS: DESCRIPTIVE IMAGES

Preparación

As you read Neruda's "Oda a la alcachofa," you probably noticed that the poet used images, metaphors, expressions, and comparisons that appeal to the imagination and the senses. He did not simply say "La alcachofa es un vegetal verde." Instead he mentioned its physical characteristics and then proceeded to associate them with the personality traits of a warrior: "La alcachofa de tierno corazón se vistió de guerrero…".

Poets are not the only ones who use descriptive images. Most writers do as well. There are several ways you can give your descriptions more depth and make them more appealing.

1. Associate the external with the internal. That is, associate physical characteristics with character or personality traits, as Neruda did with the artichoke. It is not always necessary to go from the external to the internal. You may begin at either point and move either way.
2. Go from the general to the specific. This means going from an overall description to a more specific one or from the specific to the more general. A writer does not just say "Her eyes were blue," but goes on to tell us of the look in her eyes and what they revealed about her personality or her feelings. Or the writer might begin with her startled look and then continue on to a more general description.
3. Use metaphors. When we say that something is like another thing, we often evoke an image. What thoughts or images come to mind when we say "Dormí como un tronco"? Do we think of tossing and turning all night, or of a quiet, undisturbed, unmoving sleep?

Aplicación

The topic of this paragraph is "Una comida inolvidable." There may be many reasons why that meal was memorable, and it is up to you to describe what was served or the events surrounding it. Before you begin, make an outline that includes the major points of your paragraph. Then decide how you wish to describe each. Write the paragraph on another sheet of paper.

ACTIVIDAD B: ¿GALLINA (*HEN*) O LECHUZA (*OWL*)?

¿Cuándo se siente Ud. mejor, tiene más ánimo y trabaja mejor? ¿Por la noche o por la mañana? ¿Es Ud. gallina o lechuza? Para saberlo, conteste las preguntas del siguiente cuestionario y escriba el número de puntos correspondiente a la respuesta que Ud. ha indicado.

1. ¿A qué hora prefiere Ud. levantarse?
   a. entre las 5 y las 6:30 de la mañana (5 puntos)
   b. entre las 6:30 y las 7:45 de la mañana (4)
   c. entre las 7:45 y las 9:45 de la mañana? (3)
   d. entre las 9:45 y las 11 de la mañana (2)
   e. entre las 11:00 y mediodía (1)   _____
2. ¿Le es difícil levantarse por la mañana?
   a. me cuesta mucho (1)
   b. me cuesta un poco (2)
   c. no me cuesta (3)
   d. me gusta (4)   _____
3. ¿Cómo se siente Ud. media hora después de levantarse?
   a. muy cansado/a (1)
   b. bastante cansado/a (2)
   c. descansado/a (3)
   d. muy descansado/a (4)   _____

4. Vamos a suponer que al día siguiente tiene un examen y Ud. puede escoger la hora en que cree que puede salir muy bien. ¿Qué hora escogería?
    a.   entre las 8 y las 10 de la mañana (6)
    b.   entre las 10 de la mañana y la una de la tarde (4)
    c.   entre la una y las 5 de la tarde (2)
    d.   entre las 7 y las 9 de la noche (0)   _____

5. ¿Depende del reloj despertador para despertarse a cierta hora todas las mañanas?
    a.   de ninguna manera (3)
    b.   a veces (2)
    c.   siempre (1)   _____

6. ¿A qué hora de la noche se siente ya cansado/a y con sueño?
    a.   entre la 8 y las 9 de la noche (5)
    b.   entre las 9 y las 10:15 (4)
    c.   entre las 10:15 y las 12:45 (3)
    d.   entre las 12:45 y las 2 de la mañana (2)
    e.   entre las 2 y las 3 de la mañana (1)   _____

                               Total   _____

Resultados

Sume sus puntos. Entre más alto es el número de puntos, más cerca está Ud. de ser una gallina. Si obtiene 18 a 20 puntos, Ud. más bien es un híbrido de gallina y lechuza.

CAPÍTULO **8**

Manual de laboratorio

Para comenzar

A group of people are talking about the kind of services they would like to have at a health club. Scan the ads for two health clubs in their area. Then listen to the statements on the tape about what they would like to do and indicate the club best suited to their needs. If both clubs are appropriate, mark **los dos**. You will hear the correct answer on the tape. Pause now to look at the ads.

GIMNASIO **Venus**

Gimnasia · Sauna · Parafina Masajes · Tratamiento de Celulitis · Vendas Frías

Licenciada en Educación Física
NORMA C. DE DEL VALLE
Cra. 35 No. 68B-61
TEL: **34 89 72**

	GIMNASIO FORMA	GIMNASIO VENUS	LOS DOS
Ramón	_____	_____	_____
Carmen	_____	_____	_____
Rosaura	_____	_____	_____
Carlos y Maribel	_____	_____	_____
Pepe y Luis	_____	_____	_____

Se pronuncia así: The Sounds of Spanish ll, y, and ñ

In most Hispanic countries Spanish **ll** is pronounced like English *y* in the word *yes*.

A. Repeat the following words and phrases after the speaker:

calle	llevar	llave
me llamo	pollo	botella
relleno	llegar	camello

Spanish **y** is pronounced like Spanish **ll**, but the sound is somewhat stronger.

B. Repeat the following words after the speaker:

desayuno	ayudar	cayo
yo	oye	soya
yerba	tuya	suya

The sound of Spanish ñ is similar to the *ny* in the English word *canyon*.

C. Repeat the following words after the speaker:

España	señorita	araña
mañana	cañón	otoño
cabaña	año	niña

D. Repeat the following tongue twisters after the speaker:

1. Yo llevo la silla suya en el camello.
2. Las huellas de las llamas llegan hasta la calle.
3. La señora española va mañana para Logroño.
4. Toño tiñe el pañuelo del niño.

Estructuras y vocabulario

REGULAR FORMAL COMMANDS

Professor López has not been feeling well lately and he has received advice from various medical professionals about how to take better care of himself. You will hear several of their suggestions about what he should and shouldn't do. You will hear each suggestion twice. Restate them for Professor López, using regular formal commands. You will hear the correct answer on the tape. Follow the model.

MODELO: El doctor le dijo que *no* debe *tomar* café con cafeína. → *No tome* café con cafeína.

1. ...   2. ...   3. ...   4. ...   5. ...   6. ...

IRREGULAR FORMAL COMMANDS

Pedro is asking his immediate supervisor Mrs. González some questions about tasks he will be doing in the next few days. Play the role of Sra. González and answer Pedro's questions using formal commands. You will hear each question twice. You will hear the correct answer on the tape. Follow the model.

MODELO: ¿Debo ir a la oficina del ingeniero a las tres? → *Sí, vaya a las tres.*

1. ...   2. ...   3. ...   4. ...   5. ...

DIRECT OBJECT PRONOUNS WITH COMMANDS

Hortensia is getting some advice from a nutritionist on how to stay healthy and eat better. Play the role of the nutritionist and answer Hortensia's questions according to the written cues. Use direct object pronouns with commands in your answers. You will hear the correct answer on the tape. Follow the model.

MODELO: ¿Cree que debo reducir el nivel del colesterol? (sí) → Sí, *redúzcalo.*

1. sí   2. no   3. no   4. sí   5. no   6. sí   7. no

REFLEXIVE PRONOUNS WITH COMMANDS

You will hear several people describe a problem they have. Give them advice using a formal command based on one of the following phrases. You will hear the correct answer on the tape. First, listen to the phrases:

ponerse a dieta
prepararse mejor para los exámenes
no acostarse tan tarde

levantarse más temprano
lavarse el cabello todos los días

1. ...   2. ...   3. ...   4. ...   5. ...

INDIRECT OBJECT PRONOUNS

Adela has just joined a health club, and she's asking the attendant on duty some questions about the club's services and procedures. Answer Adela's questions affirmatively, using indirect object pronouns. You will hear each question twice. You will hear the correct answer on the tape. Follow the model.

> MODELO: ¿A quién le pido información sobre el curso de gimnasia? ¿A Roberto? →
> *Sí, debe pedirle información a Roberto.*

1. ...   2. ...   3. ...   4. ...   5. ...   6. ...

UN PASO MÁS HACIA LA COMUNICACIÓN: MAKING INTRODUCTIONS

A group of friends are gathered in a downtown café in Barcelona. You will hear them introduce each other or say hello. You will hear the statements twice. Select the most appropriate response. Be careful! There may be more than one correct answer. You will hear the correct answer on the tape.

1. a   b   c   3. a   b   c
2. a   b   c   4. a   b   c

Para escuchar

A. You will listen to three brief commercials from Radio Bolívar in Cartagena, Colombia. The commercials are broadcast during the program "La salud y Ud.", in which various health issues are discussed. Then you will hear a series of statements. Indicate whether they are true (**cierto**), false (**falso**), or not known (**no se sabe**), based on the commercials. You will hear the statements twice.

1. Cierto	Falso	No se sabe	6. Cierto	Falso	No se sabe
2. Cierto	Falso	No se sabe	7. Cierto	Falso	No se sabe
3. Cierto	Falso	No se sabe	8. Cierto	Falso	No se sabe
4. Cierto	Falso	No se sabe	9. Cierto	Falso	No se sabe
5. Cierto	Falso	No se sabe			

B. Una visita al médico

Antes de escuchar: Think about the last time you had to visit a doctor's office and answer the following questions.

1. ¿Qué síntomas tenía?

_____

_____

2. ¿Qué tipo de exámenes le hizo el médico?

	SÍ	NO		SÍ	NO
el pulso	_____	_____	la temperatura	_____	_____
la presión arterial	_____	_____	el peso	_____	_____

3. ¿Cuál fue el diagnóstico?

_____

_____

4. ¿Qué recomendaciones le hizo el médico?

_____

_____

You will hear a conversation between Armando and Dr. Valenzuela that takes place at the doctor's office. Armando hasn't been feeling well lately. First listen to the dialogue for general comprehension. Then, as you listen a second time, complete the record the doctor fills out as he examines Armando.

FICHA DEL PACIENTE

Nombre _____ Edad _____

Síntomas _____

_____

_____

_____

Diagnóstico _____

Recomendaciones _____

_____

_____

Ejercicios escritos

En otras palabras... Hablando del stress

ACTIVIDAD: CADA CUAL TIENE SUS COSTUMBRES

¿Qué es lo que Ud. hace o siente con respecto a lo siguiente?

1. quedarse en casa un sábado por la noche
2. cuando quiere evitar el stress
3. su estado de ánimo cuando termina toda su tarea
4. cuando quiere mimarse

5. cuando quiere refrescar su mente
6. dar un paseo en la lluvia
7. su rostro, cuando se levanta por la mañana

1. _____

2. _____

3. _____

4. _____

5. _____

6. _____

7. _____

A. The Subjunctive Mood; Regular Formal Commands

ACTIVIDAD A: ¡RELÁJESE!

El señor Vallejo tiene 55 años y es ejecutivo de una gran empresa internacional. A veces sufre mucho de stress. ¿Qué consejos le dio el médico para evitarlo o para aliviarlo? Use la forma afirmativo o la negativa de los mandatos formales y las *Palabras útiles* necesarias para repetir lo que le dijo el médico.

Palabras útiles: más, menos, a veces, de vez en cuando, nunca, siempre

1. _____ aprender a relajarse

2. _____ pensar constantemente en el trabajo

3. _____ cerrar los ojos y meditar 15 minutos

4. _____ reorganizar su horario

5. _____ tener prisa

6. _____ dejar de trabajar tanto

7. _____ salir de la oficina a las 21:00

8. _____ hacer más ejercicio

9. _____ practicar un deporte, como el boxeo

10. _____ complicar su vida

11. _____ almorzar con un amigo

12. _____ jugar y trabajar

ACTIVIDAD B: EN LA CLASE DE GIMNASIA

Siguiendo la recomendación del doctor, el señor Vallejo se inscribe en una clase que se llama «Gimnasia para ejecutivos que sufren del stress». El instructor, Pancho Nevares, les habla a los miembros de la clase diciéndoles: «Hay que... » o «No hay que... ». Escriba ahora el mandato con **Uds.** y termínelo con una de las expresiones útiles.

Expresiones útiles: cincuenta veces, el cuerpo y la mente, mis instrucciones, lo que yo hago, en la columna, los músculos (débiles), cuando hacen este ejercicio, a tiempo, profundamente, veinte minutos, lentamente

Pancho Nevares dice: «¡Caballeros! Hay que... »

1. _____ llegar a la clase

2. _____ escuchar bien

3. _____ comenzar

4. _____ hacer

5. _____ tensionar

6. _____ relajar

7. _____ utilizar

8. _____ tener cuidado

9. _____ (no) poner stress

10. _____ repetir este ejercicio

11. _____ respirar

12. _____ correr

En otras palabras... Formas de reír

ACTIVIDAD: ¿LE GUSTA REÍR?

¿Cómo reacciona o responde Ud. en las siguientes situaciones? Dé sus respuestas usando las palabras o expresiones de «En otras palabras... ».

¿Cómo reacciona o responde Ud. cuando...

1. el fotógrafo le está tomando la foto para su pasaporte?
2. el fotógrafo le muestra la foto después?
3. escucha los chistes de Jay Leno?
4. va a una fiesta y descubre que es una fiesta de sorpresa para Ud.?
5. está mirando los payasos (clowns) en el circo?
6. está nervioso/a y no sabe qué decir?
7. alguien cuenta un chiste malo pero Ud. quiere ser cortés?
8. no comprende el chiste pero no quiere admitirlo?

1. _____
2. _____
3. _____
4. _____
5. _____
6. _____
7. _____
8. _____

B. Irregular Formal Commands

ACTIVIDAD: EL STRESS DE LOS ESTUDIANTES

¡Los estudiantes también sufren del stress! La Oficina de Asuntos Estudiantiles está preparando un folleto para aconsejarles a los estudiantes cómo evitarlo, y le ha pedido a Ud. que escriba por lo menos dos mandatos para ilustrar cada dibujo. Puede usar las siguientes frases o puede usar otras que reflejen su propia experiencia.

Frases útiles: saber hasta dónde puede llegar; no exigir demasiado de sí mismo; ser cortés y comprensivo; ser empollón; ir al centro deportivo; no tomar las cosas en serio; reírse frecuentemente; saber decir «No»; correr o dar un paseo; estar preparado; no dejar las cosas para el último momento; ser prudente; ir a fiestas.

1. _____   _____
2. _____   _____
3. _____   _____
4. _____   _____
5. _____   _____

C. Direct Object Pronouns with Commands;
CH. Reflexive Pronouns with Commands

ACTIVIDAD A: ¡CÓMPRELO AHORA! ¡PAGUE DESPUÉS!

Los mandatos se usan mucho en los anuncios comerciales y otros mensajes al público. ¿Qué dicen generalmente ciertos anuncios y mensajes? Lea el anuncio y escriba el mandato, usando los complementos directos y los pronombres reflexivos según el modelo.

MODELO: ¿Su suscripción a *Tiempo*? (renovar hoy) → *¡Renuévela hoy!*

1. ¿Más información sobre nuestro producto? (pedir ahora) _____

2. ¿Este cupón? (enviar en un sobre) _____

3. ¿El número de teléfono de un electricista? (buscar en las páginas amarillas)

_____

4. ¿Para estar seguro (*safe*)? (ponerse el cinturón) _____

5. ¿Las hamburguesas de McDonald's? (probar) _____

6. ¿La mejor mayonesa? (exigir) _____

7. ¿Su peso (*weight*)? (cuidar con *Weight Watchers*) _____

8. ¿Su máquina de coser? (comprar en *Sears*) _____

9. ¿Los impuestos? (pagar para el 15 de abril) _____

10. ¿Todas las respuestas? (saber con la *Enciclopedia Británica*) _____

11. ¿Las cucarachas? (matar con «*Motel de Cucarachas*») _____

12. ¿Para evitar las caries? (cepillarse los dientes después de cada comida)

_____

ACTIVIDAD B: QUERIDO LECTOR (QUERIDA LECTORA)

En su columna semanal del periódico *El Globo*, María Teresa Olazábel contesta las preguntas de sus lectores sobre la cortesía y los buenos modales (*manners*). Lea las siguientes preguntas que ella ha recibido últimamente y contéstelas brevemente, usando mandatos y una de las siguientes preposiciones: antes de, después de, hasta, para, sin. ¡OJO! La número 6 requiere dos frases: el mandato y luego una frase explicativa.

MODELO: ¿Se puede hablar con la boca llena? →
No hable hasta tragar (swallowing) *lo que tiene en la boca.*

1. ¿Cuándo se hace el brindis (*toast*) en una comida? _____

_____ comer.

2. ¿Puedo desabrocharme el cinturón después de una gran comida? ¡No! _____

_____ llegar a casa.

3. Algunas personas se llevan el pan sin cortar a la boca y otras lo cortan. ¿Cuál es lo correcto?

_____ llevárselo a la boca.

4. Si estoy invitada a comer en la casa de unos amigos, ¿debo sentarme a las mesa si no me gusta la

comida? Sí. _____ decir nada.

5. ¿Cuándo se dice «Buen provecho»? _____ comer.

6. ¿Puedo limpiarme las uñas (*nails*) con el escarbadientes (*toothpick*)? ¡No! _____

_____. _____ limpiar los dientes, no las uñas.

D. Verb + a + Infinitive

ACTIVIDAD: ¡ES UN MILAGRO!

Después de asistir a la clase de gimnasia por seis meses, el señor Vallejo vuelva al consultorio del médico. Complete su conversación después del examen físico, con la forma apropiada de los verbos seguidos por a. Los verbos son: acostumbrarse, aprender, ayudar, comenzar, empezar, enseñar, ir, venir. ¡OJO! Use el presente o el pretérito si no hay nada en la oración que demande el uso del presente progresivo o de un mandato.

DOCTOR: Señor Vallejo, tengo el placer de informarle que lo encuentro muy bien de salud. Su presión arterial ha bajado, y también su peso.

VALLEJO: Bueno, doctor, desde que _____[1] hacer más ejercicio, también me siento mucho mejor. Asisto a una clase de gimnasia ahora.

DOCTOR: ¡Qué buenas noticias! ¿Cuándo _____[2] ir a la clase de gimnasia?

VALLEJO: Hace seis meses. Cuando _____[3] verlo la última vez, decidí que tenía que

_____[4] controlar la tensión y el stress.

DOCTOR: ¿Y la gimnasia lo _____[5] hacerlo?

VALLEJO: Claro. Además, el instructor nos _____[6] meditar y a seguir una dieta más sana.

Estoy _____[7] vivir de otra manera.

DOCTOR: ¡Excelente! Siga haciendo todo lo que hace ahora y _____[8] verme otra vez en seis meses.

E. Indirect Object Pronouns; En otras palabras...
Algunos verbos que se usan frecuentemente
con complementos indirectos

ACTIVIDAD A: POR LO GENERAL...

Para decir cómo son las cosas generalmente, conteste las siguientes preguntas, usando el complemento indirecto en su respuesta.

MODELO: ¿A quiénes les mandan cartas sus representantes en el congreso, ¿a Ud. o a sus padres? →
Me mandan cartas a mí.
o
Les mandan cartas a mis padres.

¿A quién(es)...

1. les envía la universidad la cuenta de la matrícula, ¿a Ud. o a sus padres?

   _____

2. les habla por televisión el presidente, ¿a Ud. y a mí o a los ciudadanos de otro país?

   _____

3. les pide Ud. una carta de referencia, ¿a sus profesores o a sus amigos?

   _____

4. les ofrece consejos la consejera, ¿a Uds. o a los profesores? _____

5. le dan regalos de cumpleaños sus amigos, ¿a Ud. o a su perro? _____

6. le presta libros la biblioteca, ¿a mí o a mi padre? _____

7. les hablamos español, ¿a nuestros amigos o al profesor (a la profesora) de español?

   _____

8. les cuentan chistes sus amigos, ¿a Ud. o a sus profesores? _____

ACTIVIDAD B: PREGUNTAS INDISCRETAS

Aunque las siguientes preguntas son indiscretas, puede contestarlas aquí, usando el complemento indirecto.

1. ¿Quiénes le dan regalos de cumpleaños a Ud.?

   _____

2. ¿A quiénes les da Ud. regalos de cumpleaños?

   _____

3. ¿Quiénes les mandan tarjetas de Navidad a Ud. y a su familia?

   _____

4. ¿A quiénes les manda Ud. cartas?

   _____

5. ¿Quién le manda cartas a Ud.?

   _____

6. ¿A quién le cuenta Ud. sus secretos?

   _____

7. ¿Quién le cuenta sus secretos a Ud.?

   _____

8. ¿Qué le dice siempre su compañero/a de cuarto (novio/a, esposo/a) a Ud.?

   _____

9. ¿Qué les dice Ud. frecuentemente a sus amigos?

   _____

Palabras problemáticas

ACTIVIDAD: ¡ESCRIBIR UNA COMPOSICIÓN!

Cuando el profesor les dice a los estudiantes que tienen que escribir una composición, Guillermo tiene los siguientes pensamientos. Complételos, usando las *Palabras problemáticas*.

Tengo que _____[1] mis ideas antes de escribir la composición. Me gustaría

_____[2] al profesor, pero tengo miedo de que no me conteste. Quiero _____[3]

si puedo escribir la composición en la computadora. Creo que voy a tener que _____[4]

ayuda a mi amigo José.

De todo un poco

ACTIVIDAD A: CON SUS PROPIAS PALABRAS: OPENING PARAGRAPH

Preparación

The opening paragraph is the most important part of any essay, article, or other writing. This is the time to capture your readers' attention and make them want to continue reading. No matter how interesting, fascinating, or convincing the rest of the article or essay may be, a good introduction will pique the reader's interest. Here are several opening paragraph techniques that successful writers use to "grab" the reader in the first few lines.

1. Begin with a startling statement or statistic. For example, the first sentence of the article "Para acabar con el stress" is "¡Ésta es la era de la tensión!" If some statistics were available, the article could begin

in this way: "¡Según un estudio realizado por dos doctores, …% de los norteamericanos sufre de la tensión!"

2. Start with something familiar to the reader, such as a quotation, a proverb, or a truism: "Vivimos en la época de la ansiedad." You could then develop or expand upon this line to relate it to the point you wish to make, or to disagree with it.

3. Ask a rhetorical or provocative question: "¿Sufre Ud. de tensión? ¿Quiere aliviarla?" Or: "¿Sabía Ud. que la tensión afecta a millones de personas?" The reader will think about this question and want to know more.

4. Give a brief anecdote or example that illustrates the point you wish to make. "Cuando el Sr. Emilio Vallejo fue al consultorio del médico con ciertos síntomas,… ."

Rather than immediately plunging into the main idea, it is better to first arouse the readers' interest and encourage them to continue reading.

The following chart gives the questions and results of a survey done by the institute of public opinion in Spain. Imagine that, as a newspaper reporter, you have been asked to write an article about this survey, including the statistics. Read the results carefully, then write one or two opening lines of each of the preceding types.

Considero que los electrodomésticos° son… *household*
       muy necesarios 29%   necesarios 58%   poco necesarios 12% *appliances*

Considero que la ropa es…
       muy necesaria 20%   necesaria 64%   poco necesaria 15%

Considero que un coche es…
       muy necesario 17%   necesario 33%   poco necesario 49%

Considero que la comida y la bebida de calidad° son… *de… fine,*
       muy necesarias 12%   necesarias 42%   poco necesarias 44% *expensive*

Considero que las diversiones y los espectáculos son…
       muy necesarios 4%   necesarios 30%   poco necesarios 65%

1. Begin with a startling statement or a statistic.

_____

_____

2. Start with something familiar to the reader, such as a quotation, a proverb, or a truism.

_____

_____

3. Ask a rhetorical or provocative question.

_____

_____

4. Give a brief anecdote or example that illustrates the point you wish to make.

_____

_____

Aplicación

Surely you, like most people, have often thought about the topic of this composition, "Para vivir bien". As you make an outline, think of the things you consider necessary or unnecessary to live well, or the attitudes and environmental or social conditions that enhance the quality of life. Then decide which type of opening line best suits your focus, and write an opening paragraph that will make your reader want to continue reading the rest of your composition. Write the paragraph on another sheet of paper.

ACTIVIDAD B: STRESS: POR QUÉ APARECE Y CÓMO LIBRARSE DE ÉL

Para hacer el siguiente repaso, escoja la palabra apropiada entre las dos entre paréntesis. Si hay un solo verbo, escriba la forma apropiada, y si la palabra es un adjetivo, dé la forma adverbial.

Primero, el señor Valdéz (*sintió, sentía*)[1] un rápido acceso de depresión en su oficina en uno de los nuevos edificios del centro. Pero no (*le/lo*)[2] dio importancia porque antes de (*irse*) _____[3] a casa (*tuvo/tenía*)[4] que enviar los contratos a los clientes. (*Fue/Era*)[5] lunes, pero la reunión de ejecutivos (*estuvo/estaba*)[6] fijada (*set*) para el martes por la mañana. Por eso, (*tuvo/tenía*)[7] que trabajar hasta tarde.

No se (*daba/dio*)[8] cuenta de que la había hablado (*brusco*) _____[9] a su secretaria, ni (*relacionaba/relacionó*)[10] su actitud con el malestar de estómago que (*sintió/sentía*)[11] desde el mediodía. Más tarde, cuando (*fue/iba*)[12] en automóvil hacia su casa, un atasco (*traffic jam*) (*le/lo*)[13] (*produjo/producía*)[14] más impaciencia que de costumbre; pero tampoco (*relacionó/relacionaba*)[15] su estado mental con los dolores que (*le/lo*)[16] recorrían (*su/la*)[17] espalda. (*Fue/Era*)[18] después de (*cenar*) _____[19] que, mientras (*miró/miraba*)[20] la televisión, se (*dio/daba*)[21] cuenta de lo siguiente: primero, que (*tuvo/tenía*)[22] un fuerte dolor de cabeza. Y segundo, que aunque (*creyó/creía*)[23] que (*estuvo/estaba*)[24] (*completo*) _____[25] relajado, en realidad (*el/su*)[26] cuerpo todavía (*estuvo/estaba*)[27] muy tenso.

Mientras el señor Valdéz se (*dio/daba*)[28] cuenta de lo que (*le/lo*)[29] (*pasó/pasaba*)[30], no lejos de allí, el señor Fonseca, un conductor de ómnibus (*tuvo/tenía*)[31] una absurda discusión con su esposa. Cansada de todo argumento racional, ella (*le/lo*)[32] (*preguntó/preguntaba*)[33] por fin: «¿Pero qué (*te/le*)[34] pasa hoy?» Entonces, él (*recordaba/recordó*)[35] que, desde la mañana, mientras (*manejó/manejaba*)[36] el ómnibus, (*el/su*)[37] corazón le había latido (*had beaten*) más de prisa que de costumbre, que su dolor de cabeza se había intensificado (*insoportable*) _____[38] después del almuerzo y que a todo ello se (*sumaban/sumaron*)[39] las inevitables fantasías sobre la inminencia de un ataque cardíaco. El temor ya se había convertido en malhumor, y al (*llegar*) _____[40] a su casa, (*ser/estar*)[41] listo para (*explotar*) _____[42] por cualquier cosa y (*comenzar*) _____[43] una discusión.

Los dos hombres (*sufrían/sufrieron*)[44] algunos de los síntomas variados del stress. Se atribuye esta enfermedad a las múltiples preocupaciones y tensiones de la vida en los grandes centros urbanos en la segunda mitad del siglo XX. Es un mal (*perfecto*) _____[45] detectable, pero (*general*) _____[46] confundido con otras enfermedades. ¿Qué hacer? ¿Cómo detectar, aislar y atacar los síntomas? Los expertos (*nos/los*)[47] ofrecen los siguientes consejos:

1. (*Saber*) _____[48] escuchar (*el/su*)[49] cuerpo.

2. (*Sacarse*) _____[50] de (*su/la*)[51] cabeza la idea de que las únicas manifestaciones del stress son las úlceras y los dolores de cabeza.

3. (*Cuidar*) _____[52] su dieta. No (*comer*) _____[53] (*descuidado*) _____[54] ni demasiado tarde.

4. (*Eliminar*) _____[55] la grasa de su dieta.

5. (*Hacer*) _____[56] ejercicio físico. El ejercicio físico puede dar una respuesta válida a la pregunta de qué hacer con el stress acumulado durante el día.

6. Si (*lo/le*)[57] cree necesario, (*tomar*) _____[58] un curso para aprender (*a/de*)[59] organizar sus días para que sea posible evitar la acumulación de tareas tensionantes en horas sucesivas.

7. (*Organizar*) _____[60] pausas en sus días. (*Permitirse*) _____[61] momentos para (*disminuir*) _____[62] el stress.

8. Y, si sigue sufriendo los síntomas del stress (*tomarse*) _____[63] unas vacaciones prolongadas o, más (*radical*) _____[64], (*cambiar*) _____[65] de trabajo.

CAPÍTULO **9**

Manual de laboratorio

Para comenzar

Scan the following ad about "Smokeless," a product designed to help people quit smoking. Then listen to the statements on the tape and indicate whether they are true (**cierto**), false (**falso**), or not known (**no se sabe**), based on the information in the ad. You will hear the statements twice. Pause now to look at the ad:

Mensaje para quienes quieren dejar de fumar.

Ahora ya puede dejar de fumar.

Y sin esfuerzo.

Según el Jefe de Neumología del Hospital Clínico de Barcelona, en la revista CLINIC -Diciembre de 1980- "el 90% de los cánceres de pulmón se dan entre fumadores"

Pero el tabaco también tiene una especial incidencia en otras enfermedades: enfisema, bronquitis crónica, asma, cáncer de laringe, cáncer de boca, enfermedades del corazón-vasculares (los fumadores tienen un 70% más de infartos que los no fumadores)

Por eso, miles de personas deciden cada día dejar de fumar. Pero no es fácil.

En realidad el tabaco es una droga. La nicotina es una droga. Una droga a la que es difícil renunciar.

Smokeless disminuye esta apetencia, ya que actúa como sustituto inocuo de la nicotina.

Smokeless desplaza la nicotina del organismo, eliminando al mismo tiempo el efecto tóxico que ésta ejerce en el sistema nervioso y restringiendo, hasta eliminar, el deseo de fumar.

Ahora con Smokeless dejar de fumar es fácil. Porque Smokeless es un producto científicamente estudiado y probado en Estados Unidos.

Si usted está convencido y decidido a dejar de fumar, pruebe Smokeless y respire tranquilo.

Con Smokeless seguro que lo consigue sin grandes esfuerzos.

Smokeless *Para dejar de fumar* INIBSA

Venta exclusiva en farmacias.

INIBSA

1. Cierto	Falso	No se sabe		4. Cierto	Falso	No se sabe
2. Cierto	Falso	No se sabe		5. Cierto	Falso	No se sabe
3. Cierto	Falso	No se sabe				

*Se pronuncia así: The Sounds of Spanish **s** and **c***

Spanish **s** and Spanish **c** when they appear before *e* and *i* are pronounced like the English hissed *s* in the words *send* and *Sue*.

A. Repeat the following words after the speaker:

cine	cerveza	sentencia
sociedad	ciencia	sesos
residencia	semana	Luisa

Spanish **s** is pronounced like the English *s* in the word *pose* whenever it appears before the consonants *b*, *d*, *g*, *l*, *ll*, *m*, *n*, *r*, v, and *y*.

B. Repeat the following phrases after the speaker:

las llamas	tres goles	los loros
es mentira	buenos días	los nogales
los mares	dos ranas	las venas

Estructuras y vocabulario

VERB + DE OR EN + INFINITIVE

You will hear a series of descriptions about activities people are engaged in. Complete the statements about them with the most logical ending. You will hear the correct answer on the tape. Only one answer is possible in each case. You will hear the statements twice.

1. a	b	c		4. a	b	c	
2. a	b	c		5. a	b	c	
3. a	b	c		6. a	b	c	

INFORMAL COMMANDS

Óscar is asking advice of his older brother Julio. Play Julio's role and answer Óscar's questions using the written cues and informal commands. You will hear the correct answer on the tape. Follow the model.

> MODELO: ¿Crees que debo beber vino en la fiesta? (no) → *No, no bebas vino.*

1. no   2. sí   3. sí   4. sí   5. sí   6. no   7. sí   8. no

EN OTRAS PALABRAS... EL SOL

Ramón's sister Elisa is giving him some advice about the danger of sun tanning before he leaves on a trip to Acapulco. Complete the statements she makes by selecting the most logical conclusion. Be careful! There may be more than one correct answer. You will hear the correct answer on the tape.

1. a	b	c	ch		3. a	b	c	ch
2. a	b	c	ch		4. a	b	c	ch

THE SUBJUNCTIVE TO EXPRESS PERSUASION

A. Some friends of yours have very definite opinions about what others should do. Answer the questions you hear about them on the tape based on the written cues and using the subjunctive. You will hear the correct answer on the tape. Follow the model.

> MODELO: ¿Qué te recomienda Carlos? (yo: consultar un especialista en nutrición) →
> *Me recomienda que consulte un especialista en nutrición.*

1. tú: dejar de fumar
2. nosotros: beber cerveza
3. todos: comer comidas saludables

4. yo: acostarse temprano
5. Julio: hacer ejercicio todos los días
6. nosotros: ponerse a dieta

B. Answer the questions you hear based on the suggested phrases or with personal information. You will hear a possible answer on the tape. Follow the model. First, listen to the phrases:

viajar en Europa, en Asia	luchar contra el tráfico de drogas
organizar una gran fiesta de sorpresa	construir una nueva biblioteca, un nuevo centro
protestar en las calles	estudiantil
estudiar todos los días	

MODELO: ¿Qué recomiendas que hagan tus amigos y amigas para sacar mejores notas? (estudiar todos los días) → *Recomiendo que estudien todos los días.*

1. ...   2. ...   3. ...   4. ...   5. ...

UN PASO MÁS HACIA LA COMUNICACIÓN: REACTING TO STRESSFUL SITUATIONS

Today is a bad day for all of Camila's friends. Gathered at a café, they talk about their problems. Play Camila's role and react to their problems with one of the following expressions. You will hear a possible answer on the tape. First, listen to the expressions:

!Cuánto lo siento!	Comparto tu dolor.
No te preocupes.	Tómalo con calma.

1. ...   2. ...   3. ...   4. ...

Para escuchar

A. You will hear several excerpts from a news broadcast at Radio Dominicana in Santo Domingo, the capital of the Dominican Republic. Then you will hear a series of statements. Indicate whether they are true (**cierto**), false (**falso**), or not known (**no se sabe**), based on what you just heard. You will hear the statements twice.

1. Cierto	Falso	No se sabe	6. Cierto	Falso	No se sabe
2. Cierto	Falso	No se sabe	7. Cierto	Falso	No se sabe
3. Cierto	Falso	No se sabe	8. Cierto	Falso	No se sabe
4. Cierto	Falso	No se sabe	9. Cierto	Falso	No se sabe
5. Cierto	Falso	No se sabe			

B. ¡Un debate!

Antes de escuchar: After listening to the following passage, you will be asked to determine whether two people agree with each other on the key points of a debate. A familiarity with key terms used in Spanish to express agreement, disagreement, or partial agreement will help you complete the activity. Listen to the following expressions and examples:

To express agreement with someone or with a point of view Spanish uses:

Estoy de acuerdo con...	Estoy de acuerdo con lo que él dice.
Creo que tiene razón...	Creo que el profesor Ruiz tiene razón en esto.
Tenemos la misma opinión.	Laura y yo tenemos la misma opinión de Carlos.

To express partial agreement Spanish uses:

Estoy de acuerdo con… pero… Estoy de acuerdo con ella, pero pienso que se equivoca al decir que no hay nada que podamos hacer.

To express disagreement Spanish uses:

No estoy de acuerdo con… No estoy de acuerdo con esa teoría de locos.

No somos de la misma opinión. Lo siento pero tú y yo no somos de la misma opinión.

Por el contrario… Por el contrario. Yo pienso que no es así.

En mi opinión… En mi opinión, estás completamente equivocado.

Watch out for these expressions as you listen to the passage.

You will hear a debate between Rodrigo González Porto, a sociologist from the University of Buenos Aires, and Marina Salazar Prieto, a psychologist from Santiago de Chile. They will be debating the good and bad effects television has on modern society. The debate takes place on the television program, "El debate de la semana," shown nationally in Argentina. The moderator will ask questions and both participants will answer. First, listen for general comprehension. Then, as you listen a second time, indicate in the following chart whether the participants are in agreement (**están de acuerdo**), partial agreement (**en parte, están de acuerdo**), or in disagreement (**no están de acuerdo**) about each question.

	ESTÁN DE ACUERDO	EN PARTE, ESTÁN DE ACUERDO	NO ESTÁN DE ACUERDO
Pregunta 1	_____	_____	_____
Pregunta 2	_____	_____	_____
Pregunta 3	_____	_____	_____
Pregunta 4	_____	_____	_____

Ejercicios escritos

En otras palabras… Algunos verbos para hablar de la lectura

ACTIVIDAD: UNA BREVE HISTORIA ROMÁNTICA

Para dar su versión de esta historia, escriba las palabras indicadas de nuevo, sustituyéndolas con una de las palabras de «En otras palabras… ».

1. _____ Antonio le *dio* a Margarita un libro de poemas.

2. _____ Lo vio en una librería cuando *pasaba por* el centro.

3. _____ Le *dio* el libro con una tarjeta romántica.

4. _____ Margarita le *dio las gracias* a Antonio.

5. _____ La mamá de Margarita le *dio un consejo*: «Olvídate de tu ex-novio.»

6. _____ Margarita *no pensó más* en su ex-novio y comenzó a salir con Antonio.

A. Verb + *de* or *en* + Infinitive

ACTIVIDAD: LA PROMOCIÓN (*GRADUATING CLASS*) DE 1980

Gabriela está en la reunión de la promoción de 1980. Después de leer lo que le dicen a ella sus compañeros y lo que pasa en la reunión, complete las oraciones con la forma apropiada (presente, pretérito o mandato) de una de las siguientes palabras.

Palabras útiles: acabar de, acordarse de, alegrarse de, cansarse de, dejar de, olvidarse de, tratar de, consistir en, insistir en, tardar en

1. Andrés Villanueva le dice: «Gabriela, _____ verte de nuevo.»

2. Héctor y Mercedes Escobar le dicen: «(Nosotros) _____ hacer un viaje a Europa. La gira _____ recorrer seis países en ocho días. _____ mucho _____ viajar por tantos países en tan poco tiempo.»

3. Miguel Fuentes le dice: «Sí, Gabriela, _____ fumar. _____ hacerlo varias veces, y por fin lo logré.»

4. Mercedes Ojeda le pregunta: «Gabriela, ¿_____ llamar al profesor Castro? Si no, no _____ hacerlo porque debemos informarle que hemos cambiado la hora de su discurso de las 3:00 a las 4:00.»

5. Afortunadamente, durante la cena el rector de la universidad no _____ darles las gracias a los ex-alumnos por su contribución a la universidad.

6. Los exjugadores de fútbol _____ entregarle un trofeo al entrenador durante la cena, aunque no era el momento apropiado.

B. Informal Commands

ACTIVIDAD A: EN EL CAMPAMENTO DE VERANO

Domingo pasó el verano trabajando en un campamento de niños. Para tener una idea de cómo era su trabajo, lea las oraciones que cuentan cómo era un día típico. Después, escriba dos de los mandatos informales, uno afirmativo y otro negativo, que Domingo les dio a los chicos en cada situación. Use los complementos directos e indirectos donde sea posible.

MODELO: En vez de comer las papas, Carlitos se las tira a los otros chicos. →
¡Come las papas! ¡No se las tires a los otros chicos!

1. A Riqui no le gusta la leche. Entonces se la da a los gatos.

_____

2. Cecilia lee las cartas que llegan para los otros chicos antes de entregárselas.

_____

3. Algunos chicos se esconden (*hide*) detrás de la cabaña para fumar cigarrillos.

   _____

4. Marta está recogiendo (*picking*) yedra venenosa (*poison ivy*) para decorar la cabaña.

   _____

5. Eduardo llora porque le picó un abeja (*bee*). No quiere ir al médico.

   _____

6. Pablo siempre se olvida de hacer su cama.

   _____

7. Milagros pasa todo el día leyendo y no juega con los otros chicos.

   _____

8. Teodoro esconde los zapatos de Nicolás. Debe sacarlos y dárselos.

   _____

ACTIVIDAD B: ¡ESOS CHICOS!

A pesar de lo que le ha contado Domingo, este verano Ud. ha aceptado un empleo en un campamento de niños. ¿Qué les diría Ud. a los niños en las siguientes situaciones? Practique los mandatos informales para prepararse, dando uno afirmativo y uno negativo. Algunos de los verbos que puede usar son: decir, hacer, ir, poner, salir, ser, tener, venir.

> MODELO: ¿Qué le diría Ud. a un chico que no quiere acercarse al lago porque tiene miedo del agua? →
> *¡No tengas miedo del agua! ¡Acércate al lago!*

¿Qué le diría Ud. a un chico que...

1. pone un sapo (*toad*) en la cama de otro chico?

   _____

2. no tiene cuidado y va muy lejos cuando nada?

   _____

3. les dice a los otros chicos que hay fantasmas (*ghosts*) en el campamento?

   _____

4. no viene cuando Ud. lo llama?

   _____

5. es obstinado y no quiere hacer lo que hacen los otros?

   _____

6. pasa dos horas en el cuarto de baño leyendo *Batman*?

_____

7. dice que está aburrido, pero no hace nada en todo el día?

_____

8. dice que no se siente bien?

_____

En otras palabras... El sol;
C. The Subjunctive Mood; Forms of the Present Subjunctive

ACTIVIDAD: PARA VIVIR MEJOR

Las siguientes oraciones se refieren a algunos temas de esta unidad. Mientras las lee, escoja los verbos que aparecen en el indicativo y en el subjuntivo y escríbalos en la columna apropiada. Puede escribir más de un verbo en un espacio, pero no escriba los verbos no conjugados (el infinitivo, el gerundio).

	INDICATIVO	SUBJUNTIVO
1. Pruebe las alcachofas porque están riquísimas.	_____	_____
2. Prefiero no probar las alcachofas porque no me gustan.	_____	_____
3. Los médicos sugieren que nadie fume.	_____	_____
4. Insisto en que Uds. no fumen en mi casa.	_____	_____
5. El doctor dice que los rayos del sol son peligrosos para la piel.	_____	_____
6. Me recomienda que no pase mucho tiempo tostándome.	_____	_____
7. No quiero quemarme al sol.	_____	_____
8. Sugiero que todos compren una loción protectora.	_____	_____
9. ¿Prefieres dormir con la ventana abierta?	_____	_____
10. ¿Quieres que yo abra la ventana?	_____	_____
11. ¡Chicos! ¡Les pido que no hagan tanto ruido!	_____	_____
12. Mamá está pidiendo un poquito de tranquilidad.	_____	_____

CH. Uses of the Subjunctive;
D. The Subjunctive to Express Persuasion

ACTIVIDAD A: ¿QUÉ QUIEREN DE MÍ?

La señora Echeverría es un ama de casa con dos hijos pequeños. A veces le parece que todo el mundo quiere o le aconseja que haga algo. Completen las siguientes oraciones con las expresiones entre paréntesis para contar lo que le dicen.

1. Su esposo espera que ella... (planchar (*to iron*) sus camisas, invitar a su jefe para cenar, preparar su plato favorito, pasar más tiempo con él)

   _____

   _____

2. Sus hijos quieren que ella... (llevarlos al parque, hacerles una torta, permitirles mirar la televisión, ayudarlos con la tarea)

   _____

   _____

3. Sus padres sugieren que ella y su esposo... (salir más a menudo, irse de vacaciones sin los chicos, no ser complacientes, venir a su casa el domingo)

   _____

   _____

4. Su vecina le pide que... (cuidarle sus chicos por unas horas, decirle si no son obedientes, prestarle una taza de azúcar, darle la receta del flan)

   _____

   _____

5. Su hermana que es feminista le aconseja que... (enseñarle a su esposo a planchar, hacer algo por sí mismo, conseguir un empleo, asociarse al movimiento feminista)

   _____

   _____

ACTIVIDAD B: ¿QUÉ HACER?

Todas las personas que ve en los dibujos tienen un problema. Ayúdelos a resolverlo dándoles un mandato, consejos o sugerencias o expresando sus deseos personales.

Palabras útiles: acostarse, aplicarse, decirme, dejar de fumar, escucharme, estar, fumar, hacer, irse, levantarse, pedir, probar, protegerse, sentarse, tener prisa, tomar.

MODELO: El médico le dice al señor Ruiz... →
          ¡Coma menos! Su familia quiere que Ud. *se cuide más.*
          Yo sugiero que Ud. *se ponga a dieta.*

1. El novio de Rosita le dice…

   ¡_____!

   No quiero que tú _____.

   Los médicos recomiendan que nadie _____.

2. Carlos les dice a los chicos…

   ¡_____!

   Deseo que Uds. _____.

   Insisto en que Uds. no _____ ruido.

3. El mesero les dice a Estela y Esteban…

   Sí, señores. ¡_____ lo que deseen!

   Les recomiendo a Uds. que _____ las alcachofas en

   vinagreta.

   Después, les sugiero que _____ el pescado.

4. Su madre siempre les dice a Marcelina y Julia…

   ¡_____ del sol cuando estén en la playa.

   El médico nos aconseja que _____ una loción

   protectora.

   Y espero que Uds. la _____ cada vez que salen del

   agua.

ACTIVIDAD C: SUS ESPERANZAS

¿Y qué espera Ud. de los demás o qué les sugiere que hagan? Complete las oraciones para indicar lo que espera de algunas de las siguientes personas o las recomendaciones que les hace: su compañero/a de cuarto (su esposo/a, su novio/a), sus amigos, sus padres, sus profesores, su jefe, un equipo de su universidad, los políticos, etcétera.

1. Espero que _____.

2. Quiero que _____.

3. Sugiero que _____.

4. (Le/Les) Pido que _____.

5. Prefiero que _____.

6. Insisto en que _____.

Palabras problemáticas

ACTIVIDAD: *EL PENSADOR*

¿Reconoce Ud. esta escultura famosa? Se llama *El pensador*. Las siguientes oraciones se refieren a esta escultura. Complételas con la forma apropiada de las *Palabras problemáticas* y cualquier otra palabra que sea necesaria.

1. El hombre está pensativo; está _____.

2. ¿_____ está _____?

3. ¿_____ las cuestiones filosóficas de su época?

4. ¿Qué _____ expresar Rodin, el escultor que esculpió *El pensador*?

5. Y Ud., ¿qué _____ de la estatua? ¿_____

   que *El pensador* está _____ o que simplemente está descansando?

De todo un poco

ACTIVIDAD A: UNA ENTREVISTA

La siguiente entrevista con la señora Amalia Valverde, miembro de LALCEC, tiene lugar un día antes del Día del Aire Puro. Ponga un círculo alrededor de la forma apropiada del verbo, preposición o complemento entre paréntesis. El periodista (P) va a las oficinas de LALCEC para entrevistar a la señora Valverde (V).

P: ¿Es Ud. la señora Valverde?

V: Sí, (*soy/es*)[1] yo. (*Pasa/Pase*)[2] (*Come in*), señor. Yo ya (*pensaba/pensé*)[3] que Ud. no vendría porque (*tuvimos/teníamos*)[4] una cita para las 10:00 y ya (*es/son*)[5] las 10:30.

P: Sí. (*Lo/La*)[6] (*siento/sentí*)[7] mucho, señora. (*Tardé/Tardaba*)[8] en llegar porque no (*encontré/encontraba*)[9] dónde estacionar el coche.

V: Ah, sí, Yo a veces (*tengo/tenga*)[10] el mismo problema. (*Siéntese/Siéntate*)[11] aquí, señor, y (*hablamos/hablemos*)[12] tranquilamente. ¿Qué desea (*saber/sepa*)[13] de LALCEC?

P: Bueno, (*tengo/tenga*)[14] varias preguntas. Primero, ¿cuál es la propuesta del Día del Aire Puro?

V: Es un mensaje muy sencillo. No queremos que nadie (*fuma/fume*)[15] en todo el país durante esas 24 horas.

P: ¿Y cómo (*piensan/pensaban*)[16] hacerlo?

V: Con una campaña intensiva.

P: ¿(*De/En*)[17] qué consiste esta campaña?

V: Bueno, ese día vamos a (*tener/tenemos*)[18] puestos en las esquinas principales de la ciudad para pedir que los fumadores (*cambian/cambien*)[19] flores por cigarrillos. Además, los miembros de LALCEC van a recorrer las calles para sugerirles a los fumadores que (*llevan/lleven*)[20] una flor en el ojal en vez de un cigarrillo en la mano.

P: ¿Qué recomienda LALCEC que (*hacen/hagan*)[21] los amigos y familiares de los fumadores?

V: A ellos (*los/les*)[22] (*decimos/digamos*):[23] «(*Regálelos/Regáleles*)[24] una flor a cambio de un cigarrillo.»

P: Pero, ¿qué pasa si el fumador (*deja/deja de*)[25] fumar durante el Día del Aire Puro y al día siguiente (*vuelve/vuelva*)[26] al hábito?

V: A ellos (*les/los*)[27] aconsejamos que (*vienen/vengan*)[28] a LALCEC. Tenemos un programa para (*ayudarlos/ayudarles*).[29]

P: Muy interesante. ¿Y cómo es su programa de publicidad para el Día del Aire Puro?

V: Tenemos un programa muy extenso. ¿(*Sabe/Conozca*)[30] Ud. que los niños de cuarenta y dos escuelas han preparado carteles para ese día? Vamos a (*colocarlos/colocarles*)[31] por toda la ciudad. Aquí tengo uno. (*¡Mírelo!/¡Mírele!*)[32] ¿No es fantástico?

P: ¡Excelente! Y así Uds. (*les/los*)[33] enseñan a los niños los malos efectos de fumar.

V: ¡Exactamente! También esperamos que los periódicos (*publican/publiquen*)[34] artículos sobre el Día del Aire Puro.

P: Señora Valverde, me alegro (*a/de*)[35] (*decirle/decirla*)[36] que mañana saldrá en mi periódico un artículo basado en esta entrevista.

V: ¡Qué bien! (*Lo/La*)[37] voy a leer con mucho interés. Y por favor, no (*se olvida/se olvide*)[38] de incluir mi nombre.

P: ¡Cómo no, señora! ¡Ud. (*lo/la*)[39] verá! Tengo una pregunta más. ¿Cuándo comienza la próxima clase para los fumadores que quieren (*ser/sea*)[40] exfumadores?

V: El lunes próximo. ¿Me permite (*regalarle/regalarlo*)[41] una flor?

P: Gracias, señora. (*La/Lo*)[42] voy a llevar con orgullo.

COMPRENSIÓN

Conteste con cierto o falso las siguientes preguntas sobre la entrevista.

1. _____ El periodista llegó tarde porque no encontró su coche.

2. _____ La señora Valverde no tiene coche.

3. _____ La propuesta de LALCEC es que nadie fume en todo el país durante 24 horas.

4. _____ Los miembros de LALCEC van a regalar una flor a cambio de un cigarrillo.

5. _____ Los chicos de cuarenta y dos escuelas también van a regalarles flores a los fumadores.

6. _____ La entrevista saldrá en una revista.

7. _____ El periodista fuma.

ACTIVIDAD B: CON SUS PROPIAS PALABRAS: THE ROUGH DRAFT

Preparación

Once you have completed the outline of your composition, it is time to write a rough draft. It is very important not to skip this stage, for this is where you can shape your ideas and polish your writing. Writers are known to produce as many as six or seven drafts before being satisfied, but you can start with a single rough draft on the topic of "Las bebidas alcohólicas en los Estados Unidos" and proceed to the finished one. The topic is a broad one, so you can discuss alcoholic beverages as a social custom, discuss the laws governing their sale and use, or your attitude toward their use.

Some people find it helpful to put each part of their outline on a separate piece of paper or an index card, then jot down more ideas under the appropriate heading as they think of them. Of course, if you are writing on a computer, you have the same flexibility in a different format. Add useful words that you will want to use and, if the exact word doesn't come to mind, write down the idea and leave a blank or a few words to act as a reminder of what you wish to say. When all this is written down, look through your material. Is there a point that might fit better under a different heading? Is there a logical progression from one paragraph to the next? Has anything been omitted?

Now, on another sheet of paper, write a rough draft with the material you have assembled. As this is not what will be read, feel free to let your thoughts and language flow without worrying whether they are well-expressed or correct. Then put the rough draft aside, and come back to it the next day with a fresh eye.

Aplicación

After you read the following rough draft, rewrite it using the questions that follow as a guide. Write on another sheet of paper.

En España y en algunos países latinoamericanos que producen vino la gente acostumbra tomar vino con la comida y es normal tener la botella de vino en la mesa. A veces los niños también toman vino. Los padres les dan un poquito de vino mezclado con mucha agua. En estos países no tienen la costumbre del cóctel. Se consume menos whisky. El vino es más barato.

1. Is there something that could be expressed more clearly?
2. Are there any long, rambling sentences that could be divided into one or two shorter ones?
3. Are the same words or expressions repeated several times when a synonym could have been used?
4. Are there several successive short sentences that could be joined?
5. Is there unnecessary repetition of ideas or information?
6. Will the opening lines convince the reader to continue reading?
7. Is there something that is unclear to you? If so, it will also be unclear to other readers.

Use the same questions as a guide as you rewrite the final draft of your own composition. Of course, while rereading the rough draft, you have probably spotted linguistic, syntactical, and grammatical errors and have corrected them. Don't worry, at this point, if you fear you haven't caught all of them. Editing and proofreading will be discussed in the next chapter.

CAPÍTULO **10**

Manual de laboratorio

Para comenzar

You will hear several statements made by a child psychologist at a school conference for parents. Listen to each statement, then match it with one of the following drawings, writing the number of the statement in the space provided. You will hear the correct answer on the tape. Pause now to look at the drawings.

A. 3   B. 4   C. 1   CH. 2   D. 5

*Se pronuncia así: The Sounds of Spanish **c**, **z**, **qu**, and **k***

In Latin America and southern Spain, the Spanish **c** before *e* and *i* and the Spanish **z** in all positions are pronounced like the English hissed *s* in the word *sell*. In all other parts of Spain, they are pronounced like the *th* sound in the English word *thin*.

A. Repeat the following words after the speaker, who will use a Latin American pronunciation:

Zaragoza	cine	franceses
ejercicio	peces	azul
pronunciación	zapato	Cecilia

Now listen as the same words are repeated with a Spanish pronunciation characteristic of Madrid. The Spanish **c** in any other position, the Spanish **qu** before *e* and *i*, and the letter **k** are all pronounced like the English *c* in the word *call*. Remember that the *u* sound in **que** and **qui** is never pronounced.

B. Repeat the following words after the speaker:

querida	kilogramo	acabar
casa	quiosco	quienes
kilómetro	Enrique	conclusión

aquello   clima   practicar

C. Repeat the following sentences after the speaker:

1. Cecilia quiere ir al cine con Enrique.

2. Aquellos franceses acaban de comprarse un kilo de carne.

3. La casa de Carlos y Lucía quedó en silencio.

4. Los zapatos de Carmenza son azules.

Estructuras y vocabulario

EN OTRAS PALABRAS… RELACIONES FAMILIARES

Monica has just had her first child, and her mother is giving her some advice about child rearing. Complete her mother's statements by selecting the most logical and appropriate option. Be careful! There may be more than one correct answer. You will hear the statements twice.

1.	a	b	**c**	ch	4.	a	**b**	c	ch
2.	a	**b**	**c**	ch	5.	**a**	b	**c**	ch
3.	a	**b**	c	**ch**	6.	**a**	b	c	**ch**

USING DOUBLE OBJECT PRONOUNS

Two children are asking their parents some questions about things they are supposed to do. Play the role of the parents and answer the questions, using double object pronouns with affirmative and negative commands, as in the model. You will hear each question twice, and you will hear the correct answer on the tape.

> MODELO: Papá, ¿le doy la foto a mamá o te la doy a ti? (da / des) →
> *Dásela a tu mamá. No me la des a mí.*

1. da / des
2. devuelve / des
3. toma / tomes
4. trae / traigas
5. da / pongas
6. trae / traigas

EN OTRAS PALABRAS… PARA HABLAR DE LAS ACTITUDES

You will hear several statements made by the psychologist Pablo Noriega at a conference about the problems of adolescents. Complete them by circling the letter of the most appropriate ending. Only one answer is possible. You will hear each statement twice.

1.	**a**	b	c	ch	4.	a	b	c	**ch**
2.	a	**b**	c	ch	5.	**a**	b	c	ch
3.	a	b	**c**	ch					

THE SUBJUNCTIVE TO EXPRESS FEELINGS, EMOTION, OR JUDGMENT

Beatriz is listening to her younger brother Martín talk about his school work. Play her role, reacting to his statements using the written cues and the subjunctive. You will hear a possible answer on the tape. Follow the model.

MODELO: Siempre hablo con mis compañeros durante la clase de inglés.
(¿Sabes? Me molesta que…) →
¿Sabes? Me molesta que *hables con ellos durante la clase.*

1.   Yo también tengo miedo de que…   3.   No me gusta que… *discupas*   5.   Estoy contenta que… *saques*
2.   Me alegro de que… *vayas*   4.   Siento mucho que…   6.   ¡Me gusta mucho que… *interese*

THE SUBJUNCTIVE WITH IMPERSONAL EXPRESSIONS

You will hear several excerpts from a speech by a Hispanic politician addressing many of the problems affecting the local school systems. React to her statements, using impersonal expressions from the following list. You will hear a possible answer on the tape. Follow the model. First, listen to the list of impersonal expressions:

Es importante…   Es malo…   Es mejor…
Es necesario…   Es terrible…   Es preferible…
Es bueno…   Es una lástima…

MODELO: Es triste decirlo, pero nuestras escuelas tienen muchos problemas. →
Es triste que nuestras escuelas tengan tantos problemas.

1.   …   2.   …   3.   …   4.   …   5.   …   6.   …

UNEQUAL COMPARISONS

Antonio is talking to his young cousin Paco about their mutual friends and relatives. Play Paco's role, answering the questions Antonio asks him. As you listen to Antonio's descriptions, you may wish to jot down some information, using the written cues as your guide. You will hear the correct answer on the tape. Follow the model.

MODELO: La abuela tiene 85 años, pero el tío Julio tiene 92 años. ¿Quién es mayor?
(abuela / Julio) →
El tío Julio es mayor que la abuela.

el coche de carlos es mas viejo

18   23

1.   Carmen / Adela   3.   Carlos / Clara   5.   Laura / yo
2.   Rodolfo / Manolo   4.   Marta / Marisa   6.   César / Gabriel

tennis bueno
Rodolfo juega mejor

Para escuchar

A. You will hear several radio commercials advertising the services of three different schools in Barcelona, Spain. As you listen to each ad, take notes in the space provided. Then you will hear several parents talking about the type of school their sons or daughters need. Match each statement with the most appropriate school in the chart provided. You will hear the correct answer on the tape.

Escuela Saenz

_____ *problemmas telefonicas cursas especial*
_____ *con prob*
_____ *particulares Math lang tect y*
comp
individuales
exito en escuela

Academia Picasso

tomar pintua arte ciberales Ri
Maria dolores small groups

Escuela de Lenguas Modernas

Secret of success idiomas communicativos
ingles Ruso Chino Japonés
call for more infor

	ESCUELA SAENZ	ACADEMIA PICASSO	ESCUELA DE LENGUAS MODERNAS
1.			X
2.	X		
3.		X	
4.	X		
5.			X
6.		X	

B. Entre adolescentes

Antes de escuchar: In the dialogue you are about to hear, two young women talk about the problems they have in getting their parents to understand and accept their first dating experiences. Before listening to the conversation, answer the following questions about your own experiences.

1. ¿Cómo era el primer chico o chica con quien saliste?

   Salió con Steve

2. ¿Qué opinión tenían de él o ella tus padres?

   Se le gusta

3. ¿Qué problemas surgieron en tus primeras citas y cómo los resolviste?

   Le vi otra vez

You will hear a dialogue between two young women about problems they have been experiencing with their parents. Then you will hear a series of statements. Indicate whether they are true (**cierto**), false (**falso**), or not known (**no se sabe**), based on the dialogue. You will hear the statements twice.

1. (Cierto)   Falso   ~~No se sabe~~   4. Cierto   Falso   (No se sabe)
2. Cierto   Falso   (No se sabe)   5. Cierto   Falso   No se sabe
3. Cierto   (Falso)   No se sabe   6. (Cierto)   Falso   No se sabe

Ejercicios escritos

En otras palabras... Relaciones familiares

ACTIVIDAD A: AUMENTAR SU VOCABULARIO

«Cómo ser buenos padres» es el título de un artículo que salió en la revista *Padres*. Para aumentar su vocabulario, complete algunas oraciones del artículo con la forma apropiada del verbo derivado del sustantivo indicado.

1. El *amor* y el cariño son importantes en todas nuestras relaciones. Dígales a sus hijos con frecuencia que

   Ud. los __aman__ .

2. La *crianza* afecta a los chicos por toda la vida. Por eso, hay que comenzar hoy a __criarlos__ los bien.

3. __Cuide__ bien a sus hijos. Enséñelos a una edad temprana a tener *cuidado* al cruzar la calle.

4. Si Ud. quiere que sus hijos lo/la __respeten__, hay que darles *respeto* a ellos.

5. Si no quiere que sus hijos le digan *mentiras*, no les __mienta__ Ud.

6. El *odio* es feo. Es mejor enseñar a los hijos a llevarse bien con todos y a no __odiar__ a nadie.

7. Las *peleas* son inevitables entre los chicos, pero los padres no deben __pelear__ con ellos.

ACTIVIDAD B: RELACIONES IDEALES

Ud., por experiencia, sabe lo que es ser hijo/a y tal vez Ud. mismo/a también ya sepa lo que es ser padre (madre). Entonces, por experiencia propia, exprese con mandatos formales sus ideas sobre la crianza de los hijos: lo que hay o no hay que hacer. Use las siguientes palabras y otras que quiera añadir. Luego conteste las dos preguntas al final.

1. compartir   2. llevarse bien   3. tenerles confianza   4. echarles la culpa

1. ¡Compartan la vida con sus hijos! _____
2. ¡tenerles confianza! _____
3. ¡No echales la culpa cada vez! _____
4. No les mienta. _____

En su opinión, ¿qué más les hace falta a los niños?

Les hacen falta el amor.

¿Cuáles son los efectos de no hacerles caso? *ignore*

Los efectos de no hacerles caso son que se sienten malos de sus mismos u que no son bastante buenos.

A. Using Double Object Pronouns

ACTIVIDAD A: INFORMACIÓN GENERAL

Por lo general, ¿quién o quiénes les hacen o les hacían ciertas cosas? Escoja entre las siguientes personas: el cartero (la cartera), sus padres (hijos), su consejero/a, sus profesores, el operador (la operadora), el meteorólogo (la meteoróloga), los candidatos políticos (las candidatas políticas). Conteste las preguntas con complementos directos e indirectos.

MODELO: ¿Quiénes les regalaban juguetes cuando eran niños? → *Nuestros padres nos los regalaban.*

¿Quién(es)...

1. les da(n) los números de teléfono que buscan?
2. les piden su voto?
3. les da(n) el pronóstico del tiempo en la televisión?
4. les entrega(n) las cartas y tarjetas?
5. les contaba(n) historias cuando eran niños?
6. les ofrece(n) consejos?
7. les da(n) cariño?

1. *La operadora nos los digaba.*
2. *los candidatos pol. nos los pidaban*
3. _____
4. _____
5. _____
6. _____
7. _____

ACTIVIDAD B: ETAPAS (*STAGES*) DE LA VIDA

Fernando y Andrea son hermanos gemelos (*twins*). Describa estos incidentes diferentes de su vida. ¿Consiguen todo lo que quieren?

MODELO: Fernando y Andrea le piden a Papá Noel: «Tráiganos juguetes, por favor.» →
Y Papá Noel se los trae.
o
Papá Noel no se los trae, pero sus padres sí se los regalan.

1. Fernando y Andrea le dicen a su papá: «Cuéntanos la historia de "El gato en el sombrero" otra vez.»
Y Papá se la cuenta
Fernando y A

2. Andrea le pide a Papá Noel: «Tráigame los muñecos Barbie y Ken.»

    Y Papá se los trae

3. Sus padres les dicen a Fernando y Andrea: «Muéstrennos su tarea.»

    Y FyA ~~tes~~ se la muéstran

4. Andrea le dice a Fernando: «Préstame tus patines (*skates*), por favor.»

    Y F se las presta

5. La madre le dice a Fernando: «Lávate las manos antes de comer.»

    Y F se las lava

6. La maestra le pide a Andrea: «No te quites los zapatos en la clase.»

    Y A no se los quite

7. La maestra le dice a Fernando: «Ponte las gafas para leer mejor.»

    Y F se las ponte

8. Cuando tiene 17 años, Fernando le pregunta a su papá: «¿Me puedes prestar el coche esta noche?»

    Y Papá se lo presta

9. Eduardo, un compañero, le pregunta a Andrea: «¿Me das tu número de teléfono?»

    _Y A se lo da_

10. Cuando Fernando y Andrea están en la universidad, sus padres les dicen: «Escríbannos más cartas, por favor.»

    Y FyA se las escriba

ACTIVIDAD C: RELACIONES FAMILIARES

Para hablar de sus relaciones familiares, conteste las siguientes preguntas, usando complementos directos e indirectos en su respuesta.

MODELO: ¿A quién(es) le(s) dice que lo(s) quiere? → *Se lo digo a mi (novio/a, esposo/a).*
Se lo digo a mis (padres, hermanos/as).

¿A quién(es)...

1. le(s) echa la culpa por algo que Ud. ha hecho? _Se la echo a mi amiga_

    ¿Y quién(es) se la echa(n) a Ud.? _Me la echa_

2. le(s) da un beso cuando sale de la casa? _Se lo doy a Steve_

    ¿Y quién(es) se lo da(n) a Ud.? _Me lo da_

¿a Quién(es)?

3. siempre le(s) comunica sus ideas? _Se las comunico_

 ¿Y quién(es) se las comunica(n) a Ud.? _me las Comunica_

4. le(s) demuestra sus sentimientos? _Se los demuestro_

 ¿Y quién(es) se los demuestra(n) a Ud.? _Me los demuestra_

5. le(s) escribe cartas frecuentemente? _Se las escribo_

 ¿Y quién(es) se las escribe(n) a Ud.? _me las escribe_

6. le(s) cuenta sus problemas? _Se las cuento_

 ¿Y quién(es) se los cuenta(n) a Ud.? _me las cuenta_

7. le(s) compra regalos de cumpleaños? _Se los compro_

 ¿Y quién(es) se los compra(n) a Ud.? _me los compra_

En otras palabras... Para hablar de las actitudes

ACTIVIDAD: ¿ANTÓNIMOS, SINÓNIMOS O DEFINICIONES?

Si las siguientes palabras o expresiones son sinónimos o antónimos, escriba en el espacio «es un antónimo de». Si una es la definición de la otra, escriba en el espacio «significa».

1. Pertenecer _S A o S_ ser parte de algo.

2. Mayoría _A_ minoría.

3. Servir para algo _S_ ser útil.

4. Tener vergüenza _S_ tener un sentimiento desagradable.

5. Débil _S S_ fuerte.

6. Rechazar _A A_ aceptar.

7. Criticar _S_ dar una opinión negativa.

8. El trato _S_ considerar a uno bien o mal.

B. The Subjunctive to Express Feelings, Emotion or Judgment;
C. The Subjunctive with Impersonal Expressions

ACTIVIDAD A: ¿CUÁLES SON SUS SENTIMIENTOS?

Mire estos dibujos y use una expresión impersonal para expresar lo que siente y piensa de lo que pasa en ellos.

MODELO: Toda la familia viene para celebrar el cumpleaños de la abuela. →
¡Es fantástico que toda la familia venga para celebrar el cumpleaños de la abuela!

Línea 1. Todos ayudan a la abuela a poner la mesa.

   Es fantástico que todos ayuden

Línea 2. La abuela cumple 90 años pero todavía puede soplar (*blow out*) todas las velitas.

   Es fantástico que cumpla 90 años

Sus hijos brindan (*toast*) con champán.

   Es horible que sus hijos brinden

Línea 3. La abuela disfruta de su cumpleaños.

_____

Línea 4. La familia tiene que irse.

_____

La besan y la abrazan.

_____

Línea 5. La abuela está lavando los platos y las copas.

_____

Sus hijos no la ayudan.

_____

ACTIVIDAD B: QUERIDOS HIJOS, NIETOS Y SOBRINOS…

¿Qué les puede decir la abuela a sus parientes que están presentes para celebrar su cumpleaños? Complete las oraciones con el indicativo, el subjuntivo o el infinitivo de los verbos entre paréntesis.

Mis queridos hijos, nietos y sobrinos… es bueno (saber) _Saber_ [1] que mi familia me aprecia tanto y estoy contenta de que Uds. siempre (acordarse) _se acuerden_ [2] de mi cumpleaños. En momentos como éste, no me molesta (estar) _estar_ [3] en una silla de ruedas (wheelchair). ¡No me molesta nada! ¡Ay, qué bien que (haber) _haya_ [4] una torta de chocolate! Uds. saben que me (encantar) _encantan_ [5] las tortas de chocolate. ¡Y noventa velitas! ¿Un deseo antes de soplarlas? Bueno, deseo que Uds. siempre me (acompañar) _acompañen_ [6] en mis cumpleaños. ¡Whoosh! ¿Ven? Es absurdo (pensar) _pensar_ [7] que yo no (poder) _pueda_ [8] soplar noventa velitas. Mmmm. ¡Qué torta más rica! ¿Qué pasa? ¿Ya tienen que (irse) _irse_ [9]? Bueno, pero espero que Uds. no (irse) _se vayan_ [10] antes de ayudarme a lavar los platos. Me parece muy sorprendente que Uds. (pensar) _piensen_ [11] irse y que me (dejar) _dejen_ [12] con este montón de platos sucios. Por supuesto. Tienen razón. Es un chiste. Temo que mi sentido de humor no (ser) _sea_ [13] como era antes.

ACTIVIDAD C: DESDE DOS PERSPECTIVAS

¿Cuál es la actitud de la abuela? ¿Y la de sus parientes? Use su imaginación y el subjuntivo o el infinitivo para completar las siguientes oraciones. Use *que* cuando sea necesario.

Name _____ Date _____ Class _____

MODELOS: La abuela está contenta de →
La abuela está contenta de *que sus parientes celebren su cumpleaños con ella.*
La abuela esta contenta de *estar con todos sus parientes.*

1. La abuela se alegra de _que todos vengan a celebrar._

2. Está contenta de _que se acuerden todos_

3. No le preocupa a ella _que este en una silla de ruedas_

4. Es triste _____

5. Sus parientes se alegran de _que ella se alegra tambien_

6. Están contentos de _que todas se alegran_

7. Temen _____

8. No les molesta a ellos _____

CH. Unequal Comparisons

ACTIVIDAD: SEGÚN FLO

¿Cómo eran las cosas cuando la abuela de Flo era joven? Compare la mujer y el hombre de esa época según el modelo.

MODELO: la mujer de antes / tener derechos / el hombre →
La mujer de antes tenía menos derechos que el hombre.

1. las oportunidades del hombre / ser grande / las de la mujer

    – eran mas grande que –

2. la mujer / tener posibilidades / el hombre

    – tenía menos posibilidades que –

3. el hombre / poder hacer cosas / la mujer

    – Podía hacer mas cosas que –

4. la familia / ser grande / la familia de hoy

    – era mas grande que –

5. la mujer que trabajaba fuera de casa / ganar dinero / los hombres

    – ganaba menos dinero que –

6. la mujer de antes / practicaba deportes / la mujer moderna

    – practicaba menos deportes que –

7. la mujer de antes / casarse joven / la mujer de hoy

   Se casa mas joven que-

8. la mujer moderna / ser independiente / su abuela

   es mas que

9. ¿la vida de la mujer de antes / ser bueno / la vida de la mujer moderna?

   - era mas bueno que -

10. ¿nuestras abuelas / ser felices / nosotras?

   - eras menos felices que -

Palabras problemáticas

ACTIVIDAD: EL TIEMPO CORRE

Como el tiempo corre, conteste las siguientes preguntas lo más rápido posible, usando expresiones de «Palabras problemáticas».

1. ¿Cuándo va Ud. a terminar la tarea?

   Voy a terminar la tarea en un rato.

2. ¿Cuál es su modo preferido de perder el tiempo?

   El modo preferido de perder el tiempo es mirar el tele

3. ¿Cómo pasa Ud. el tiempo libre?

   Paso el tiempo libre con Steve.

4. Cuando tiene una cita y su amigo/a no llega a tiempo, ¿cómo reacciona Ud.?

   Me enojo un poquito

   Y cuando Ud. no llega a tiempo, ¿cómo reaccionan sus amigos?

   Me enojan tambien

5. ¿Qué hora es en este momento?

   Son las once en punto.

6. ¿A qué hora piensa Ud. terminar esta actividad?

   A las doce menos quarto pienso o

7. ¿Siempre tiene Ud. la misma rutina diaria?

   No a veces hago cosas deferentes.

8. ¿Cuántas veces por semana va Ud. al laboratorio de lenguas?

   Me Voy al lab tres dias por semana.

9. ¿Qué hacía Ud. hace un rato?

   Hace un rato ne voy a la clase de Español.

10. ¿Cuáles son dos de las cosas que Ud. puede hacer al mismo tiempo?

    Podía dormir o mirar la televisió

De todo un poco

ACTIVIDAD A: PARA CONVIVIR CON SUS HIJOS ADOLESCENTES

La doctora Irene Romero, psiquiatra especialista en niños y adolescentes, escribe una columna en una revista mensual para padres. Este mes el título de su columna es «Para convivir con sus hijos adolescentes». Mientras Ud. lee sus sugerencias a los padres de los adolescentes, complételas con una de las dos palabras que aparecen entre paréntesis.

- (Indíquenles/Indíquenlos)[1] a sus hijos que ellos no pueden (asustarlos/asustarles)[2] a Uds. por su comportamiento. Es posible que (sean/son)[3] arrogantes por un rato, pero la arrogancia de los adolescentes es un fenónemo natural que suele disminuir cuando tienen más confianza en sí mismos.

- Busquen orientación de personas expertas si tienen la impresión que sus hijos (les/las)[4] están tomando ventaja (are taking advantage of you). Es natural que Uds. (sienten/sientan)[5] ansiedad cuando sus hijos están en la etapa difícil entre la niñez y la adolescencia. Pero no conviene que Uds. se (quedan/queden)[6] en un estado de confusión y frustración.

- Usen el método de la negociación. Por ejemplo, si su hijo/a quiere (conducir/conduzca)[7] su coche y Uds. pueden (prestárselo/prestártela),[8] (enséñenlo/enséñenle)[9] al mismo tiempo (a/de)[10] negociar. «Te (le/lo)[11] alquilamos» es como (decirle/decirlo).[12] «Te proponemos que (haces/hagas)[13] algo al coche después de (usarlo/usarle),[14] como, por ejemplo (lavarlo/lavarle).»[15] (Acuérdense/Acuérdenle)[16] que lo que negocian es un contrato serio y es necesario que su hijo lo (cumpla/cumple).[17] La negociación (le/lo)[18] sirve al adolescente para aprender (a/de)[19] aceptar obligaciones.

- Mantengan contacto con los profesores de sus hijos. Asegúrense (en/de)[20] que no (faltan/falten)[21] a clases y que (hagan/hacen)[22] lo que deben hacer.

- Respeten sus gustos. Si a Uds. no (les/le)[23] gusta lo que a sus hijos (le/les)[24] gusta, no (dicen/digan)[25] nada. Aprendan (a/en)[26] aceptar sus gustos.

- Acuérdense siempre (a/de)[27] su propia adolescencia para evitar repetir lo que hicieron sus padres que (les/los)[28] hicieron sufrir a Uds.

- Sean flexibles. Recuerden que Uds. pueden aprender mucho de sus hijos.

ACTIVIDAD B: COMPRENSIÓN

¿Cuáles son los consejos que la doctora Romero les da a los padres de los adolescentes? Indique si los comentarios son ciertos o falsos y si son falsos, corríjalos.

1. (C) F   Les aconseja a los padres que no permitan que sus hijos los asusten porque la arrogancia es normal en los adolescentes.

2. (C) F   Les recomienda a los padres que consulten con un experto en adolescentes si los hijos se portan mal.

3. (C) F   Ella cree que el estado entre la niñez y la adolescencia es difícil para padres e hijos.

4. C (F)   Según ella, no es normal que el adolescente esté en un estado de confusión y frustración.

5. C F   Ella les sugiere a los padres que prueben la negociación porque es un método útil para tratar con los adolescentes.

6. C F   Es necesario que los hijos cumplan con sus obligaciones.

7. C (F)   Los padres deben preguntarles a los hijos si asisten a sus clases.

8. C (F)   No hay que permitirles a los hijos llevar ropa punk y escuchar música rock.

9. C (F)   Es inevitable que los padres les hagan a sus hijos lo que sus padres los hicieron a ellos.   *Evitar*

10. C (F)   Los padres tienen más experiencia que sus hijos. Por eso siempre saben lo que es mejor para ellos.   *Hay que ser flexible*

ACTIVIDAD C: CON SUS PROPIAS PALABRAS: EDITING AND CORRECTING

Preparación

Do you read your compositions when they are returned to you, look at some of the comments and errors and say "Good heavens, how did I do that? It's so obviously wrong!" The process of editing and correcting can help you to avoid making obvious mistakes like that.

Editing is the process of reviewing and revising the content of what you have written. Before editing, put your rough draft aside for a day or two so that you can return to it and look at it with a fresh eye. When you do so, be critical and objective. Look at the first paragraph. Does it state your main idea clearly? Does it make the reader want to continue reading? Then look at the subsequent paragraphs. Do they develop and expand the main idea? Is there repetition that could be deleted? Is there anything that is irrelevant, that does not contribute to the main ideas?

Proofreading is the process of correcting mechanical mistakes such as spelling and grammar. It should be done *after* you have edited. As you check your rough draft, recall what you have studied and look carefully for errors with the following topics.

1. Agreement of subject, verb, and adjectives
2. Spelling and appropriate use of words
3. Accents
4. Use of **ser** and **estar**
5. Use of preterite and imperfect
6. Use of direct and indirect object pronouns
7. Use of the subjunctive

You will probably find that simply rereading your draft once or even several times will not help you find all of the mechanical errors you have made. Most students need to check for errors of each kind explicitly. That is, check for subject-verb agreement by looking for the subject in each sentence and checking it against its verb. Then find each noun in the text and look for adjectives that describe it, checking them for agreement. And so on. You will be ignoring the content of your composition while you check for details of this kind, but that is all right.

Aplicación

Antes de escribir su propia composición sobre «La adolescencia», vuelva a escribir el siguiente párrafo, haciendo todas las correcciones necesarias.

Aunque ya tengo 19 años, mi padres no me tienen confianza. No le gustan que vuelve tarde de una cita

_____

y siempre me preguntan explicaciónes. Por ejemplo, quieren saber con quien estaba, adonde fui y que

estoy   vamos

_____

hicimos. Yo no estoy una niña más, pero ellos creen que tengan el derecho de saber todas los detalles de

hacemos

_____

mi vida. Que puedo hacer para convencerles que ya estoy adulto?

adulta

_____

El tema de esta composición es «La adolescencia». Puede escribir sobre su adolescencia, sus ideas o pensamientos sobre la adolescencia, la adolescencia de sus hijos o las relaciones de los adolescentes con su familia y amigos. Escriba su composición en otro papel.

CAPÍTULO 11

Manual de laboratorio

Para comenzar

You will hear some excerpts from the radio show "El mundo de las estrellas" from Radio México in Mexico City. The excerpts are about relationships between movie stars and other personalities. Complete each excerpt with the most appropriate option. Be careful! There may be more than one correct answer. You will hear each excerpt twice.

1. (a)   b   c   ch
2. a   (b)   c   ch
3. a   b   (c)   (ch)

4. a   b   (c)   ch
5. (a)   b   c   ch
6. a   (b)   (c)   ch

Estructuras y vocabulario

THE SUBJUNCTIVE WITH IMPERSONAL EXPRESSIONS OF DENIAL, DOUBT, OR UNCERTAINTY

Lola and Rigoberto are chatting at a party, discussing, as usual, the latest gossip stories about their friends. Play Rigoberto's role, responding affirmatively to Lola's suggestions with the written cues and impersonal expressions. You will hear the correct answer on the tape. Follow the model.

MODELO: Oí decir que Manuel no quiere casarse con Ana. ¿Es posible? (casarse) →
es posible
sean novios   *Sí, es posible que no se case con ella.*

1. ser novios
2. casarse   *es dudo que no se casen*

3. estar enamoradas
4. tener celos

5. regalarle un anillo
6. ir a divorciarse

MORE ABOUT USING THE SUBJUNCTIVE TO EXPRESS DOUBT, DENIAL, AND UNCERTAINTY

Julio is trying to get some advice from his friend Antonio about how to ask Diana out on a date. Play the role of Antonio, answering Julio's questions with the written cues and the indicative or subjunctive, as needed. You will hear the correct answer on the tape. Follow the model.

MODELO: Antonio, ¿te parece que Diana y yo hacemos una buena pareja? (Estoy seguro que) →
Estoy seguro que *Diana y tú hacen una buena pareja.*

1. No, no creo que *hagan*
2. Sí, pienso que *hacen una buena pareja*

3. No dudo que
4. No estoy seguro que

5. Sí, creo que
6. No pienso que *hag*

SUPERLATIVES

Teresa greets a group of friends after a long weekend, asking them about specific events they attended. Play the role of Teresa's friends, responding to her questions with superlative constructions, as in the model. You will hear the correct answer on the tape. Follow the model.

> MODELO: Sonia, ¿fue aburrida la conferencia sobre el divorcio? →
>   *Sí, fue la más aburrida en muchos meses.*

1. ...   2. ...   3. ...   4. ...   5. ...   6. ...

THE SUBJUNCTIVE WITH **TAL VEZ, QUIZÁ(S)**, AND **ACASO**

Juan Ramón is trying to decide what to do tonight and he can't seem to make up his mind. Play the role of Juan Ramón, answering the questions that his friend Martín asks. Use the expressions **tal vez, quizá, acaso**, and the written cues to express uncertainty. You will hear a possible answer on the tape. Follow the model.

> MODELO: ¿Qué vas a hacer esta noche? (salir con Lisa) → *No sé. Quizá salga con Lisa.*

1. a las seis   3. una comedia   5. a medianoche
2. ver una película   4. a una discoteca

DIMINUTIVES

Pablo asks Catalina to confirm the description of various objects that belong to his friends. Play Catalina's role, describing the objects as being much smaller than Pablo imagined. You will hear the correct answer on the tape. Follow the model.

> MODELO: ¿Es grande el perro de Sandra? → *Por el contrario. Es un perrito muy pequeño.*

1. ...   2. ...   3. ...   4. ...   5. ...

UN PASO MÁS HACIA LA COMUNICACIÓN: EXPRESSING POLITE DISAGREEMENT

A group of students are gathered in a Madrid café discussing the relationship between the sexes. Listen carefully to each statement, then politely disagree with it using one of the expressions from the following list. You will hear a possible answer on the tape. Follow the model. First, listen to the list:

> Lo siento, pero...   Puede ser, pero...
> No creo que...   Creo que...
> Dudo que...   Siento no estar de acuerdo, pero...

> MODELO: A mí me parece que el problema es que los hombres no expresan sus sentimientos. →
>   *Puede ser, pero yo creo que las mujeres muchas veces tampoco expresan lo que sienten.*

1. ...   2. ...   3. ...   4. ...   5. ...

Name _____ Date _____ Class _____

Para escuchar

A. You will hear two dialogues in which friends discuss their personal life and their feelings towards each other. Then you will hear a series of statements. Indicate whether they are true (**cierto**), false (**falso**), or not known (**no se sabe**), based on what the speakers said. You will hear the statements twice.

1. Cierto   (Falso)   No se sabe
2. Cierto   Falso   (No se sabe)
3. Cierto   (Falso)   No se sabe
4. (Cierto)   Falso   No se sabe
5. (Cierto)   Falso   No se sabe
6. (Cierto)   Falso   No se sabe
7. Cierto   Falso   No se sabe
8. Cierto   (Falso)   No se sabe

B. Consultorio sentimental

Antes de escuchar: The passage you are about to hear is a segment from a radio show in which listeners call in to ask for personal advice. Before listening, think about the kind of advice you give when friends come to you with these kinds of problems.

1. Su amigo Carlos y su novia tuvieron una pelea porque él quiere ver la película *Drácula en Nueva York* y ella quiere ver *Lluvia de besos*.

   Pienso que es necesario negociar entre los dos.

2. Su amiga Marta no quiere casarse con su novio Pedro porque éste no tiene una casa lujosa.

   Marta, pienso que erres una muchacha demasiada materialística. Quizás que algún día no tengas nadie que le ama.

3. Su amiga Carmen quiere romper con su novio porque a éste le gusta salir con otras chicas.

   Dudo que su novio le ama a carmen porque quiere salir con las otras chicas.

You will hear a segment from the radio talk show, "Consultorio sentimental," broadcast every afternoon on Radio Caracas. During the program, Dr. Ariel listens to problems about personal relationships and tries to offer callers some advice. First, listen to the segment for general comprehension. Then, as you listen a second time, take notes in the space provided.

Consulta 1

Problema: _____

_____

_____

Capítulo 11   **167**

Consejos: _____

_____

_____

Consulta 2

Problema: _____

_____

_____

Consejos: _____

_____

_____

Consulta 3

Problema: _____

_____

_____

Consejos: _____

_____

_____

Ejercicios escritos

En otras palabras... Para hablar del Día de San Valentín,
Para hablar más de las relaciones humanas

ACTIVIDAD: UNA HISTORIA DE AMOR

Complete la historia de amor y los dibujos con la forma apropiada de las palabras o expresiones de «En otras palabras... ».

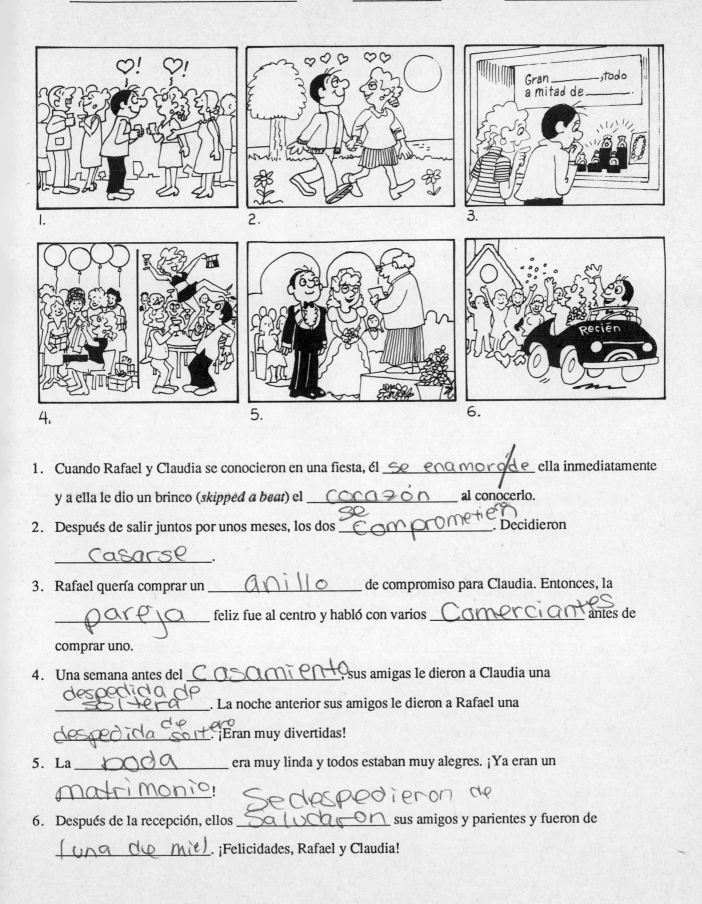

1. Cuando Rafael y Claudia se conocieron en una fiesta, él _se enamoró de_ ella inmediatamente
   y a ella le dio un brinco (*skipped a beat*) el ___corazón___ al conocerlo.
2. Después de salir juntos por unos meses, los dos _se comprometieron_. Decidieron
   ___casarse___.
3. Rafael quería comprar un ___anillo___ de compromiso para Claudia. Entonces, la
   ___pareja___ feliz fue al centro y habló con varios ___comerciantes___ antes de
   comprar uno.
4. Una semana antes del ___casamiento___, sus amigas le dieron a Claudia una
   ___despedida de soltera___. La noche anterior sus amigos le dieron a Rafael una
   ___despedida de soltero___. ¡Eran muy divertidas!
5. La ___boda___ era muy linda y todos estaban muy alegres. ¡Ya eran un
   ___matrimonio___!
6. Después de la recepción, ellos _se despedieron de saludaron_ sus amigos y parientes y fueron de
   ___luna de miel___. ¡Felicidades, Rafael y Claudia!

A. *The Subjunctive with Impersonal Expressions of Denial, Doubt, or Uncertainty*

ACTIVIDAD: ¿VAN A VIVIR FELICES PARA SIEMPRE?

¿Cuál es su opinión sobre el matrimonio en la vida contemporánea? Exprésela, volviendo a escribir seis de las diez oraciones que se dan a continuación. Use las siguientes expresiones: (No) Es... dudoso, increíble, posible, imposible, probable, improbable, claro, evidente, obvio, verdad, puede ser.

1. Todos mis amigos quieren casarse algún día.
2. Algún día me casaré.
3. Es mejor casarse después de los 30 años.
4. Muchas parejas viven juntas sin casarse.
5. El matrimonio es un concepto ya pasado de moda (*outmoded*).
6. Es posible estar enamorado de dos personas a la vez.
7. Uno puede enamorarse solamente una vez en la vida.
8. En los Estados Unidos casi la mitad de los matrimonios terminan en divorcio.
9. En un divorcio, los hijos sufren tanto como los padres.
10. Un matrimonio sin hijos no es un matrimonio feliz.

1. Es probable que... quieran casarse
2.
3. No es mejor casarse...
4.
5. No es verdad que el matrimonio sean un...
6.

B. *More About Using the Subjunctive to Express Doubt, Denial, and Negation*

ACTIVIDAD A: HOY Y AYER

En su opinión, ¿cómo son las relaciones familiares de hoy comparadas con las de otras épocas? Para expresar su opinión, conteste las preguntas con una de las siguientes expresiones, usando una expresión diferente en cada oración: (no) creer, (no) estar seguro/a, (no) pensar, (no) dudar, (no) negar.

Hoy en día...

1. ¿significa el matrimonio algo diferente?

   No pienso que signifique

2. ¿es menos romántica la gente?

   es verdad que
   Si la gente es menos romantico

3. ¿son más unidas las familias?

   no es verdad que sean mas

4. ¿hay más diferencias entre las generaciones?

   Es obvio que hay mas dif...

5. ¿son más felices las familias?

   No pienso que las fam. sean mas...

6. ¿dedican los padres más tiempo a sus hijos?

   _____

7. ¿les tienen los hijos más respeto a sus padres?

   No creo que les tengan

8. ¿tienen los jóvenes de hoy más conflictos entre su carrera y el matrimonio?

   _____

9. ¿prefiere la gente divorciarse en vez de tratar de solucionar sus problemas matrimoniales?

   Pienso que prefieren...

ACTIVIDAD B: OTRAS FIESTAS: EL DÍA DE LA MADRE, EL DÍA DEL PADRE

El día de San Valentín no es la única fiesta que celebra el amor. En los países hispanos también se celebran el Día de la Madre y el Día del Padre. Exprese Ud. lo que siente o piensa de estas fiestas con una expresión de duda, negación, certidumbre o incertidumbre y la forma correcta de las palabras en cada grupo.

1. las fiestas / ser / comerciales

   Es verdad que las fiestas son comerciales.

2. es importante / (nosotros) dedicar un día especial / para honrar a los padres

   Pienso que sea importante...

3. los regalos / ser / una expresión de amor

   Es ridículo que los regalos son...

4. es necesario / darles a los padres / un regalo

   No pienso que sea necesario...

5. mis padres / esperar / un regalo

   Creo que mis padres esperan un.

6. hay otras maneras / de decirles / «Te quiero y te aprecio»

   Es verdad que hay...

7. es necesario / tener / un Día de los Hijos también

   No creo que es necesario tener...

En otras palabras… Una fiesta de cumpleaños infantil

ACTIVIDAD: ¡FELIZ CUMPLEAÑOS!

En los siguientes grupos de palabras hay varias cosas y ocurrencias que generalmente forman parte de una fiesta de cumpleaños infantil. ¡Pero también hay una o más que no son apropiadas! Indique las inapropiadas.

1. En una fiesta de cumpleaños infantil hay… globos, invitados, juegos, regalos, paquetes, juguetes, una torta, cerveza, velitas, refrescos, dulces, mucho ruido.
2. Algunos juguetes… andan, duran poco tiempo, son de chocolate, son mecánicos, se marchan, se rompen, están encima de la torta, tienen pilas, funcionan, son divertidos, están a un lado.
3. Los invitados… soplan las velas, juegan, se portan bien, cantan «Cumpleaños feliz», están agotados, cumplen 7 años, están satisfechos.
4. Los padres del cumpleañero están… a un lado, desanimados, rotos, agotados, rompiendo globos, marchándose de la fiesta, sirviendo la torta.
5. El cumpleañero… está satisfecho, abre los paquetes, está animado, rompe los juguetes, se porta bien, está entusiasmado, trae un regalo.

C. Superlatives

ACTIVIDAD: ¿LO SABÍA UD.?

Entre los regalos que recibió Guillermo cuando cumplió los 11 años, había un almanaque mundial. Para saber los datos asombrosos que aprendió cuando leyó el almanaque, empareje las descripciones de la Columna B con los nombres de la Columna A.

COLUMNA A

1. ___e___ el Amazonas
2. ___h___ el Salto del Ángel (Venezuela)
3. ___i___ Australia
4. ___k___ el Maracaibo (Venezuela)
5. ___f___ el Desierto de Atacama (Chile)
6. ___G___ La Paz, Bolivia
7. ___c___ la Antártida
8. ___j___ Júpiter
9. ___a___ Aconcagua (Argentina)
10. ___d___ Asia
11. ___b___ Mercurio
12. ___Ch___ el Pacífico

COLUMNA B

a. la montaña más alta de Sudamérica
b. el planeta más pequeño del sistema solar
c. el punto más frío del mundo
ch. el océano más grande del mundo
d. el continente más grande del mundo
e. el río más largo de Sudamérica
f. el punto más seco del mundo
g. la ciudad capital más alta del mundo
h. la catarata (*waterfall*) más alta del mundo
i. la isla más importante del mundo
j. el planeta más grande del sistema solar
k. el lago más extenso de Sudamérica

CH. The Subjunctive in Noun Clauses: A Summary

ACTIVIDAD: NUESTRO MUNDO

Diferentes personas reaccionan a los sucesos y las ideas de diferentes maneras. Usando una de las expresiones de sentimiento, emoción, duda, negación, etcétera, exprese las opiniones de las personas indicadas en la primera línea y después dé la opinión de Ud. en la segunda línea.

MODELO: mis padres: En algunos estados los menores de 21 años no pueden comprar bebidas alcohólicas. →
Mis padres prefieren que los menores de 21 años no compren bebidas alcohólicas.
Pero a mí me molesta que los menores de 21 años no puedan comprar bebidas alcohólicas.

1. mis padres: El gobierno piensa legalizar la marijuana.

   piensan
   Mis Padres prefieren que el Gobierno no deban legalizar las n
   pienso
   Yo prefiero que no deban legalizar la marijuana también

2. los habitantes de esta ciudad: Hay una planta de energía nuclear cerca de aquí.

   Los habitantes de esta ciudad tengan miedo de que haya una
   Yo tenga miedo también de que haya una planta

3. mucha gente: El número de casos del SIDA (*AIDS*) está aumentando.

   Mucha gente duden que el numero de casos esté aumentando
   Dudo que el numero de casos esté

4. la industria norteamericana: Muchos de los productos electrónicos que usamos se fabrican en el Japón.

   _____

   _____

5. mis amigos: Se prohíbe fumar en muchos lugares.

   _____

   _____

6. algunas personas: Se usan animales para hacer investigaciones científicas.

   _____

   _____

7. los europeos: La Comunidad Económica de Europa es una realidad en 1992.

   _____

   _____

8. el presidente de los Estados Unidos: El programa espacial es importante para el futuro del país.

_____

_____

D. The Subjunctive with *tal vez, quizá(s), and acaso*

ACTIVIDAD: **QUIZÁS**

Para comentar algunos de los artículos que Ud. ha leído en «Un paso más», conteste las siguientes preguntas con **tal vez, quizá(s)** o **acaso**, si Ud. quiere indicar duda. Si los resultados o los sucesos son conocidos y no cabe ninguna duda, escriba **¡Sí!**

1. ¿Viene la cantante Alaska a dar conciertos en los Estados Unidos?
2. ¿Tiene éxito el Plan Arias?
3. ¿Es muy popular en España el windsurfing?
4. ¿Se puede aliviar el stress con un masaje?
5. ¿Escuchan a Flo sus padres?
6. ¿Está furioso el comerciante que recibe la carta de la pareja de novios?
7. ¿Es bueno para la salud reírse?
8. ¿Le compran a José Alejandro otros juguetes los padres?

1. _Tal vez venga a los Estados Unidos._
2. _Quizás tenga éxito._
3. _Sí, windsurfing es muy popular en España_
4. _Acaso se pueda aliviar..._
5. _Sí escuchan a Flo._
6. _Tal vez esté furioso_
7. _Sí es bueno para la salud._
8. _Quizás le compren a José..._

E. Diminutives

ACTIVIDAD: UNA FIESTA DE CUMPLEAÑOS INFANTIL

¿Qué dicen las madres y los chicos en esta fiesta? Escriba el diminutivo de las palabras indicadas.

1. ¡*Teresa*, sopla las *velas*! velitas
2. ¡*Ana*, no pelees con tu *hermano*! Él es muy *chico*. hermanito
3. Hay que compartir los juguetes con tus *amigos*. itos

4. *Mamá*, ¿me das un *caramelo*? éxito ratito
5. Sí, mi *amor*. Vamos a casa en un *rato*.
6. ¡*Pablo*, no rompas el *camión*! camioncito

1. _____
2. _____
3. _____
4. _____
5. _____
6. _____

Palabras problemáticas

ACTIVIDAD: LETREROS (*SIGNS*)

Complete los letreros con la palabra problemática apropiada.

1.   2.   3.

De todo un poco

ACTIVIDAD A: UN COMERCIANTE PEQUEÑO

Uno de los personajes que figura con frecuencia en los dibujos de Quino es Manolito, hijo del dueño de un almacén (*grocery store*, Arg.). Aunque Manolito todavía es jovencito, ayuda a su papá a atender a los clientes y hace otras tareas. En los cuadros que siguen, él tiene una idea estupenda para aumentar la clientela. Pero lamentablemente, los cuadros no están en orden. Para saber el resultado de esta promoción fabulosa, hay que ordenarlos, escribiendo la letra del cuadro al lado del número. Luego conteste las preguntas.

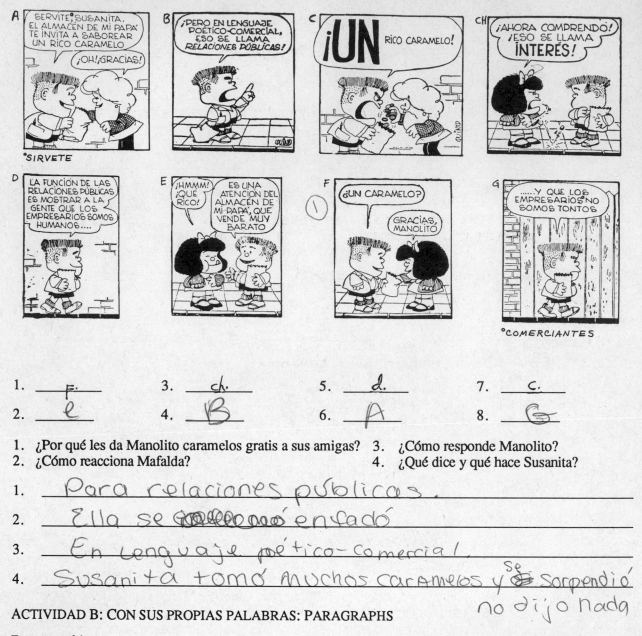

°SIRVETE

°COMERCIANTES

1. ___F.___   3. ___ch.___   5. ___d.___   7. ___c.___

2. ___e___   4. ___B___   6. ___A___   8. ___G___

1. ¿Por qué les da Manolito caramelos gratis a sus amigas?   3. ¿Cómo responde Manolito?
2. ¿Cómo reacciona Mafalda?   4. ¿Qué dice y qué hace Susanita?

1. ___Para relaciones públicas.___

2. ___Ella se ~~calllooo~~ enfadó___

3. ___En lenguaje poético-comercial.___

4. ___Susanita tomó muchos caramelos y ~~s~~ se sorpendió___
   ___no dijo nada___

ACTIVIDAD B: CON SUS PROPIAS PALABRAS: PARAGRAPHS

Preparación

A paragraph is a group of sentences that express a series of thoughts about the same topic. The comic strip about Manolito's idea of putting on a public relations campaign for his father's store can be viewed as a paragraph. Before they could make sense, however, the squares had to be put into a coherent and logical order.

The same condition applies when you are writing a paragraph. The sentences that form a paragraph must follow each other in a coherent and logical order to give a clear idea of what you wish to say.

The following sentences tell what happens in the comic strip you have just put in order. However, since they are not in a logical sequence, they give little or no idea of what took place. Put them in order to tell what happened.

_____5_____ a. Susanita le dice «Gracias» y se sirve muchos caramelos.

_____2_____ b. Manolo lo hace para promover las relaciones públicas del almacén de su padre.

_____3_____ c. Mafalda acepta el caramelo.

_____4_____ ch. Acusa a Manolito de ofrecerles caramelos no por interés en la amistad sino por interés en el comercio.

_____1_____ d. Manolo les ofrece caramelos gratis a sus amiguitas.

Of course you wrote 1 - d; 2 - b; 3 - c; 4 - ch; 5 - a. Yet the effect is still somewhat choppy. It is necessary to connect the sentences so that unity is achieved within the paragraph and there is a smooth transition from one sentence to the next. The choppy effect is noticeable because some details have been omitted that would have developed the idea further and because there are no connecting words. Improve the paragraph by adding some details, eliminating repetitions, and using the following words where necessary.

Connecting words: y, o, ni, pero, además, sin embargo

Manolo les ofrece caramelos gratis a sus amiguitas. Mafalda le dice «Gracias». Mafalda come el

Manolo les ofrece caramelos gratis a sus amiguitas. Mafalda le dice Gracias y come el caramelo.

caramelo. Acusa a Manolito de ofrecerles caramelos no por amistad, sino por interés en el comercio. Le

Acusa a Manolito de ofrecerles caramelos

ofrece un caramelo a Susanita. Elle se sirve muchos. Manolito cree que sus amigas no comprenden sus

_____

intenciones.

_____

You should have a separate paragraph for each main idea or stage in a composition. If the paragraph you have just worked with is the second one in a composition, the one that tells how Manolito goes about carrying out a public relations campaign for his father's corner grocery store, perhaps the first paragraph would tell how he got the idea. Did he read about it? Had he seen it done elsewhere? The third paragraph could deal with the final idea, which might be Manolito's analysis of the failure of his campaign or his plans for a new one.

Aplicación

On a separate sheet of paper, write a three-paragraph composition on "El consumerismo" or "Yo, el consumidor (la consumidora)." Keep in mind the ways of building a single paragraph and relating it to previous and subsequent one. To help you structure your composition, here are some paragraph themes. Select three and put them into a logical sequence before you begin to write.

1. La presión de la propaganda (*advertising*)
2. ¡Compre hoy, pague después!
3. Ser consumidor(a) o ser consumido/a.
4. Pensar antes de comprar.
5. Compro cosas innecesarias.
6. Me encanta hacer compras.
7. Gasto más dinero del que gano.
8. Creo que soy un consumidor (una consumidora) inteligente.
9. Los «dinks», los «yuppies» y la sociedad de consumo
10. Los derechos del consumidor

1. _____

2. _____

3. _____

CAPÍTULO **12**

Manual de laboratorio

Para comenzar

You will hear a series of statements made in a group discussion about issues related to marriage in modern society. The group is gathered at the Facultad de Sociología of the Universidad de Santiago. Complete each statement with the most appropriate option. Be careful! There may be more than one correct answer. You will hear each statement twice.

1. a   b   c   ch   4. a   b   c   ch
2. a   b   c   ch   5. a   b   c   ch
3. a   b   c   ch   6. a   b   c   ch

Estructuras y vocabulario

ANOTHER LOOK AT THE SUBJUNCTIVE TO EXPRESS PERSUASION

You will hear several children asking their parents about what they can and can't do. Play the role of the parent, answering your children's questions with the written cues and the subjunctive. You will hear a possible answer on the tape. Follow the model.

MODELO: Mamá, ¿me buscas los zapatos nuevos debajo de la cama? (No, hijo. Te recomiendo...) →
No, hijo. Te recomiendo *que los busques tú.*

1. De ninguna manera. Les prohíbo...   4. Hace mucho frío. Por eso prefiero...
2. Es casi hora de cenar. Te sugiero...   5. Pues, hija, te recomiendo...
3. Debes estudiar. Por eso te pido...

AFFIRMATIVE AND NEGATIVE WORDS AND EXPRESSIONS

Marco has just arrived home from work, and he asks his wife how her day went. Play Belinda's role, answering Marco's questions negatively using appropriate negative expressions. You will hear a possible answer on the tape. Follow the model.

MODELO: Hola querida, ¿te sucedió algo interesante hoy? → *No, no me sucedió nada interesante hoy.*

1. ...   2. ...   3. ...   4. ...   5. ...   6. ...

THE SUBJUNCTIVE IN NOUN CLAUSES: MORE PRACTICE

Pedro and Cecilia are discussing the roles men and women should play in a marriage. You will hear Cecilia's opinions. Play Pedro's role, reacting to her statements by agreeing or disagreeing, according to the written cues. You will hear a possible answer on the tape. Follow the model.

MODELO: En el matrimonio el hombre y la mujer tienen los mismos derechos. (Sí, es bueno...) →
Sí, es bueno *que el hombre y la mujer tengan los mismos derechos.*

1. De acuerdo. Es necesario...
2. ¡Claro! Es importante...
3. Sí, creo...

4. ¡No! No creo...
5. Pues, francamente dudo...
6. Sí, me parece importante...

THE SUBJUNCTIVE TO REFER TO THE UNREAL OR INDEFINITE

Answer the questions that you hear, based on your personal views and experiences. You will hear a possible answer on the tape. Follow the model.

MODELO: ¿Qué cualidades busca Ud. en un profesor de español? →
Busco un profesor de español que sepa muy bien la gramática.

1. ...   2. ...   3. ...   4. ...   5. ...   6. ...

EQUAL COMPARISONS

You will hear a series of descriptions about Lorenzo and Ana Pinzón, a married couple living in Bogotá, Colombia. Then you will hear a series of conclusions. Indicate which of the conclusions are accurate based on information in the description. Be careful! There may be more than one correct answer. You will hear each description twice.

1. a   b   c
2. a   b   c
3. a   b   c

4. a   b   c
5. a   b   c

UN PASO MÁS HACIA LA COMUNICACIÓN: EXAGGERATING

Paulina is asking several of her friends about events that took place the previous week. Play the role of her friends, answering her questions with a bit of exaggeration. You will hear the correct answer on the tape. Follow the model.

MODELO: ¿Es verdad que la fiesta de Ana fue divertida? → *Pues, realmente fue divertidísima.*

1. ...   2. ...   3. ...   4. ...   5. ...   6. ...

Para escuchar

A. You will hear several dialogues in which married couples discuss various domestic matters. Then you will hear a series of statements. Indicate whether they are true (**cierto**), false (**falso**), or not known (**no se sabe**) based on the dialogues. You will hear each statement twice.

1. Cierto   Falso   No se sabe
2. Cierto   Falso   No se sabe
3. Cierto   Falso   No se sabe
4. Cierto   Falso   No se sabe
5. Cierto   Falso   No se sabe

6. Cierto   Falso   No se sabe
7. Cierto   Falso   No se sabe
8. Cierto   Falso   No se sabe
9. Cierto   Falso   No se sabe

B. Discusiones

Antes de escuchar: You will hear a discussion about issues related to marriage. Before listening, examine your own attitudes about the questions that will be discussed by completing the following survey.

	SÍ	NO	DEPENDE
1. La mujer debe cuidar a los hijos, sean lo que sean las circunstancias del matrimonio.		X	
2. Si un matrimonio pelea y discute constantemente, deben consultar con un psicólogo.			X
3. La mujer debe trabajar fuera de casa sólo en caso de necesidad económica.		X	
4. Los quehaceres domésticos deben compartirse.	X		

A group of friends gathered at Carolina's house is discussing issues related to marriage in today's modern world. You will hear several segments of the discussion. In each segment two people will express their views on a particular issue. After listening to the segment, decide whether the two people are in agreement, in disagreement, or in partial agreement, and indicate your answer on the following chart.

	ACUERDO	EN PARTE DE ACUERDO	DESACUERDO		ACUERDO	EN PARTE DE ACUERDO	DESACUERDO
1.			X	3.		X	
2.		X		4.			

Ejercicios escritos

En otras palabras... El matrimonio moderno;
Para hablar más de los casos

ACTIVIDAD A: LA MUJER / EL HOMBRE DE HOY

¿Cuál es el papel de la esposa en el matrimonio moderno? ¿y el del esposo? Para dar su perspectiva, escriba **él, ella** o **ambos** en el espacio para indicar quién debe cumplir con las siguientes cosas.

1. _él_ reconocer los derechos de la mujer

2. _ambos_ contribuir con el sueldo a mantener la casa

3. _ambos_ repartir los quehaceres domésticos

4. _ambos_ hacerse cargo de los gastos de la casa

5. *Ambos* pensar en cambiar los papeles tradicionales

6. *Ambos* cumplir con las obligaciones matrimoniales

7. *Ambos* no aprovecharse del otro (de la otra)

8. *Ambos* tomar las decisiones importantes que se refieren a la vida matrimonial

9. *él* olvidarse del machismo

10. *Ambos* ocuparse de los detalles de mantener la casa

ACTIVIDAD B: AUMENTE SU VOCABULARIO

Para aumentar su vocabulario, complete las oraciones con la forma apropiada del verbo derivado del sustantivo indicado.

1. «Tenemos muchos *gastos*. A veces *gastamos* más dinero del que ganamos.»

2. «El otro día vino al almacén una persona solicitando *contribuciones* para la Cruz Roja. Yo *contribuí* con cincuenta pesos.»

3. El trabajo de los dos esposos tiene igual *valor*. Pablo tiene que aprender a *valorar* el trabajo de su esposa.

4. La *comparación* que hace no es buena. Es como *comparar* manzanas con naranjas.

5. El *reparto* de los sueldos es una buena idea si ambos esposos *reparten* lo que ganan.

A. Another Look at the Subjunctive to Express Persuasion

ACTIVIDAD: LOS DETALLES DE LOS CASOS

Usando detalles de los casos de Ana y Pablo y Susana y Juan, haga oraciones afirmativas o negativas con los elementos que se dan.

MODELO: Juan / permitir / su esposa / compartir los gastos de la casa →
Juan no permite que su esposa comparta los gastos de la casa.

1. Ana / permitir / Pablo / aprovecharse de ella

   Ana no permita que Pablo se aproveche de ella.

2. (ella) pedir / su esposo / ayudarla con los quehaceres domésticos

   Pide que su esposo ayudala con los ...

3. pero él / decir / el marido / tener la obligación de hacer los deberes domésticos

   Pero él dice que el marido no tenga ...

4. sin embargo, Pablo / permitir / Ana / compartir los gastos

Pablo no permite que Ana comparta los

5. ¿sugerir / Ud. / Pablo / valorar más el trabajo de Ana?

Sugiere uo que Pablo valore

6. ¿recomendar / Ud. / él / ser más responsable?

recomenda uo que él sea más

7. Juan / prohibir / Susana / contribuir económicamente para los gastos de la casa

Juan prohibe que Susana contribuya

8. ¿aconsejar / Ud. / (ellos) / consultar con un consejero (una consejera)?

aconseja uo que consulten . . .

B. Affirmative and Negative Words and Expressions

ACTIVIDAD A: EN LA OFICINA DE LA CONSEJERA

Complete esta porción del diálogo entre Ana y la consejera, la doctora Carrasco, contestando las preguntas en forma negativa como si Ud. fuera Ana.

DOCTORA: Yo sé que Ud. y su marido trabajan. ¿Hay alguien que venga a limpiar la casa?

ANA: No, _no hay nadie que venga._ 1

DOCTORA: Entonces, ¿la ayuda su esposo con algunos quehaceres domésticos?

ANA: No, _no me ayude con ~~nada~~ ningún quehacer doméstico._ 2

DOCTORA: Seguramente él hace algo.

ANA: No, _no haga nada._ 3

DOCTORA: ¿Es siempre así?

ANA: Sí, siempre. _nunca me ayuda_ 4

DOCTORA: Cuando Uds. vuelven de su trabajo, ¿la ayuda a preparar la cena o a limpiar la cocina después?

ANA: No, no me ayuda _ni a preparar la cena ni._ 5

DOCTORA: ¿Es así los fines de semana también?

ANA: _Sí Tampoco me ayuda_ 6 me ayuda los fines de semana.

DOCTORA: Ajá. Éste sí es un caso serio.

ACTIVIDAD B: PARA COMPARAR LOS CASOS

Complete las oraciones para comparar los casos de Any y Pablo y Susana y Juan.

1. Alguien viene a limpiar la casa de Susana y Juan una vez por semana.

   Nadie viene a limpiar la casa de Ana y Pablo.

2. Juan comparte algunos quehaceres domésticos con su esposa.

   Pablo _nunca comparte ningún quehacer_

3. Juan siempre ayuda a su esposa.

   Pablo _nunca ayuda a su esposa._

4. Pablo quiere que su esposa contribuya con algo para los gastos de la casa.

   Juan _quiere que su esposa no contribuya con nada para..._

5. Juan lava los platos o hace las camas.

   Pablo _no lava los platos ni hace las camas_

6. Ana no está satisfecha con la actitud de su esposo.

   Susana _está satisfecha con..._

En otras palabras... Preposiciones útiles

ACTIVIDAD: UN CASO CURIOSO

Complete el caso de Pedro Sánchez con una de las preposiciones útiles u otras expresiones de «En otras palabras... ».

Pedro Sánchez ha decidido no trabajar _fuera_[1] de casa este año porque le gustaría pasar más tiempo con sus hijos pequeños. Su esposa Irene tiene un buen puesto que le gusta mucho.

Por eso[2] ella está de acuerdo con la decisión de Pedro. Nunca se les ocurrió pensar que estar en casa con los chicos está _debajo de_[3] la dignidad de un padre porque tenían la actitud de que tampoco está _debajo de_[4] la dignidad de una madre. _Antes de_[5] tomar la decisión, Pedro le dijo a su jefe que quería permiso para ausentarse (*to take a leave of absence*) por un año.

Ante[6] este pedido (*request*) el jefe no sabía qué decir. Quería saber si había otro motivo _tras_[7] esta decisión tan curiosa. Le dijo a Pedro que necesitaba una semana para pensarlo _antes de_[8] responder. Se sintió confundido _ante_[9] el pedido de Pedro porque nunca le había pedido nadie permiso para ausentarse por este motivo. Lo pensó bien. Pensó en los motivos _tras_[10] la actitud de Pedro, en lo que significaría pasar un año en casa con los chicos mientras su mujer trabajaba. *después de* una semana, cuando le dio el permiso a

Pedro, le dijo: «Te felicito, Pedro. Estás haciendo algo que a mí también me gustaría hacer algún día.»

C. The Subjunctive in Noun Clauses: More Practice

ACTIVIDAD: ¿CAMBIAR LOS PAPELES?

Este recorte es de una revista argentina. Léalo y resuma su contenido, expresando también las opiniones de algunas personas de la lectura o sus propias ideas. Use elementos de las Columnas A, B y C, con el subjuntivo y un negativo cuando sea necesario. No hay que usar un elemento de la Columna A en cada oración.

---

15. ¿Y si cambiamos los papeles: yo trabajo y mi marido en casa?

¿Para qué? ¿Por qué las cosas tienen que ser o blancas o negras? ¿Por qué no podemos admitir que existe una infinita gama de grises? Plantearse el problema del sustento de la familia en términos tan absolutos es señal de inmadurez. Quizá, incluso, esté revelando el deseo oculto de que nunca se solucione, o de que todo siga como siempre. Hasta no hace muchos años, la consigna era: la mujer adentro y el hombre afuera. Hoy no se trata de recurrir al expediente inverso, porque sería caer en lo mismo. Más bien, la solución parecería ser la integración de los roles: que nadie ocupe un papel determinado, rígido y estático, sino que todo se comparta.

COLUMNA A	COLUMNA B	COLUMNA C
la autora	desear	compartirlo todo
según la autora	es absurdo	su marido trabaja en casa
según (Pedro Sánchez,	quizás	todo sigue como siempre
Irene Sánchez,...)	querer	las cosas cambian
yo	es mejor	hay una integración de los papeles
en mi opinión	es malo	las cosas tienen que ser o blancas o negras
	es necesario	las parejas ocupan un papel determinado
	dudar	no existen soluciones
	sugerir	

1. _____

2. _____

3. _____

4. _____

5. _____

6. _____

7. _____

8. _____

CH. Use of the Subjunctive to Refer to the Unreal or Indefinite

ACTIVIDAD: SUEÑOS Y DESEOS

A veces la gente no está contenta con lo que tiene y sueña con tener algo diferente. ¿Qué tienen los siguientes grupos o personas? ¿Qué desean tener? Complete las oraciones con el subjuntivo, el indicativo o el infinitivo del verbo entre paréntesis.

1. El club de tenis tiene socios que no (jugar) _juegan_ [1] mucho al tenis, que (pasar) _pasan_ [2] mucho tiempo en el bar, que no (ser) _son_ [3] amables y que no (prestar) _prestan_ [4] atención a las reglas del club. Los directores han decidido buscar nuevos socios que (querer) _quieran_ [5] aprovecharse de las buenas canchas, que (ser) _sean_ [6] simpáticos, que no (estar) _estén_ [7] siempre borrachos (drunk) y que (conformarse) _se conformen_ [8] las reglas del club.

2. Dos mujeres a quienes les (gustar) _gusta_ [9] escalar montañas quieren (formar) _formar_ [10] un grupo exclusivamente de mujeres para conquistar el Monte Aconcagua. Conocen a dos mujeres que (ser) _son_ [11] gordas, que (fumar) _no fuman_ [12] cigarrillos, que no (hacer) _hacen_ [13] ningún ejercicio, que (tener) _tienen_ [14] miedo de subir en un ascensor y que dicen que (querer) _quieren_ [15] acompañarlas. Pero ellas siguen buscando alpinistas que (tener) _tengan_ [16] experiencia previa, que (tener) _tengan_ [17] buena salud, que (buscar) _busquen_ [18] aventuras, que (hablar) _hablen_ [19] español y que (desear) _deseen_ [20] tener una experiencia inolvidable.

3. Elvira vive en un pueblo que (ser) _es_ [21] muy lindo donde no (existir) _existe_ [22] el problema de la contaminación. Trabaja en las oficinas de una compañía que (fabricar) _fabrica_ [23] velas, y en su tiempo libre lee revistas que (tener) _tienen_ [24] fotos y artículos sobre la vida en las grandes ciudades. Anda con el mismo novio que (conocer) _conoce_ [25] desde sus días de colegio, un joven que (ser) _es_ [26] simpático, pero aburrido. Los sábados por la noche siempre van al único cine que (haber) _hay_ [27] en el pueblo. Elvira sueña con vivir en una ciudad que (ser) _sea_ [28] grande e interesante, que (tener) _tenga_ [29] museos, discotecas y más cines. Quiere tener un empleo que le (ofrecer) _ofrezca_ [30] más posibilidades de avanzar y que (ser) _sean_ [31] más estimulante. También desea un novio que (ser) _sea_ [32] alto, atractivo, muy rico y... misterioso.

D. Equal Comparisons

ACTIVIDAD: PARA COMPARAR

Estela Valdez tiene 32 años, está casada y tiene su propia agencia de viajes. Compare su vida con la de su abuela, usando la información sobre su abuela que se da entre paréntesis.

> MODELO: Estela tiene muchas oportunidades. (Su abuela era ama de casa.) →
> *Su abuela no tenía tantas oportunidades como tiene Estela.*

1. Estela viaja mucho. (Su abuela fue una vez a la capital.)

   Su abuela no viaja tanto como Estela.

2. Gana mucho dinero. (Era ama de casa.)

   Su abuela no gana tan dinero como

3. También paga muchos impuestos (*taxes*). (No ganaba un sueldo.)

   Estela no paga tantos impuestos

4. Estela tiene dos hijos. (Su abuela tuvo ocho.)

   Estela no tiene tantos como su abuela tenía tuvo

5. Estela y su familia viven en un apartamento. (La abuela vivía en una casa grande con jardín.)

   Estela no tiene un hogar tan grande como

6. Ellos tienen muchos electrodomésticos. (Había pocos electrodomésticos en esa época.)

   _____

7. Estela y su esposo trabajan mucho. (El abuelo era el médico de un pueblo.)

   _____

8. Estela y su esposo no tienen mucho tiempo libre. (La abuela preparaba toda la comida, lavaba, planchaba, etcétera.)

   _____

9. Pero ellos disfrutan de la vida. (Había fiestas, ferias y un cine en el pueblo.)

   _____

Palabras problemáticas

ACTIVIDAD: EL DINERO

¿Qué se puede hacer con el dinero? ¿Ahorrarlo, gastarlo, guardarlo, pagar algo o pasarlo bien? Vamos a imaginar que mañana Ud. recibirá 1.000 dólares. Escriba una oración, usando las palabras problemáticas y las palabras sugeridas, para decir lo que Ud. va o no va a hacer con este dinero.

1. ¿ropa, cintas, libros, etcétera?
2. ¿el banco?
3. ¿las cuentas?

4. ¿irse de vacaciones?
5. ¿debajo del colchón (*mattress*)?

1. _Voy a gastar el dinero en ropa._
2. _Voy a ahorrar el dinero en el banco_
3. _____
4. _____
5. _____

De todo un poco

ACTIVIDAD A: CON SUS PROPIAS PALABRAS: EN RESUMEN

Preparación

In this section of the preceding chapters, the following topics were discussed: Descriptive Images, The Opening Paragraph, A Rough Draft, Editing and Correcting, and Paragraphs. Before using everything you have learned to write several paragraphs on the topic of "Las relaciones actuales" or "Las relaciones ideales," do the following:

1. Make an outline of what you wish to say.
2. Write a rough draft.
3. First edit, then proofread and correct your rough draft.
4. Check the descriptive images you have used.
5. Review the effectiveness of the opening paragraph.
6. Make sure that each paragraph develops the thought you wish to express.

Aplicación

On another sheet of paper, write several paragraphs on one of the topics, "Las relaciones actuales" or "Las relaciones ideales." You may wish to discuss parent-child relationships, male-female relationships, marital relationships, or relationships among friends.

ACTIVIDAD B: UN BREVE REPASO

Complete la siguiente descripción del papel de la mujer moderna con una de las palabras que aparecen entre paréntesis.

Es importante que la madre que (*trabaje/trabaja*)[1] fuera de la casa (*aprende/aprenda*)[2] (*a/de*)[3] evitar el agotamiento y la frustración. Por eso, es necesario que ella (*define/defina*)[4] sus prioridades, (*espera/espere*)[5] la ayuda de los otros miembros de la familia y se (*convierte/convierta*)[6] (*a/en*)[7] experta de la organización. No es imposible que lo (*hace/haga*)[8] cuando hay motivaciones como el amor a la familia y la conciencia de que toda persona (*tiene/tenga*)[9] el derecho de realizarse por medio de una ocupación remunerada y útil a la familia, a la sociedad y a sí misma. Sin embargo, es inevitable que (hay/haya)[10] dificultades y esperanzas fracasadas si su esposo y sus hijos no (reconocen/reconozcan)[11] el valor personal y económico de su trabajo.

Una madre que (trabaja/trabaje)[12] fuera de la casa lo expresó de esta forma: «Soy una mujer de nuestro tiempo. De mí se espera que (soy/sea)[13] dulce, decente, buena esposa, compañera irreemplazable, empleada eficiente, profesional óptima, excelente ama de casa y madre dedicada. Creo que todos exigen que yo (funciona/funcione)[14] bien en todos niveles, y a veces temo que (esperan/esperen)[15] que yo (soy/sea)[16] Supermujer. Se dice que (hay/haya)[17] mujeres que (llevan/lleven)[18] exitosamente las carreras—la de maternidad y la profesional—y no dudo que (es/sea)[19] posible hacerlo. ¡Es una de mis metas (goals)!»

CAPÍTULO **13**

Manual de laboratorio

Para comenzar

You will hear several excerpts from a Spanish politician's speech about environmental issues in Spain. Listen to each excerpt, then match it with one of the following drawings, writing the number of the statement in the space provided. You will hear the correct answer on the tape. Pause now to look at the drawings.

A. 4   B. 2   C. 1

CH. 3   D. 5

Estructuras y vocabulario

USES OF **POR** AND **PARA**

A. Sergio is trying to convince his friend Virgilio about the importance of being aware of problems affecting the environment. Complete his statements by selecting the most appropriate option. Be careful! There may be more than one correct answer. You will hear the statements twice.

1.	a	ⓑ	©	ch	4.	a	b	c	ⓒ̶ⓗ
2.	a	ⓑ	c	ch	5.	a	ⓑ	©̶	ch
3.	ⓐ	b	c	ch				

B. Answer the following questions based on your own personal experience. Use either **por** or **para** in your answers. You will hear a possible answer on the tape.

1. ...   2. ...   3. ...   4. ...   5. ...

PRESENT PERFECT TENSE

Víctor and Laura are preparing for an ecology conference that will take place at the University of Costa Rica in San José. Play Laura's role, answering Victor's questions affirmatively as in the model. Use the present perfect tense. You will hear the correct answer on the tape. Follow the model.

> MODELO: ¿Ya les informaste a los estudiantes de la universidad sobre la conferencia? →
> *Sí, ya les he informado.*

1. ...   2. ...   3. ...   4. ...   5. ...   6. ...

IRREGULAR PAST PARTICIPLES

Luisa and Berta are chatting before one of their university classes. You will hear Luisa ask Berta about her involvement in environmental issues and organizations. Play Berta's role, answering the questions negatively, as in the model. You will hear the correct answer on the tape. Follow the model.

> MODELO: ¿Vas a hacer con tus amigos una campaña ecológica en la universidad? →
> *No. Ya hemos hecho una campaña.*

1. ...   2. ...   3. ...   4. ...   5. ...

TRANSITIONAL PHRASES WITH **POR**

Marina has just returned from a trip to the Galápagos Islands, where she camped with some friends. You will hear her describe some of the experiences she had. Select the statement from the options that most logically follows Marina's description. You will hear her statements twice.

1.	ⓐ	b	c	3.	a	ⓑ	c
2.	a	b	©	4.	ⓐ̶	ⓑ̶	c

Para escuchar

A. You will hear two announcements that describe trips specially designed for nature lovers and travellers with a true sense of adventure. The trips are advertised on the television program "Mundos desconocidos," broadcast in Quito, Ecuador. After each announcement, you will hear a series of statements. Indicate whether they are true (**cierto**), false (**falso**), or not known (**no se sabe**), based on the description of the trip. You will hear the statements twice.

1.	Cierto	Falso	No se sabe	5.	Cierto	Falso	No se sabe
2.	Cierto	Falso	No se sabe	6.	Cierto	Falso	No se sabe
3.	Cierto	Falso	No se sabe	7.	Cierto	Falso	No se sabe
4.	Cierto	Falso	No se sabe	8.	Cierto	Falso	No se sabe

B. Una entrevista

Antes de escuchar: The conversation you are about to hear deals with a variety of environmental concerns. First, listen to the following sentences and try to determine from the context the meaning of the italicized words. Write the English equivalent in the space provided.

1. Cuando una persona viola una ley o un reglamento de tráfico, tiene que pagar *una multa.* _fine_

2. Una persona que mata animales salvajes como deporte está practicando *la cacería.* _____

3. *La basura* de una ciudad son los objetos que la gente tira porque ya no los necesita. _Trash_

4. Muchas grandes ciudades *desechan* sus basuras en el océano. _Throw_

You will hear an interview that takes place in the newsroom of *La Nación*, one of the daily journals published in Caracas, Venezuela. The interview is between Manuel Pérez González and Professor Fabio Ochoa Londoño of the Universidad Autónoma de Caracas. The interview is about the environmental problems affecting Venezuela as a third world nation. First, listen to the interview for general comprehension. Then, as you listen a second time, make a list of the five major problems affecting the environment in this country according to Professor Ochoa.

PROBLEMAS ECOLÓGICOS DE VENEZUELA

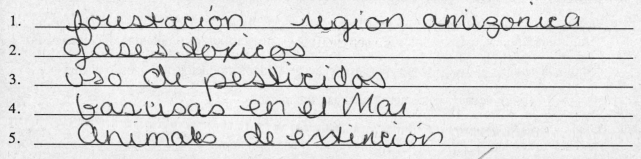

1. _forestación región amizonica_
2. _Gases toxicos_
3. _Uso de pesticidas_
4. _basuras en el Mar_
5. _animales de extinción_

Now you will hear a series of statements about the interview you just heard. Indicate whether they are true (**cierto**), false (**falso**), or not known (**no se sabe**), based on the dialogue between the journalist and Professor Ochoa. You will hear the statements twice.

1. Cierto	Falso	No se sabe	4. Cierto	Falso	No se sabe
2. Cierto	Falso	No se sabe	5. Cierto	Falso	No se sabe
3. Cierto	Falso	No se sabe	6. Cierto	Falso	No se sabe

Ejercicios escritos

*En otras palabras... Para hablar de la
ecología y el medio ambiente*

ACTIVIDAD A: PRÁCTICA

Para practicar el uso de las diferentes formas de una palabra, complete las oraciones con la forma apropiada de las palabras entre paréntesis.

MODELO: (contaminación / contaminar / contaminado)
La *contaminación* del agua es un problema grave. El agua *contaminada* no se puede tomar.
Sin embargo, la gente la *contamina* cada día más.

1. (protección / proteger / protegido)
¿Se considera Ud. _protegido_ de los efectos de la contaminación? No lo crea. No hay ninguna
protección; no hay nada que lo pueda _proteger_ de ella.

2. (destrucción / destruir / destruido)
En el próximo capítulo Ud. va a leer un discurso que dio Gabriel García Márquez sobre la
destrucción de nuestro mundo. Según él, la humanidad va a _destruir_ lo, y una vez
destruido nadie podrá vivir en él.

3. (desarrollo / desarrollar / desarrollado)
Hoy en día se habla mucho del _desarrollo_ y de las formas en que un país puede
desarrollar su economía. Los Estados Unidos y los países europeos son países
desarrollados. De los países del tercer mundo se dice que son países en _desarrollo_.

4. (enfermedad / enfermarse / enfermo)
Desafortunadamente, existen varias _enfermedades_ causadas por los problemas ambientales. Por
ejemplo, la gente _se enferma_ por los efectos de algunos productos químicos, o resulta
enfermo después de comer productos contaminados.

5. (supervivencia / sobrevivir)
Ya hablamos de la _supervivencia_ de la raza humana. ¿Podremos _sobrevivir_ a pesar de los
desastres causados por la tecnología avanzada?

6. (medio ambiente / ambiental)
Los ecólogos estudian los problemas _ambientales_ porque se preocupan por el
medio ambiente.

7. (conciencia / consciente)
Hay una creciente _conciencia_ de los problemas del medio ambiente. Las Naciones Unidas han
establecido un programa para que estemos más _conscientes_ de ellos.

8. (amenaza / amenazar / amenazado)
Las sustancias químicas en la atmósfera _amenazan_ la salud de todos. Las poblaciones
amenazadas buscan métodos para combatir esta _amenaza_.

9. (daño / dañar / dañino)
Los efectos _dañinos_ de la contaminación son muy grandes. No sólo le hace
daño a la gente, sino que _dañan_ la naturaleza también.

10. (*avance / avanzar / avanzado*) *avances*
   A pesar de los _*avanzados*_ tecnológicos de los países _*avanzados*_, es necesario

   *avanzar* aún más para controlar la devastación ecológica.

ACTIVIDAD B: PREFIJOS

En este capítulo y en los siguientes, se usan muchas palabras con prefijos que cambian el sentido de ellas. Algunos prefijos comunes en español son **a-**, **des- in-**, **ir-**, **pre-** y **sub-**. Use un prefijo para escribir la palabra española que corresponda a las siguientes palabras en inglés:

1. aparecer (*to disappear*) _*desaparecer*_

2. responsable (*irresponsible*) _*irresponsable*_

3. histórico (*prehistoric*) _*prehistóricos*_

4. normal (*abnormal*) _____

5. desarrollado (*underdeveloped*) _*endesarrollado*_

6. estable (*unstable*) _____

7. vestirse (*to undress*) _____

8. capaz (*incapable*) _*incapaz*_

9. marino (*submarine*) _*submarino*_

10. conocido (*unknown*) _*desconocido*_

11. útil (*useless*) _*inútil*_

12. consciente (*unconscious*) _*subconsciente*_

A. Using *por* to Express Cause, Source, or Motive; B. Using *para* to Express Purpose or Effect

ACTIVIDAD A: LA AMAZONIA

Para saber más acerca de algo que amenaza a nuestro medio ambiente, lea la siguiente descripción y complétela escribiendo **por** o **para** en los espacios en blanco. La combinación «por _____» indica que hay que usar una de las siguientes palabras para completar la expresión: ciento, cierto, completo, fin, lo menos, lo mismo, medio de, suerte, supuesto, todas partes.

Por _*cierto*_[1] todo en la Amazonia es superlativo: las riquezas que tiene, la diversidad de su

flora y fauna, su vasta extensión, su belleza y su fragilidad, lo mucho que todavía desconocemos de sus

secretos y, por _*supuesto*_,[2] su importancia _*para completo*_[3] la vida de nuestro planeta.

Con una superficie de 11.548.572 kilómetros cuadrados, es más grande que el territorio continental de

los Estados Unidos. Por _*lo mismo*_,[4] la Amazonia se considera «el pulmón del planeta».

   Lamentablemente, la existencia de la Amazonia es amenazada _*por*_[5] incendios

forestales. Son provocados _*por*_[6] la gente que quiere limpiar terrenos por

*medio*[7] de «quemas» (*burnings*) _*para*_[8] cultivarlos. Los científicos explican

que las emisiones de gases de carbón generadas _*por*_[9] los incendios contribuyen

sustancialmente a adelgazar (*to thin*) aún más la capa de ozono que nos protege de los rayos ultravioleta.

Por ___lo mismo___,[10] se teme que la destrucción de los bosques tropicales traiga consigo por ___lo menos___[11] dos consecuencias temibles. Una teoría sugiere que los bosques sirven como un filtro gigante de los gases de carbón y que la Amazonia absorbe una proporción importante de la contaminación mundial. Sin este filtro, no tendríamos nada ___para___[12] protegernos de los gases. Otros piensan que su desaparición cambiará el clima por ___complet___,[13] haciendo la tierra más seca.

Aunque todavía no hay pruebas, algunos ecologistas creen que los grandes incendios que coincidieron con la sequía (*drought*) que afectó a los Estados Unidos y los huracanes en América Central y la costa norteamericana fueron causados ___por___[14] los incendios en la selva amazónica.

Un 69 por ___ciento___[15] de la superficie amazónica está en el Brasil. ___Para___[16] salvar esta gran región del mundo, tan importante ___para___[17] todos los habitantes del planeta, por ___fin___[18] se ha comenzado a trabajar en un ambicioso plan experimental en una región enorme de la selva amazónica, situada en la frontera entre el Brasil y el Perú, ___para___[19] cambiar esta relación entre el hombre y su ambiente. Si se lleva adelante de una manera consciente y responsable, el proyecto puede resultar beneficioso. Pero si se escapa de las manos, se convertirá en una nueva amenaza ecológica ___para___[20] todos.

ACTIVIDAD B: ¿QUÉ PASA?

¿Cuál es la situación actual con respecto a nuestro medio ambiente? Para dar su perspectiva, termine las oraciones de la Columna A con **por** o **para** y una frase o palabra de la Columna B.

COLUMNA A

1. El medio ambiente está amenazado ___por el descuidado___
2. La tecnología es útil ___para solucionar algunos problemas___
3. Es necesario aplicar la tecnología avanzada ___para salvar el medio ambien___
4. Ciertas especies de animales están amenazadas ___por los hechos de hombre___
5. Ciertas enfermedades son causadas ___por los pesticidas___
6. Tenemos que proteger nuestros recursos naturales hoy ___para tenerlos mañana___
7. Es necesario desarrollar nuevas políticas ___para cultivar las tierras___
8. Tenemos que contaminar menos ___para no destruir nuestro planeta___

9. Están destruyendo la selva amazónica _____

10. El desastre con el Exxon Valdez, en Alaska, fue causado *por los hechos del hombre*

11. El gobernador de Alaska les dio las gracias a los voluntarios *por su ayuda*

12. Nuestro futuro está en peligro *para todo el mundo*

COLUMNA B

a. descuido (*carelessness*)
b. no destruir nuestro planeta
c. tenerlos mañana
ch. la contaminación
d. solucionar algunos problemas ambientales
e. los hechos del hombre
f. los pesticidas

g. cuidar del medio ambiente
h. proteger el medio ambiente
i. cultivar las tierras
j. todo el mundo
k. su ayuda
l. salvar el medio ambiente
ll. la desaparición de los bosques

En otras palabras… Otros aspectos de nuestro medio ambiente

Aquí hay tres grupos de palabras para hablar de otros aspectos del medio ambiente. Pero dentro de cada grupo, hay una o más palabras que no pertenecen al tema indicado. Indíquelas.

1. la naturaleza: las conchas, el mar, el daño, las nubes, las rocas, el vapor, el bosque, los recursos naturales, el suelo, las sustancias químicas
2. medidas: el kilo, la cantidad, el grado, el kilómetro, el desarrollo, el tamaño, la tonelada, el avance
3. ¿Qué hacer con los problemas del medio ambiente? protegernos, enfrentarlos, destruirlos, solucionarlos, sobrevivirlos, liberarlos

C. Present Perfect Tense

ACTIVIDAD: ¿QUIÉN ES RESPONSABLE?

¿Qué medidas se han tomado para controlar la contaminación? ¿Quién las ha tomado, el gobierno federal, la municipalidad de su pueblo o estado, su familia, sus amigos o Ud.? Indique afirmativa o negativamente quién las ha tomado, usando el presente perfecto y un complemento donde sea posible.

MODELO: crear un comité para estudiar los problemas ambientales →
La municipalidad de mi pueblo (no) ha creado un comité para estudiarlos.

1. aplicar tecnologías avanzadas para reducir la contaminación causada por los coches

   Hemos aplicado

2. permitir la quema de basura

   El gobierno ha permitido la quema

3. aumentar el transporte público para disminuir el número de coches en circulación

   Mis amigos no han aumentado el transporte

4. crear zonas industriales fuera de la ciudad

Han creado zonas..

5. coleccionar recipientes vacíos de vidrio, latas (*cans*) y papel

mushas personas han coleccionado.

6. limpiar las bahías, los lagos y los ríos de esta región

Algunos grupos han limpiado

7. plantar árboles y flores

Mi Padre ha plantado

8. dejar de usar pesticidas

Los Estados Unidos han dejado

CH. Irregular Past Participles;
En otras palabras… La extraña criatura

ACTIVIDAD A: FRAGMENTOS DE UN DIARIO

Para que Ud. tenga una idea del contenido de la próxima lectura en su texto, se presentan aquí algunos fragmentos de lo que el doctor Roy Mackal escribió en su diario mientras buscaba una extraña criatura. Mackal escribió estos apuntes en el presente. Vuelva a escribirlos, dando los verbos indicados en el presente perfecto y añadiendo las palabras que faltan.

1. Los nativos me *dicen* que *ven* una extraña criatura en la selva.

me han dicho   han vista

2. La *describen* así: tiene una _____ pequeña, un _____ largo, como una jirafa, y

una _____ poderosa como un canguro.

Han descrito una carbeza cuello cola

3. Otros viajeros *escriben* que *ven* esta extraña criatura.

han escrito que han visto

4. Me *convencen* de que existe. Por eso, *vuelvo* a la selva.

han convencido he vuelto

5. *Planeo* una _____ sistemática.

_He planeado busqueda
escondida_

6. *Hago* largas listas de las cosas que *tengo* que llevar en esta expedición.

   he Hecho _he tenido_

7. *Llego* aquí bien. Afortunadamente nada se *rompió* en el largo viaje.

   he llegado _he roto_

8. *Pongo* los dos satélites de telecomunicaciones en su lugar.

   he puesto

9. *Cubro* el equipo con plástico para protegerlo de las lluvias tropicales.

   he cubierto

10. Una vez más *abro* un libro de dibujos de dinosaurios y se los *muestro* a los nativos.

    he abierto _he mostrado_

11. ¡Casi me *muero* de la impresión! ¡Otra vez me *señalan* el dibujo del suarópodo!

    he muerto _han señalado_

12. Los nativos y yo nos *escondemos* en la selva para ver el monstruo.

    hemos escondido

13. Hace 2 semanas que *estamos* aquí. Todavía no *vemos* nada excepcional.

    he estado _hemos visto_

ACTIVIDAD B: SUS EXPERIENCIAS

Para contar algo de su propia experiencia, conteste tres de las siguientes preguntas usando el presente perfecto en una oración completa. Puede inventar los detalles que sean necesarios.

1. ir en una expedición: ¿adónde? ¿con quién?
2. hacer un viaje fuera de lo común: ¿adónde? ¿con quién?
3. tener ganas de hacer algo totalmente diferente: ¿qué? ¿por qué?
4. leer algo sobre los dinosaurios: ¿qué?
5. ver un dinosaurio: ¿dónde?
6. querer ver extrañas criaturas: ¿por qué?

1. _He visto un dinosaurio en el parque central._
2. _Desde mi niñez he querido ver extrañas criaturas porque a mí me interesa lo extraño._
3. _He ido en una expedición a África dónde ví a una zebra._

D. Passive Voice

¿En qué piensa Ud. cuando oye el nombre Amazonas? Recuente esta historia en la voz pasiva para saber cómo fue nombrado el río.

1. En 1541 una expedición española navegó por el río Amazonas.

    En 1541 una exped. esp. fue navegado

2. Francisco de Orellana dirigió la expedición.

    La expedición fue dirigido por Franc.

3. La leyenda del mítico país, El Dorado, atraía a los españoles.

    Los Españoles fueron atraídas por la leyenda de mítico país

4. Según la leyenda, los sirvientes reales (*royal*) bañaban al rey de El Dorado en oro todos los días.

    Todos los días el Rey De El Dorado fue bañado en oro por los sirvientes

5. Una tribu de mujeres guerreras atacó la expedición.

    La expedición fue atacado por una tribu de mujeres

6. Un miembro de la expedición describió a las mujeres como «muy robustas, con arcos y flechas (*bows and arrows*) en las manos».

    Las mujeres fueron descritas como... por un miembro de la expedición.

7. Las guerreras ganaron la batalla.

    La batalla fue ganado por las guerreras

8. Los españoles nombraron el río en honor de las amazonas de la mitología.

    El río fue nombrado en honor por los españoles

En otras palabras... Transitional Phrases
with **por**; Palabras problemáticas

Para enterarse mejor de la situación actual en la Amazonia, complete los siguientes párrafos con la expresión apropiada de las dos que se dan entre paréntesis. Estos párrafos también incluyen un repaso de los usos de **por** y **para**.

No lo hacen (por/para)[1] descuido sino (por/para)[2] necesidad. (Por lo general/Por cierto)[3] en los países

que talan (*cut down*) sus árboles, lo hacen (porque/como)[4] necesitan madera o porque tienen que ampliar las áreas agrícolas (por/*para*)[5] poder alimentar a su creciente población. (*Por eso*/ *Puesto que*)[6] los campesinos pobres queman los árboles (por/*para*)[7] poder plantar sus cultivos.

Siempre se pensó que el suelo de la zona de la Amazonia era muy rico. (*Por lo general* / *Porque*)[8] los bosques tropicales florecen pese (*despite*) las condiciones del suelo y no gracias a él. Las raíces (*roots*) de los árboles cubren el suelo, absorbiendo nutrientes de la material descompuesta y el agua que se filtra. Las bacterias y hongos (*fungi*) requieren apenas 6 semanas (por/*para*)[9] descomponer las hojas, ramas (*branches*) y frutos caidos, (*por cierto* / *por ejemplo*),[10] mucho menos que el año que necesitan en las zonas templadas. (*Por otro lado* / *Por ejemplo*),[11] cuando no hay vegetación en el suelo amazónico, se cocinan bajo el sol ecuatorial.

Ya lo saben muchos colonos. (*Por ejemplo* / *Por lo mismo*),[12] muchos de ellos plantaron arroz a comienzos de los años setenta, (*ya que* / *porque*)[13] era la panacea del momento, pero a la segunda cosecha no sacaron nada. Los pastos (*grasses*) (por/*para*)[14] el ganado (*cattle*) duraron 2 años y luego la tierra se volvió árida. (*Por otra parte* / *Por casualidad*)[15] los hongos acabaron con las plantaciones de árboles como el eucalipto; las cosechas fueron destruidas (*por*/para)[16] hormigas (*ants*) y termitas. Además, la malaria, meningitis y lepra amenazan a los trabajadores en la selva.

(*Por lo tanto* / *Por si acaso*),[17] se inicia un círculo vicioso: se queman más bosques (por/*para*)[18] ampliar la superficie sembrada (*planted*) que, en 2 años, ya no dará nada. La selva desaparece y los campesinos se quedan tan pobres como antes.

De todo un poco

ACTIVIDAD A: ENTREVISTA CON UN CAZADOR (*HUNTER*)

Al leer la siguiente entrevista que ha hecho un periodista a un cazador, complétela con los verbos en el presente perfecto y **por** o **para**.

PERIODISTA: ¿Cuántos animales (*cazar*) _ha cazado_[1] Ud. desde que se dedica a la cacería?

CAZADOR: Muchos. Yo (*coleccionar*) _he coleccionado_[2] miles de trofeos (*trophies*).

PERIODISTA: ¿A qué partes del mundo (*ir*) _ido_[3] Ud. (por/*para*)[4] cazar?

CAZADOR: Yo (*viajar*) _he viajado_[5] (por/*para*)[6] todo el mundo.

PERIODISTA: ¿(*Hacer*) _ha hecho_[7] alguna vez un safari en África?

CAZADOR: Yo (*estar*) _he estado_[8] allí varias veces.

PERIODISTA: ¿Qué animales (*matar*) _ha matado_ en ese continente?

CAZADOR: Pues, (cazar) _ha cazado_ [10] elefantes, cebras, jirafas, rinocerontes... de todo.

PERIODISTA: ¿Lo hizo (por/para)[11] diversión?

CAZADOR: (Por/Para)[12] supuesto. No lo hice (por/para)[13] necesidad.

PERIODISTA: En alguno de sus viajes a África, ¿(ver) _ha visto_ [14] Ud. un animal que se pareciera a un dinosaurio?

CAZADOR: Señor, (encontrar) _ha encontra_[15] muchas cosas raras en mi vida, pero jamás (ver) _he visto_ [16] un animal parecido a un dinosaurio, si no es en un museo.

PERIODISTA: Bueno señor, (por/para)[17] cambiar de tema, alguien me (decir) _ha dicho_[18] que Ud. (volverse) _se ha vuelto_[19] ambientalista. ¿Es verdad?

CAZADOR: (Por/Para)[20] cierto, Ud. dice la verdad.

PERIODISTA: ¿A qué se debe esta transformación?

CAZADOR: Pues, un día me di cuenta de que el mundo (cambiar) _ha cambiado_[21] que (deteriorarse) _se ha deteriorado_[22] las relaciones entre el hombre y la naturaleza y que el tiempo de las grandes cacerías (hunts) (terminar) _ha terminado_[23] (por/para)[24] siempre.

PERIODISTA: ¿Y qué (hacer) _ha hecho_ [25] Ud. (por/para)[26] los animales en peligro de extinción?

CAZADOR: (Comenzar) _he comenzado_[27] a participar activamente en las organizaciones que se dedican a conservarlos.

PERIODISTA: ¿Qué (hacer) _ha hecho_ [28] específicamente?

CAZADOR: Pues, en este momento, (por/para)[29] ejemplo, estoy organizando un safari en África.

PERIODISTA: ¡Un safari! ¿No me (decir) _ha dicho_[30] Ud. que (volverse) _se ha vuelto_[31] ambientalista?

CAZADOR: Ah, creo que no (explicarse) _se ha explicado_[32] bien. ¡Es un safari fotográfico! ¿(Pensar) _ha pensado_[33] Ud. alguna vez en hacer un safari en África?

ACTIVIDAD B: ¿QUÉ HA DICHO EL CAZADOR?

¿Son ciertos o falsos los siguientes comentarios? Si son falsos, corríjanlos.

El cazador...

1. C/F ha cazado solamente en África.

2. C/F creía que cazar era muy divertido.

3. C/F ha visto dinosaurios en África.

4. C/F se ha vuelto ambientalista porque se dio cuenta de que muchas especies están en peligro de extinción.

5. C/F está organizando un safari porque le gusta cazar.

6. C/F está organizando el safari para que otra gente pueda conocer los animales de África.

7. C/F invita al periodista a acompañarlo.

ACTIVIDAD C: CON SUS PROPIAS PALABRAS: LA EXPOSICIÓN

Preparación

Unlike descriptive or narrative writing, the purpose of expository essays or articles is to convey information about a specific topic in order to inform, convince, or persuade the reader. «La nueva conciencia ecológica» is an expository article that presents factual information about the awareness of environmental issues in Europe. Refer to the article in your text (pp. 286-288) as you examine the structure of an expository essay or article.

1. Expository writing focuses on one main idea and states that idea clearly in the first paragraph («Al celebrarse el día Mundial del Medio Ambiente…»)
2. Specific examples are introduced to expand and clarify the central idea. («En Francia, las abejas y las águilas están en peligro de muerte y en Chile los cactos agonizan por causas del hombre. Cada minuto desaparecen en el mundo 21 hectáreas de bosque, víctimas de la sequía, las enfermedades y la acción humana.»)
3. The last paragraph summarizes the information presented and restates the main point. («Como hemos dicho, 1987 fue el Año Europeo del Medio Ambiente. Se pretende así… »)

Of course, more than one supporting idea can be presented. In that case, the structure of the article or essay would be as follows:

    I.   Introduction of the main idea
   II. First supporting idea
       A. Examples
  III. Second supporting idea
       A. Examples
  IV. Conclusion consisting of summary and restatement

Aplicación

On another sheet of paper, write several brief expository paragraphs to inform European readers about the topic, "La conciencia ecológica en los Estados Unidos." You may wish to refer to the work being done on a national or local level by various organizations, or to your personal involvement as a concerned citizen.

CAPÍTULO **14**

Manual de laboratorio

Para comenzar

You will hear the following advertisement about sources of energy for the future. Then you will hear a series of statements about the ad. Indicate whether they are true (**cierto**), false (**falso**), or not known (**no se sabe**), based on the text and drawings in the ad. You will hear the statements twice.

Las nuevas fuentes de energía necesitan tiempo para ser investigadas y desarrolladas.

Y ese tiempo se lo debemos dar entre todos.

Utilizando racionalmente los recursos ya existentes, abrimos las puertas del futuro.

El universo cuenta con fuentes de energía ilimitadas...

1. (Cierto) Falso No se sabe
2. (Cierto) Falso No se sabe
3. (Cierto) Falso No se sabe

4. Cierto (Falso) (No se sabe)
5. Cierto Falso (No se sabe)

Estructuras y vocabulario

THE FUTURE

Laura is very interested in finding out about Pedro's schedule for all of next week. Play Pedro's role, answering Laura's questions with future forms and based on the information in your schedule. You will hear a possible answer on the tape. Follow the model. Pause now to look at your schedule.

LUNES	MARTES	MIÉRCOLES	JUEVES	VIERNES	SÁBADO	DOMINGO
estudiar el examen de español	ir al centro — la tienda de fotos	escribir trabajo — historia	2 p.m. — Sara	tarde — tío Héctor	cine — Pablo	3 p.m. tenis — Mario

MODELO: ¿Qué vas a hacer el domingo? → *Jugaré al tenis con Mario, a las tres.*

1. …   2. …   3. …   4. …   5. …   6. …

IRREGULAR FUTURE STEMS

You will hear a series of questions about how life will be in the future. Answer each question with your own opinions. You will hear a possible answer on the tape. Follow the model.

MODELO: ¿Crees que van a venir seres extraterrestres a la tierra? →
¡Absurdo! No vendrán seres extraterrestres a la tierra.

1. …   2. …   3. …   4. …   5. …   6. …

THE FUTURE OF PROBABILITY

Andrés is trying to obtain some information about the global arms race from one of his professors. Unfortunately, Professor Jiménez is not very sure about his answers. Play the professor's role, answering the questions based on the written cues. You will hear the correct answer on the tape. Follow the model.

MODELO: ¿Ud. sabe cuándo van a ser las próximas negociaciones sobre armamentos?
(el próximo mes) → *No sé exactamente. Serán el próximo mes.*

1. algunos países europeos
2. unos diez mil
3. el Secretario de Estado
4. tres días
5. algunas
6. probablemente

POR AND PARA: ADDITIONAL USES

Julio and Luisa, from Santiago de Chile, are planning a vacation trip. Listen to what they say to each other, and complete their ideas with the most logical option. Be careful! There may be more than one correct answer. You will hear the statements twice.

1. a   ⓑ   c   4. a   ⓑ   ⓒ
2. a   b   ⓒ   5. a   ⓑ   c
3. ⓐ   b   c   6. ⓐ   b   ⓒ

THE FUTURE PERFECT

Here is a list of headlines describing events and discoveries that may take place in the next 100 years. Listen to the questions on the tape, then say whether you think the events described will or will not have taken place by the indicated dates. You will hear a possible answer on the tape. Follow the model. Pause now to look at the headlines.

NOTICIAS DEL FUTURO

habran descobierto

habra comenza

1994 Médicos descubren cura para el SIDA (*AIDS*)
1998 Astronautas visitan Marte *habran visitado*
2000 Jesse Jackson elegido presidente de los Estados Unidos
2010 Ford pone en venta automóvil solar

2020 Comienza la tercera Guerra
      Mundial
2045 El Japón compra el Canadá *habra comprado*
2080 Llegan visitantes de otros planetas

Habran llegado

> MODELO: En tu opinión, ¿van a llegar visitantes de otros planetas? →
> *Sí, para el año 2080 habrán llegado visitantes de otros planetas.*

1. ...   2. ...   3. ...   4. ...   5. ...   6. ...

SUBJUNCTIVE WITH ADVERBIAL CLAUSES OF TIME

A group of your friends is telling you about their weekend plans. React to their statements based on the written cues. Use the subjunctive, if appropriate. You will hear the correct answer on the tape. Follow the model.

> MODELO: ¡Vamos a la fiesta de Paco! (tan pronto como / terminar de estudiar) →
> *Sí, vamos tan pronto como terminemos de estudiar.*

1. después que / sacar dinero del banco
2. en cuanto / llamar a Teresa
3. cuando / ver la programación de películas

4. hasta que / consultar con el médico
5. después que / escribir unas cartas a mis amigas

Para escuchar

A. You will hear a radio program being transmitted on Radio Centroamericana from Managua, Nicaragua. The program, entitled "Hacia el futuro," provides news items about the latest technological breakthroughs and discoveries. After each news item, you will hear a series of statements. Indicate whether they are true (**cierto**), false (**falso**), or not known (**no se sabe**), based on the information in the news. You will hear the statements twice.

1. (Cierto)   Falso   No se sabe   6. (Cierto)   Falso   No se sabe
2. Cierto   (Falso)   No se sabe   7. Cierto   Falso   (No se sabe)
3. (Cierto)   Falso   No se sabe   8. (Cierto)   Falso   No se sabe
4. Cierto   (Falso)   No se sabe   9. Cierto   Falso   (No se sabe)
5. Cierto   (Falso)   No se sabe

B. Una tertulia

Antes de escuchar: The conversation you are about to hear deals with the major problems affecting the world today. In the spaces provided below, write down what you consider to be the five most important problems affecting the world today.

1. _____
2. _____
3. _____
4. _____
5. _____

You will hear a conversation that takes place in a café in Madrid between three friends, Paco, Ana, and Raquel. The discussion is a very serious one about the participants' views on issues such as nuclear war, poverty, the environment, and technology. First, listen to the *tertulia* for general comprehension. Then, as you listen a second time, complete the following chart by indicating what, in each participant's mind, is the most important issue affecting the future of mankind.

	GUERRA NUCLEAR	LA CONTAMINACIÓN	EL HAMBRE
Ana	_____	_____	_____
Paco	_____	_____	_____
Raquel	_____	_____	_____

Ejercicios escritos

En otras palabras… Algunas consecuencias
de una catástrofe nuclear

ACTIVIDAD: ¿CÓMO PREVER EL FUTURO?

¿Qué va a pasar en el futuro? Conteste las siguientes preguntas con una oración que comience con *Creo que…, No creo que…, Espero que…, Es posible…, No es posible….*

1. En el caso de una explosión nuclear, ¿qué va a permanecer de nuestro mundo?

   Creo que en el caso de una explosión nuclear permanecerán varias materiales metálicas.

2. Los efectos de esta explosión, ¿van a asolar parcial o totalmente el mundo?

   Es posible que asolarán todo el mundo.

3. ¿Vamos a tener que usar máscaras cuando salgamos al aire libre?

   Es posible que tendremos que usar…

4. ¿Cómo va a afectar a la gente el humo y el polvo que resultan de una explosión nuclear?

Creo que El humo y polvo eventualmente matarán a la gente.

5. ¿Cuáles van a ser los efectos en las cosechas?

Es posible que los efectos serán asolados.

6. ¿Cómo se puede detener el armamento nuclear?

creo que el mundo tiene que trabajar en juntos.

7. ¿Sabe Ud. cuáles son las estadísticas que se refieren a la posibilidad de sobrevivir a una explosión nuclear?

_____

A. The Future

ACTIVIDAD A: POSIBILIDADES PARA EL FUTURO

¿Qué prevé Ud. que ocurrirá en el futuro? Complete las siguientes oraciones con el futuro de uno de los verbos o las expresiones entre paréntesis.

1. (seguir/terminar) Los gobiernos del mundo *seguirán* la carrera armamentista.

2. (ayudarnos/controlarnos) Las computadoras *ayudaremnos* en casa.

3. (descubrir / todavía buscar) Los científicos *descubirán* la cura para ciertas enfermedades.

4. (vivir en paz / luchar) Las naciones del mundo *lucharan*

5. (cuidar/asolar) La gente *cuidarán* el medio ambiente.

6. (destruir el mundo / ser destruidos) Los armamentos nucleares *serán destruidos*

7. (permanecer/desaparecer) El mundo, como lo conocemos al presente, *desaparecerá*

8. (aumentar/disminuir) Mis oportunidades *aumentarán*

ACTIVIDAD B: LA COLONIZACIÓN DE LA LUNA

Este anuncio ofrece acciones (stocks) en una sociedad anónima (corporation) cuyo propósito es la colonización de la luna. Ud., por supuesto, quiere ser uno de los primeros colonizadores. Para contar lo que Ud. hará, conteste las siguientes preguntas afirmativa o negativamente en el futuro, usando complementos donde sea posible.

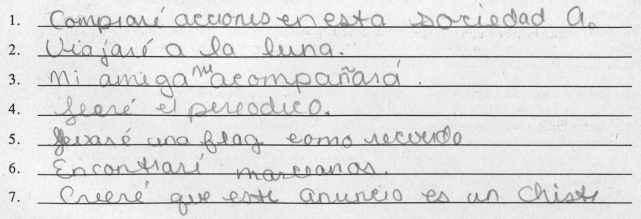

1. ¿Va Ud. a comprar acciones en esta sociedad anónima?
2. ¿Va a viajar a la luna?
3. ¿Quién(es) lo/la va(n) a acompañar en ese viaje?
4. ¿Qué va a leer para prepararse para esta aventura?
5. ¿Qué va a llevar como recuerdo de la Tierra?
6. ¿Qué va a encontrar en la luna?
7. ¿Cree Ud. que este anuncio es un chiste solamente?

1. Compraré acciones en esta sociedad a.
2. Viajaré a la luna.
3. Mi amiga me acompañará.
4. Leeré el periodico.
5. Dejaré una flag como recuerdo
6. Encontraré marcianos.
7. Creeré que este anuncio es un chiste

B. Irregular Future Stems

ACTIVIDAD A: ES PARA PENSARLO

Estos viajeros a la luna se han encontrado con un problema imprevisto. ¿Qué otros problemas pueden surgir y en qué otras situaciones podrían hallarse los primeros aventureros a la luna? Las siguientes preguntas quizás ya se le hayan ocurrido a Ud. con respecto a la colonización de la luna. Contéstelas en el futuro, expresando sus propias ideas.

1. ¿Hay seres humanos en la luna?
2. Si los hay, ¿qué les va a decir Ud.?
3. ¿Es posible que hablen su misma lengua?
4. ¿Qué van a querer ver los viajeros a la luna?
5. ¿Va a Ud. a poder mandar una carta a casa?
6. ¿Va a sentir nostalgia por su casa?
7. Si a Ud. no le gusta estar en la luna, ¿cómo va a salir de allí?
8. ¿Van a venir a la tierra algún día los habitantes de la luna?
9. ¿Qué va a poner o dejar Ud. en la luna para indicar que Ud. ha estado allí?

1. _Sí Habían seres humanos en la luna_
2. _Diré "¡Hola!"_
3. _Sí Hablarán_
4. _querrán_
5. _No podría mandar_
6. _Sí sentiré nost_
7. _Volaré_
8. _Vendrán_
9. _Ponaré_

ACTIVIDAD B: EL/LA OPTIMISTA VERSUS EL/LA PESIMISTA

¿Cuál es su actitud hacia el futuro? ¿Es Ud. optimista? ¿pesimista? ¿u oscila entre las dos actitudes? Dé sus ideas en la columna apropiada sobre el futuro de los siguientes temas. También puede escribir sus ideas en ambas columnas.

	OPTIMISTA	PESIMISTA
1. el problema de la contaminación	El problema de la Contaminacion se mejorará	El problema de la C. no se mejorará.
2. una guerra nuclear	No tendremos U.G. nuclear	Tendremos una guerra nuclear.
3. los descubrimientos científicos	los d P no advanzarán	los d. C. no advanzarán

4. el papel de las
   computadoras   _____   _____

   _____   _____

5. la exploración   *La exploracion del*   *no parará*
   del espacio   *espacio parará*

6. la calidad de   *La calidad de la*   *no mejorará*
   la vida   *vida mejorará.*

C. The Future of Probability

ACTIVIDAD: MÁS SOBRE LA COLONIZACIÓN DE LA LUNA

Si Ud. no sabe exactamente lo que ocurre con respecto a los siguientes temas, escoja una de las posibilidades para dar su opinión, usando el futuro de probabilidad.

MODELO: el anuncio «Para la Colonización de la luna» (ser un chiste; muchos / tomarlo en serio) →
Será un chiste.
o
Muchos lo tomarán en serio.

1. las acciones en esta sociedad anónima (venderse rápidamente; nadie / comprarlas)

   se venderán rapidamente. Nadie las compraren

2. la colonización de la luna (ser inminente; no ocurrir nunca)

   sea anminente; no ocurrerá nunca

3. el medio ambiente (cambiar radicalmente; quedarse como es ahora)

   Cambiará radicalmente; se quedaró como es ahe

4. el futuro de la Amazonia (estar en peligro; estar asegurado)

   ~~estará~~ ~~Estc~~ en peligro; estaria asegurado

5. una catástrofe nuclear (ocurrir otra vez; la posibilidad / siempre existir)

   *una C. N ocurrera otravez; la posibilidad siempu
   esistirá.*

6. una catástrofe ecológica (poder ocurrir; nosotros / poder evitarla)

   poderá ocurrir; Nosotros podria evitarla

CH. *Por* and *Para*: Additional Uses

ACTIVIDAD: TEMAS ECOLÓGICOS

Complete las siguientes oraciones con **por** o **para**.

1. ___Para___ el final del siglo XX, en muchas regiones del mundo será evidente el costo de los llamados «triunfos» de la humanidad sobre la naturaleza.

2. En la actualidad, más del treinta ___por___ ciento de todas las cosechas del mundo se obtiene por irrigación artificial.

3. En Europa, casi la mitad de los bosques están dañados en forma irreparable ___por___ la lluvia ácida.

4. El atún del Mediterráneo está contaminado ___por___ exceso de mercurio.

5. Los efectos de Chernobil se notarán ___por___ muchos años.

6. Queremos lograr una mejor calidad de vida ___para___ todos los habitantes de este planeta.

7. Hay que hacer esfuerzos ___para___ perfeccionar la legislación ambiental.

8. El problema de la eliminación de los bosques afecta a casi todas las naciones del tercer mundo. ___Por___ el contrario, los países industrializados hoy tienen más bosques que hace un siglo ___por___ los grandes esfuerzos de reforestación que han llevado a cabo.

9. ___Para___ el año 2000 se calcula que la capital de México tendrá una población de ___por___ lo menos 27 millones y posiblemente 33 millones de habitantes.

10. Es difícil el control de la contaminación ___por___ el exceso de población.

11. La contaminación del aire no procede solamente de los vehículos que circulan ___por___ la capital, sino también de las industrias que rodean la ciudad.

12. ___Para___ no aumentar la contaminación, tenemos que sustituir el coche ___por___ otros medios de transporte.

13. Algunos científicos están trabajando ___para___ crear un combustible de automóviles que reduzca la contaminación ambiental.

14. La asamblea general de las Naciones Unidas designó el 5 de junio como el Día Mundial del Medio Ambiente ___para___ reafirmar su preocupación ___por___ el medio ambiente.

15. La presencia de ozono en el aire que respiramos es peligrosa ___para___ la salud.

16. ___Por___ otra parte, el ozono es necesario en la estratósfera.

17. ___Por___ presión de los conservacionistas, el Banco Interamericano del Desarrollo y el Banco Mundial han suspendido los créditos ___para___ el desarrollo de proyectos amazónicos hasta asegurarse de la protección del medio ambiente.

18. Cuando viajamos _por_ los parques nacionales, podemos ver los efectos de los incendios forestales.

D. The Future Perfect

ACTIVIDAD A: MIRANDO HACIA EL FUTURO

Los siguientes pronósticos representan algunas opiniones e ideas que se expresan hoy en día. Sólo el paso del tiempo probará su validez. En su opinión, ¿qué habrá pasado para el año 2030? Escriba sólo el verbo.

MODELO: Los astronautas van a descubrir otras formas de vida en Marte. → *(no) habrán descubierto*

1. _no habrá_ Los científicos van a descubrir una inyección para prolongar la vida.
2. _no habrá perfeccionado_ La ciencia va a perfeccionar los injertos (*transplants*) de órganos artificiales.
3. _no habrán desarrollado_ Se desarrollarán drogas capaces de cambiar la personalidad.
4. _no habrán reemplazado_ Las computadoras van a reemplazar a los seres humanos en muchos trabajos.
5. _habrá aumentado_ La población del mundo va a aumentar.
6. _habrá cambiado_ El gobierno cambiará localmente el tiempo.
7. _habramos a_ Vamos a poder controlar la herencia por medio de la genética.
8. _habrá mejorado_ La situación ecológica se mejorará en forma significativa.

ACTIVIDAD B: PARA EL AÑO 1995…

¿Cómo será (estará) Ud. para el año 1995? ¿Qué le habrá pasado para entonces? Cuéntelo, usando el futuro y el futuro perfecto según el modelo.

MODELO: ser estudiante / trabajar _____ años. →
Ya no seré estudiante. Ya habré trabajado por dos años.
o
Todavía seré estudiante. Todavía no me habré graduado.

1. estar estudiando / graduarse

no estaré estudiando. yo me habré graduado

2. ser soltero/a / casarse

no seré soltera. mi habré casado.

3. estar buscando trabajo / estar trabajando en un empleo _por 3_ años

no estaré buscando trabajo. Habré estado

4. vivir con su familia / conseguir su propio apartamento

No vivire con mi familia. Habré consegirdo mi propio apartamento

5. vivir en el mismo sitio / trasladarse (*to move*) a otra parte

No vivir en el mismo sitio. Habré trasladado a otra parte.

6. ser rico/a o famoso/a / lograr la fama o la fortuna

no seré rica. no habré logrado

E. Subjunctive with Adverbial Clauses of Time

ACTIVIDAD A: ENTREVISTA CON UNA ECOLOGISTA

En un congreso de ecologistas de varios países, un periodista le hace una entrevista a una joven ecologista de un país del tercer mundo. Complete la entrevista con el indicativo o el subjuntivo del verbo entre paréntesis. Use en el futuro los verbos indicados con asterisco.

PERIODISTA: ¿Cuáles serán los problemas ambientales más graves en su país en la próxima década?

ECOLOGISTA: Los mismos de ahora: la contaminación de las aguas, la erosión de los suelos por la tala indiscriminada, la contaminación del aire y la depredación de la flora y fauna.

PERIODISTA: ¿Cómo han sido tratados estos problemas?

ECOLOGISTA: Bastante mal. Es raro que la gente (*preocuparse*) se preocupe [1] por el problema del medio ambiente hasta que éste (*ser*) sea [2] grave. Mientras no (*ocurrir*) ocurra [3] un desastre mayor, no hay verdadera conciencia de la necesidad de cuidar nuestros recursos naturales y explotarlos racionalmente.

PERIODISTA: ¿Ya se aplica la tecnología necesaria para conservar estos recursos?

ECOLOGISTA: No creo que se (*aplicar*) aplique [4] esta tecnología hasta que los recursos (*estar*) estén [5] casi extinguidos. Piensan que (*poder*) puedan [6] hacerlo cuando (*ocurrir*) ocurra [7] algo serio. No comprenden que una vez que los (*perder*) pierdan [8] será demasiado tarde.

PERIODISTA: ¿Cuándo se preocupará más el pueblo por proteger el medio ambiente?

ECOLOGISTA: Cuando la gente (*empezar*) empiece [9] a ser más consciente. Mientras que los problemas no (*hacerse*) se hagan [10] muy evidentes, no va a pasar nada. Pero tan pronto como el pueblo (*ser*) sea [11] más consciente, (*tratar*)* tratará [12] de ser más cuidadoso. Es necesario que la importancia de la protección del medio ambiente (*entrar*) entre [13] en consideración al hacer cualquier actividad. Ya no se puede hacer mucho después de que (*ocurrir*)

ocurra[14] un desastre. Hay que tomar la iniciativa para evitarlo.

PERIODISTA: ¿Qué sugiere Ud. que se (*hacer*) _haga_ ?[15]

ECOLOGISTA: En cuanto (*ser*) _sea_ [16] posible, tenemos que planificar políticas que (*cuidar*)

cuiden[17] el medio ambiente y los recursos no renovables.

PERIODISTA: ¿Cuál es el papel de los jóvenes frente a este problema?

ECOLOGISTA: Ellos deben preocuparse más por este asunto. Hasta que lo (*comprender*)

comprendan[18] no habrá esperanza. Es indispensable que los futuros abogados,

ingenieros, arquitectos, etcétera, (*tener*) _tengan_ [19] conocimientos de ecología y

que (*aplicar*) _apliquen_ [20] los principios de conservación al tener oportunidad.

Este problema del medio ambiente es interdisciplinario; por lo tanto, todos los

profesionales y técnicos lo deben conocer y aplicar en cuanto (*poder*)

puedan.[21] De este modo, cuando les (*tocar*) _toque_ [22] controlar

estos problemas medioambientales, (*estar*)* _estarán_[23] preparados para trabajar

por su solución.

ACTIVIDAD B: COMPRENSIÓN

¿Qué dijo la ecologista sobre la situación ecológica en su país y qué opina del futuro? Indique si los
siguientes comentarios son ciertos o falsos y corrija los falsos.

1. **C**/F   En su país los problemas ambientales no cambiarán en los próximos 10 años.

2. C/**F**   Tratan de evitar problemas ambientales. _la gente no se preocupan_
   hasta que sean graves.

3. C/**F**   Para evitar problemas ambientales, se aplican medidas que utilizan la tecnología.
   no se aplic a la tecnología hasta que los recurso
   son casi
   extinguid

4. **C**/F   Es necesario que el pueblo sea consciente de la importancia del medio ambiente.

5. **C**/F   Ella sugiere la planificación de políticas para el futuro.

6. **C**/F   Es necesario que los profesionales de distintos campos apliquen sus conocimientos para resolver
   los problemas medioambientales.

Palabras problemáticas

ACTIVIDAD: LO QUE HA HECHO Y LO QUE HARÁ

Lidia está en su último año de universidad y dentro de muy poco tiempo, va a graduarse. Mientras Ud. lee
lo que ella piensa en este momento, escoja la palabra apropiada para completar la oración y escriba la forma
correcta en el espacio.

1. *(alcanzar/lograr)* Espero _alcanzar_ mis metas dentro de cinco años porque soy impaciente.

2. *(tener éxito/lograr)* Afortunadamente he _logrado_ conseguir una beca para hacer estudios posgraduados.

3. *(tener éxito/suceder)* Mis profesores son tan amables. Todos me han dicho: «Espero que _tengas éxito_ en el futuro.»

4. *(pasar/ocurrir)* Claro que estoy un poco triste. Muchas cosas agradables me han _ocurrido_ durante los cuatro años que he estado aquí.

5. *(pasar/suceder)* Pero ya ha llegado el momento de _pasar_ de una etapa *(stage)* de la vida a otra.

De todo un poco

ACTIVIDAD: CON SUS PROPIAS PALABRAS: LA VARIEDAD

Preparación

As your vocabulary and knowledge of Spanish syntax increase, so does your ability to bring greater variety to your writing. So far you have practiced using the noun, verb, and adjectival forms of the same word and you have worked with synonyms and antonyms. This practice should enable you to vary your writing to make it more interesting to the reader.

You have also read articles in which authors have used varied sentence length in order to achieve a desired effect. Longer sentences can combine more than one thought, action, or description, or can include all three to give a longer, unbroken thought or idea. Short sentences single out a specific point.

Practice these points by rewriting the following sentences from the reading "La consecuencia de la catástrofe de Chernobil para personas y animales en Europa" as two separate ones, adding details and synonyms for words that already appear to expand the ideas.

1. «Es un hecho que la mitad del continente, en especial los países del Este, se halla actualmente contaminada.»

_____

_____

2. «Se aconsejan también dos duchas al día a presión, así como una prohibición absoluta de que los niños jueguen en terrenos arenosos y que correteen por los prados.»

_____

_____

Now rewrite these sentences from the same reading as longer ones, including more detail and using synonyms.

3. «Chernobil está en todas partes, pero ahora especialmente en Europa.»

_____

_____

4. «La vieja Europa no olvidará nunca ese mes de abril de 1986, el año del cometa Halley.»

_____

_____

Aplicación

As you write a composition on the topic "La era nuclear," try to avoid repetition in the use of vocabulary. Develop ideas fully and vary the length of sentences. You may wish to discuss nuclear power plants, nuclear armaments, or other uses of nuclear energy. Write on another sheet of paper.

CAPÍTULO **15**

Manual de laboratorio

Para comenzar

You will hear an agronomist giving a talk to a group of farmers in Argentina. Listen to each statement he makes, then match it with one of the following drawings, writing the number of the statement in the space provided. You will hear the correct answer on the tape. Pause now to look at the drawings.

A. 3   B. 2   C. 5

CH. 1   D. 4

Estructuras y vocabulario

SUBJUNCTIVE WITH OTHER ADVERBIAL CONJUNCTIONS

Several friends are inviting Raúl to go out with them. Play Raúl's role, answering their questions affirmatively. Base your answers on the phrases in the following list and use the indicated adverbial conjunctions. You will hear the correct answer on the tape. Follow the model. First, listen to the list of phrases:

| querer Uds. ir a las diez | dar una película de Rambo | hacer frío |
| hacer algo divertido | verme todas las chicas, claro | invitarme Uds. a cenar |

MODELO: Raúl, ¿quieres salir con nosotros esta noche? (con tal que) →
Sí, saldré con Uds. con tal que hagamos algo divertido.

1. con tal que   3. para que   5. a menos que
2. en caso de que   4. a condición de que

RELATIVE PRONOUNS: QUE, QUIEN, QUIENES, LO QUE, EL QUE, EL CUAL

A. Carlos Aguinaga, head of the traffic division in Panama City, is holding a news conference to discuss traffic congestion in the downtown area. Listen to his statements and complete them with the most appropriate option. Be careful! There may be more than one correct answer. You will hear the statements twice.

1. a   (b)   c   4. (a)   b   (c)
2. a   (b)   c   5. a   (b)   c
3. a   (b)   c   6. a   b   c

B. Carmen is at a tourist information office in downtown Sevilla. She is asking questions about the location of certain places and other information tourists need to know. Play the role of the attendant, answering her questions affirmatively. Use relative pronouns to combine statements, as in the model. You will hear the correct answer on the tape. Follow the model.

MODELO: El autobús 54 va al museo de arte. ¿Ud. sabe si para aquí? →
Sí, el autobús que va al museo para aquí.

1. La calle Balmes está a cinco cuadras....   3. El Banco Bolívar está a cinco cuadras de aquí....
2. El billete del metro se compra en la estación....   4. Esta gira turística va a Granada....

PALABRAS PROBLEMÁTICAS

You will hear a group of Mexican students make statements about their parents or relatives. Then you will hear a series of conclusions. Select the most appropriate one based on the information you have heard. You will hear the statements twice.

1. a   (b)   c   3. a   b   (c)
2. (a)   b   c   4. a   b   (c)

Para escuchar

A. You will hear two dialogues in which the participants discuss the issues and topics you have become familiar with in this chapter. After each dialogue, you will hear a series of statements. Indicate whether they are true (**cierto**), false (**falso**), or not known (**no se sabe**), based on the information in the conversations. You will hear the statements twice.

1. (Cierto)   Falso   No se sabe   4. Cierto   (Falso)   No se sabe
2. Cierto   (Falso)   No se sabe   5. Cierto   (Falso)   No se sabe
3. (Cierto)   (Falso)   No se sabe   6. Cierto   Falso   No se sabe

B. Notas ecológicas

Antes de escuchar: The news items you are about to hear deal with ecological concerns. Before listening, react to the following statements about the topics of hunger and pollution.

1. (sí) no depende Será posible eliminar el hambre en las próximas décadas.
2. (sí) no depende La alteración genética de las plantas es una técnica excelente.
3. (sí) no depende Los coches son la causa principal de la contaminación en las ciudades grandes.
4. (sí) no depende La contaminación vehicular afecta a los pulmones de los habitantes de las ciudades.

You will hear two brief news items broadcast on the radio program "Notas ecológicas" in Asunción, Paraguay. First, listen for general meaning. Then, as you listen a second time, complete the following chart with information from the news items.

EL PROBLEMA DEL HAMBRE

Pronóstico: _____

Dónde se hizo el estudio: _____

Países mencionados: ___ Chile Paraguay ___

Manera de resolver el problema: ___ nuevas técnicas ___ más abundantes de ___ cosechas ___

Uso de plantas _____

EL PROBLEMA DE LA CONTAMINACIÓN

Ciudad: ___ Mexico Mas Contaminado ___

Población: ___ 22000 ___

Número de coches: ___ 29 milliones ___

Efectos de la contaminacion: El equivalente de _____

___ Mas de 30 ___ % de la población está enferma

Ejercicios escritos

En otras palabras… Para hablar de la alimentación de hoy y del porvenir

ACTIVIDAD: MIRANDO HACIA EL FUTURO

Ud. ya sabe cuáles son los sinónimos, o puede adivinar la definición de muchas de las palabras del vocabulario. Para comprobarlo, empareje las palabras indicadas con la forma correcta del sinónimo o definición de la lista.

1. ___F___ Miramos hacia *el futuro* con esperanza.

2. ___E___ *Tendremos a nuestra disposición* los últimos *avances* de la ciencia.

3. ___j___ La ingeniería alimenticia será *el origen* de estos avances.

4. ___Ch___ El 31 de diciembre de 1999 celebraremos *la terminación* del siglo XX.

5. ___I___ La contaminación es una preocupación *diaria*.

6. ___C___ ¿Sabes cuál es *el número de habitantes* de esta ciudad?

7. ___A___ *En lugar de* hablar del problema, tenemos que hacer algo.

8. ___K___ Con la ayuda de la ciencia, *encontraremos soluciones para* todos los problemas.

9. ___H___ Muchos pesticidas son *sustancias tóxicas*.

10. ___G B___ Cuando el nivel del smog es muy alto, es difícil *inhalar y exhalar, especialmente* para los ancianos.

a. en vez de
b. sobre todo
c. la población
ch. el fin
d. adelantos
e. dispondremos de
f. el porvenir
g. respirar
h. venenos
i. cotidiana
j. la fuente
k. resolveremos

A. Subjunctive with Other Adverbial Conjunctions

ACTIVIDAD A: Y UD., ¿QUÉ DICE?

Al pensar en los problemas que enfrenta el mundo a fines de este siglo, ¿qué opina Ud.? Termine las siguientes oraciones con sus propias ideas y opiniones o utilice una de las sugerencias en las **Expresiones útiles**.

Expresiones útiles: ser demasiado tarde; detener la carrera armamentista; hacer todo lo posible para salvarlo/la; no hacer nada; solucionar los problemas ambientales; frenar el avance del desierto; haber suficiente empleo; cuidar el medio ambiente; no haber tanta contaminación.

1. Podemos solucionar el problema del hambre con tal de que... _____

2. Tenemos que controlar la contaminación del aire y de las aguas antes de que... sea demasiado tarde.

3. Vamos a vivir con el peligro de ser destruidos por una guerra nuclear a menos que... detenga la carrera armamentista.

4. La pobreza no aumentará con tal de que... haya suficiente empleo

5. La vida humana será más larga a condición de que... no haya tanta

6. Las naciones del mundo tienen que ser más unidas para que... solucioniar los prob. ambientales.

7. Temo que la Amazonia sea destruida sin que frenemos el avance del desierto.

8. Es posible prevenir la desaparición de muchas especies de flora y fauna con tal de que... *hagamos todo lo posible para salvarlas.*

9. El problema ecológico será una verdadera catástrofe en caso de que... *no hagamos nada.*

ACTIVIDAD B: HABLANDO DEL FUTURO INMEDIATO

Los siguientes estudiantes ya están haciendo planes para el verano. Para saber lo que van a hacer, convierta cada par de frases en una oración usando las siguientes conjunciones adverbiales (o solamente la preposición adverbial). ¡OJO! Puede usar el subjuntivo o el infinitivo en la segunda cláusula.

Conjunciones y preposiciones adverbiales: a condición de (que), a menos que, antes de (que), en caso de (que), con tal de (que), para (que), sin (que)

1. Emilio busca un empleo / terminar el semestre

   E busca un empleo antes de que termine el semestre

2. espera tomar dos semanas de vacaciones / comenzar a trabajar

   E toma dos semanas de vacaciones antes de que comience

3. el dueño de un restaurante le dice a Emilio que le ofrecerá un empleo de mesero / comenzar a trabajar / las clases terminar

   Sin que comience a trabajar antes que las clases terminen.

4. Emilio le dice que acepta el empleo / poder trabajar solamente hasta el 15 de agosto

   a condición de que pueda...

5. sus padres le han dicho a Sara que le darán dinero para hacer un viaje a Europa / salir bien en todas sus asignaturas

   a condición de que salga

6. Sara cree que puede salir bien / dedicarse a sus estudios

   Con tal de que se dedique

7. a Mercedes también le gustaría ir a Europa pero no puede / tener dinero

   a menos que tenga dinero

8. no lo tendrá / vender su coche

   sin vender venda

9. Elba piensa estudiar este verano / necesitar una asignatura más para graduarse

   en caso de que necesite

10. pero va a pasar mucho tiempo en la playa / tener suficientes asignaturas

a condición de que tenga

11. Viviana va a trabajar en una oficina / tomar ninguna vacación

y tomar ninguna vacación

12. no puede seguir sus estudios / trabajar

sin que que trabaje

13. Pablo y Tomás van a trabajar como voluntarios en una organización ecológica / ayudar en un proyecto de reforestación

para que ayuda

14. la organización los mandará a trabajar en un bosque / aprender a cultivar árboles

antes que aprendan

¿Y Ud.? ¿A qué estudiante de la Actividad B se parece Ud.? _____

¿Cuáles son sus planes para el próximo verano? _Trabajaré para que_
estudiaría el próximo otoño.

En otras palabras… Para hablar más del transporte

ACTIVIDAD: CANTIDADES

¿Puede Ud. nombrar…

1. seis medios de transporte? _avión autobús el coche, el tren, bicicleta, Motocicl_

2. tres clases sociales? _media baja alta_

3. tres riesgos que Ud. corre? _hacerse daño,_

4. cuatro valores que Ud. considere importantes? _____

_____

5. un sinónimo de *factible*? _posible_

6. un sinónimo de *oportuno*? _apropiado_

7. un antónimo de *tarde*? _temprano_

8. un verbo relacionado con el sustantivo *experiencia*? _experimentar_

B. Relative Pronouns: *que*, *quien*, *quienes*, *lo que*, *el que*, *el cual*

ACTIVIDAD A: CONSEJOS A UN AMIGO

¿Vale la pena asociarse al Touring y Automóvil Club del Perú? Mientras Ud. lee lo que dice uno de sus asociados, Felipe Valenzuela, a su amigo Carlos Sepúlveda, indique el pronombre relativo apropiado.

Mira, Carlos, éste es un anuncio del Touring y Automóvil Club del Perú, (*del cual* / *de que*)[1] yo te hablaba. Sí, es el mismo club (*al que* / *al cual*)[2] yo me asocié. El club da hojas de ruta y mapas sin (*los cuales* / *los que*)[3] nunca voy de viaje. También tiene una escuela de conductores a (*la que* / *la cual*)[4] mandé a mi hija, Teresita, y has visto lo bien que ella maneja. Los descuentos (*que* / *los que*)[5] ofrecen en establecimientos afiliados son excelentes. En el Club se consigue la documentación internacional con (*la cual* / *la que*)[6] puedes manejar en otros países. Y seguramente te interesaría saber que las delegaciones en provincias ofrecen los mismos servicios que ofrece la oficina (*que* / *la que*)[7] está en la capital. Pero (*lo que* / *el que*)[8] más me gusta es el auxilio mecánico. ¡Cuántas veces lo he usado! Si quieres asociarte al Club, la persona con (*que* / *quien*)[9] debes hablar es con el director, el señor Romero.

SER ASOCIADO NUESTRO ES TENER:

- AUXILIO MECANICO
- TRAMITES PARA SU VEHICULO
- AFILIACION INTERNACIONAL
- MAPAS Y HOJAS DE RUTA
- ASESORIA JURIDICA
- ESCUELA DE CONDUCTORES
- DESCUENTOS EN ESTABLE-CIMIENTOS AFILIADOS

- SEGUROS
- DOCUMENTACION INTERNA-CIONAL PARA VIAJE
- RESERVACION HOTELERA Y ORIENTACION
- DELEGACIONES EN PROVINCIAS (los mismos servicios que la capital)

TOURING Y AUTOMOVIL CLUB DEL PERU
AV CESAR VALLEJO 699 - LINCE - TELF. 403270

ACTIVIDAD B: EN RESUMEN

Para resumir el contenido de la Actividad A, combine las dos oraciones con un pronombre relativo y haga los otros cambios que sean necesarios.

1. Felipe habla con su amigo Carlos. Carlos está pensando en asociarse al Club.

    _____ quien está _____

2. Le muestra a Carlos un anuncio. El anuncio salió en el periódico.

    _____ que _____

3. El Club da hojas de ruta y mapas. Las hojas y los mapas son muy útiles.

    _____ que _____

4. Felipe tiene una hija, Teresita. Teresita aprendió a manejar en la escuela de conductores del Club.

    _____ quien _____

5. El Club también ofrece auxilio mecánico. Felipe ha usado muchas veces el auxilio mecánico.

_____ ¡lo que _____

6. Para asociarse al Club, Carlos debe hablar con el señor Romero. El señor Romero es el director del Club.

_____ quienes _____

Palabras problemáticas

ACTIVIDAD: EL MITIN POLÍTICO

¡Protejamos nuestro medio ambiente! ¡No abusemos más de él!!

¡Pérez es nuestro candidato!

¡Pérez es nuestro candidato!

¡Pérez!

¡Pérez!

¡Pérez!

"Mis amigos, no podemos permitir que abuse más de nuestro medio ambiente."

Use la imaginación para escribir un párrafo breve contando lo que pasa en el dibujo. Incluya todas las palabras problemáticas en su párrafo.

los amigos apoyan al candidato, sosten el peso
de seguas grandes y mantienen su
campagane

De todo un poco

ACTIVIDAD A: PARA REDUCIR LA CONTAMINACIÓN CAUSADA POR LOS COMBUSTIBLES

Complete las oraciones con el subjuntivo, el indicativo o el infinitivo de los verbos entre paréntesis y los pronombres relativos. ¡OJO! En algunos casos es necesario hacer una contracción.

UN COCHE PARA EL FUTURO

Antes de que (*nosotros: asfixiarse*) __asfixiemos__[1] por la contaminación causada por los

combustibles, es necesario que (*pensar*) __pensemos__[2] en algunas soluciones para este problema.

En caso de que los científicos e ingenieros no (*encontrar*) __encuentren__[3] una solución más

ingeniosa y eficaz, siempre tenemos la del automóvil eléctrico, __que__[4] ya ha sido diseñado

por un inventor mexicano. Es práctico, hace poco ruido, no contamina y su mantenimiento es

sumamente económico, características de __que__ las [5] carecen los automóviles

__que__[6] funcionan con gasolina. Este automóvil, de __que__ del [7] ya existe un prototipo, tiene una velocidad promedia de hasta 70 kilómetros por hora sin (*tener*) _tener_ [8] que recargar las baterías. El model citadino (*for city use*), a _al que_ [9] nos referimos, es de dos asientos y la carrocería (*body*) es de fibra de vidrio. Por supuesto, es un automóvil con _al que_ [10] no se puede viajar muy lejos a menos que a Ud. no le (*molestar*) _moleste_ [11] pararse cada 10 ó 12 horas y esperar hasta que se (*recargar*) _recarguen_ [12] las baterías.

LOS ATASCOS: ¿CÓMO EVITARLOS?

¿Ha pasado Ud. largas horas en un atasco sin que los coches (*moverse*) _se muevan_ [13] un kilómetro? ¿Ha pensado en las posibles soluciones a esta inconveniencia de _que_ [14] sufren todas las ciudades grandes del mundo? Aquí hay algunas medidas _que_ [15] se han tomado y otras que se han propuesto para que Ud. (*escoger*) _escoja_ [16] la que sea más adecuada en su ciudad. Todas parecen (*ser*) _ser_ [17] factibles y se pueden aplicar con tal de que los conductores y la municipalidad (*cooperar*) _cooperen_ [18] Para (*entrar*) _entrar_ [19] en la ciudad de Singapur, se cobra peaje (*toll*). En Tokio se han eliminado los aparcamientos públicos. En Atenas y Caracas sólo se permite que los coches (*circular*) _circulen_ [20] un día sí y otro no.

En otras partes se ha prohibido que (*circular*) _circulen_ [21] los coches que llevan sólo un ocupante. Algunos expertos en problemas de transporte han sugerido que el sector industrial (*variar*) _varíen_ [22] los horarios de trabajo, para que no todos los empleados (*salir*) _salgan_ [23] del trabajo a la misma hora. Otros han recomendado que las ciudades (*establecer*) _establezcan_ [24] vías rápidas o (*aumentar*) _aumenten_ [25] las multas. Éstas son solamente algunas medidas y sugerencias, muchas de _las que_ [26] no parecen extremas.

ACTIVIDAD B: CON SUS PROPIAS PALABRAS: DEFINICIÓN Y EXPLICACIÓN

Preparación

We live in a rapidly advancing technological age in which we become aware of new ideas, developments and inventions every day. Think of some of the technologies, theories, or discoveries that have come into our lives in the last half of the twentieth century: agrobiotechnology, the laser, radon, computers, and black holes. You can define them or explain their underlying concepts or applications in writing by following four steps.

1. Topic: In the first paragraph, tell the reader what your topic is. For example, the first two sentences of the article "La alimentación del porvenir" are: "Contrariamente a todas las previsiones pesimistas, en el siglo XXI comeremos con abundancia y más rico que nuestros abuelos del siglo pasado. El secreto: los últimos adelantos de la agrobiotecnología."

   What is the topic of this article? _____

2. Purpose: The purpose of this type of essay is to explain or define. Instead of merely defining the term, the author of the article "La alimentación del porvenir" goes on to say, "En efecto, la ingeniería alimenticia ha hecho progresos gigantescos en los últimos años y nos promete una mesa cotidiana tan bien servida—en cantidad y, punto esencial, en calidad—como las de nuestros abuelos... ." What do these lines suggest the author's purpose to be?

   _____

3. Organization: The organization of this type of writing is quite simple. After the topic has been introduced, it is defined or explained through the use of examples that will often answer the questions who, what, when, where, why, or how. The article referred to in this chapter is divided into three parts, each one a subtopic with examples: What are the questions that will be answered by each of the subtopics?
   La ciencia salvará la gastronomía: _____

   Modernas técnicas de conservación: _____

   La ingeniería genética: _____

4. Point of view and tone: As the purpose of this type of essay is to define or explain, the point of view and tone are often completely neutral. However, the article "La alimentación del porvenir" does have a definite point of view and tone, both presented in the first sentence. How would you characterize them?
   Point of view: _____   Tone: _____

Aplicación

Surely there is a subject that you know a lot about and wish to define and explain to your readers. It could be something you do or know well, such as a sport or a hobby, good study habits, a topic or field that interests you such as high definition television or beekeeping, or something you have studied, such as the central nervous system. Use that topic as the title of your composition. Write your composition on another sheet of paper.

CAPÍTULO **16**

Manual de laboratorio

Para comenzar

You will hear several people answering a question about the validity of exams in today's universities. Indicate whether they see exams as useful, not useful, or somewhat useful. You will hear the correct answers on the tape.

		ÚTILES	NO ÚTILES	ALGO ÚTILES
1.	Mario	_____	_____	_____
2.	Clarisa	_____	_____	_____
3.	Prof. Blanco	_____	_____	_____
4.	Prof. Saldívar	_____	_____	_____

Estructuras y vocabulario

LO + ADJECTIVE

Nieves is asking Armando some questions about his Spanish class because she may be interested in taking it next semester. Play Armando's role, answering her questions with one of the options and the written cues. Use the **lo** + *adjective* construction in your responses. You will hear a possible answer on the tape.

1. mejor 2. difícil 3. interesante 4. ideal 5. bueno

INDIRECT COMMANDS

The following situations describe what some of your friends are doing. React to them, using indirect commands. Base your answers on the written cues and follow the model. You will hear a possible answer on the tape.

MODELO: Adriana se despide de su amiga Paula, quien se va de vacaciones. →
¡Que tengas unas buenas vacaciones, Paula!

1. calmarse 2. estudiar más 3. hablarle 4. prestar más atención 5. no hacer

EN OTRAS PALABRAS... LA EDUCACIÓN

You will hear excerpts from a speech by a university administrator to a group of students at the University of Panama. Listen to each statement, then match it with one of the following drawings. You will hear each excerpt twice. Pause now to look at the drawings.

A.___   B.___   C.___   CH.___   D.___

PAST PERFECT TENSE

A group of friends is discussing what they did over the weekend. Explain what happened in each instance, using the written cues and past perfect tense. You will hear the correct answer on the tape. Follow the model.

> MODELO: Roberto no pudo comprar entradas para la obra de teatro.
> (gastarse todo el dinero el viernes) → Él *se había gastado* todo el dinero el viernes.

1. no reservar las entradas
2. enfermarse la semana pasada
3. no dormir bien la noche anterior

4. despertarse muy tarde
5. no consultar el mapa
6. dañarse el coche la semana anterior

Para escuchar

A. Listen as a group of students talks about their professional and academic goals. Then you will hear a series of questions. Answer them based on the information provided by each student. You will hear a possible answer on the tape.

1. ...   2. ...   3. ...   4. ...   5. ...   6. ...   7. ...   8. ...

B. Una encuesta

Antes de escuchar: Before listening to a conversation between a pollster and some university students, answer the following questions, giving your own opinions and feelings.

1. ¿Piensas que el número de profesores en tu universidad es adecuado?

_____

2. ¿Se ofrece en tu universidad una variedad de cursos adecuada?

_____

3. ¿Piensas que los exámenes finales son realmente útiles para algo?

_____

4. En tu universidad, ¿son demasiado bajos o demasiado altos los costos de la matrícula?

_____

You will hear a conversation between a pollster and three students at the Universidad Central de Cochabamba in Bolivia. The pollster is conducting a survey about major issues and problems affecting the university and its students. First, listen to the conversation for general comprehension. Then, as you listen a second time, fill in the questionnaire by checking the appropriate boxes.

	RAÚL	JULIA	HERNANDO
1. Número de profesores			
Pocos	_____	_____	_____
Adecuado	_____	_____	_____
Muchos	_____	_____	_____
2. Variedad de cursos			
Poca	_____	_____	_____
Adecuada	_____	_____	_____
Mucha	_____	_____	_____
3. Utilidad de exámenes			
Ninguna	_____	_____	_____
Algo	_____	_____	_____
Mucha	_____	_____	_____
4. Costos de matrícula			
Bajos	_____	_____	_____
Aceptables	_____	_____	_____
Altos	_____	_____	_____

Ejercicios escritos

En otras palabras... Los exámenes

ACTIVIDAD: ¿PARA QUÉ TENEMOS LOS EXÁMENES?

¿Qué hacen los profesores? ¿Qué hacen los estudiantes? ¿Y cuál es la función de los exámenes? En cada oración, indique en el primer espacio en blanco el sujeto—los profesores, los estudiantes, los exámenes o las pruebas—y después complete el segundo espacio con más información.

1. _____ tienen que evaluar los conocimientos _____.

2. _____ miden el aprendizaje _____.

3. _____ andan bien/mal _____.

4. _____ salen bien/mal _____.

5. _____ se dedican a la enseñanza _____.

6. _____ corrigen _____ .

7. _____ califican _____ .

8. _____ tienen quejas con _____ .

9. _____ se quejan de _____ .

10. _____ evalúan la enseñanza _____ .

A. *Lo* + *Adjective*

ACTIVIDAD: EN MI OPINIÓN

Éste es el momento para describir las experiencias que Ud. ha tenido desde que empezó a estudiar en la universidad o las que espera tener. Use los verbos en el presente perfecto o en el futuro para completar las oraciones según el modelo.

> MODELO: Lo bueno de este (mi primer) año *han sido mis nuevos amigos.*
> o
> Lo bueno de este año *serán las vacaciones.*

1. Lo mejor de este año _____ .

2. Lo peor de este año _____ .

3. Lo más interesante de mis experiencias aquí _____ .

4. En mi residencia lo más raro _____ .

5. Lo más aburrido de este semestre _____ .

6. Lo más absurdo de este mes _____ .

7. Lo más fascinante de la gente de aquí _____ .

8. Lo inesperado (*unexpected*) de mis experiencias _____ .

B. *Using the Indicative or the Subjunctive with* **aunque, como,** *and* **donde**

ACTIVIDAD A: ALGUNAS PREGUNTAS ANTES DEL EXAMEN

Antes del examen final, los estudiantes de la profesora Bermúdez le hacen algunas preguntas. Exprese sus respuestas en expañol.

1. —Profesora Bermúdez, ¿será posible cancelar el examen?
   —No es posible cancelar el examen. Vamos a tenerlo aunque...

   a. (it may snow) _____ .

   b. (I will not be here) _____ .

   c. (you may not be prepared) _____ .

ch. (it is a holiday) _____ .

2. —Profesora Bermúdez, ¿cómo quiere Ud. que escribamos el examen?
   —Escríbanlo como…

   a. (you prefer) _____ .

   b. (you always write it) _____ .

   c. (you want to) _____ .

   ch. (I tell you to write it) _____ .

3. —Profesora Bermúdez, ¿dónde quiere Ud. que nos sentemos durante el examen?
   —Siéntense Uds. donde…

   a. (you are comfortable) _____ .

   b. (there is an empty seat) _____ .

   c. (I tell you to sit) _____ .

   ch. (I can see you) _____ .

ACTIVIDAD B: LA VOZ ESTUDIANTIL

Exprese lo que piensa y siente sobre los exámenes terminando estas oraciones con el subjuntivo o el indicativo más un verbo o una expresión de las **Palabras útiles** u otros que Ud. prefiera usar.

Palabras útiles: estudiar, escribir el trabajo, haber, pedir, querer, sentirse, ser, tener la culpa.

1. A veces salgo bien/mal en un examen aunque _____ .

2. Prefiero tomar un examen en un lugar donde _____ .

3. Creo que los exámenes sirven para evaluar los conocimientos de los estudiantes aunque _____

   _____ .

4. Siempre escribo el examen como el profesor _____ .

C. Indirect Commands

ACTIVIDAD A: SITUACIONES QUE OCURREN

Las siguientes situaciones pueden ocurrir en cualquier universidad. ¿Cómo resolverlas en una manera justa? Escriba el mandato indirecto que Ud. recomienda para las personas indicadas.

MODELO: Carlos tiene un examen mañana y quiere estudiar esta noche. Pero a las 9.00 unos amigos de su compañero de cuarto llegan de visita.
Los amigos: *Que se vayan a otro lugar.*
Carlos: *Que se vaya a estudiar a la biblioteca.*
Su compañero de cuarto: *Que sea más considerado.*

1. Lidia llega a la oficina del profesor Contreras y le dice que no está preparada para el examen que tiene que tomar hoy. Le explica que hubo una falsa alarma en la residencia anoche, que todos tuvieron que evacuar la residencia y que fue imposible estudiar. Le pide que le permita tomar el examen otro día.

   El profesor Contreras: _____

   Lidia: _____

2. Al corregir las pruebas, la profesora Martínez se da cuenta de que Marta y Domingo han dado respuestas idénticas a todas las preguntas. Ella sabe que ellos siempre se sientan uno al lado del otro.

   La profesora Martínez: _____

   Marta: _____

   Domingo: _____

3. Hoy los estudiantes entregan sus composiciones. El profesor Paz las mira rápidamente y está contento de ver que todas son legibles y están escritas a máquina o en la computadora. Pero… ¡momentito! La de Claudia está escrita con lápiz, no tiene márgenes y hay manchas (*spots*) de café en cada página.

   El Profesor Paz: _____

   Claudia: _____

ACTIVIDAD B: ¡SALUDOS!

Los mandatos indirectos también se usan frecuentemente en las tarjetas. Por ejemplo, una tarjeta para un amigo enfermo puede decir «¡Que te mejores pronto!» (*May you get well soon!*). ¿Qué le gustaría escribir en una tarjeta para las personas que ve en los dibujos? Puede usar las **Expresiones útiles** o expresarse en forma original.

Expresiones útiles: tener suerte; pasarlo bien; tener un feliz viaje; recuperarse rápidamente; disfrutarlo; tener mucha felicidad.

1. _____

2. _____

3. _____

4. _____

5. _____

En otras palabras... La educación; En algunas universidades

ACTIVIDAD: DATOS PERSONALES

Conteste las siguientes preguntas para hablar de sus propias experiencias.

1. ¿Quién le dio su educación y dónde?

   _____

2. ¿Dónde recibió su formación o preparación?

   _____

3. ¿Qué recibió Ud. cuando terminó los estudios en el colegio o en la escuela secundaria?

   _____

4. ¿Por qué motivos quiere Ud. hacer estudios superiores?

   _____

5. ¿Por qué quería Ud. ingresar en la universidad donde está ahora?

   _____

6. ¿Cuál fue su reacción al enterarse que había conseguido el ingreso en esta universidad?

   _____

7. Aproximadamente, ¿cuántas plazas disponibles hay cada año en su universidad?

   _____

8. ¿Dónde hay que matricularse en su universidad? ¿Son sencillos o complicados los trámites para matricularse? ¿Se quejan mucho los estudiantes de los trámites?

   _____

   _____

9. ¿Ya sabe Ud. qué carrera quiere seguir? ¿Cuál es?

   _____

10. ¿Cuántas asignaturas o materias tiene Ud. este semestre? ¿Cuáles son?

    _____

11. En su opinión, ¿cómo es el aula ideal?

    _____

12. ¿Cuál es el título que Ud. recibirá al graduarse? ¿En qué año va a recibir su licenciatura?

_____

CH. Past Perfect Tense

ACTIVIDAD A: EL FESTIVAL LATINOAMERICANO

El Centro de Actividades Estudiantiles organizó un festival latinoamericano. Para muchos estudiantes norteamericanos era una oportunidad de aprender más de la cultura y la gente de los países latinoamericanos. Cuente lo que algunos estudiantes hicieron por primera vez y compare su propia experiencia con la de ellos, según el modelo.

> MODELO: Linda / comer comida mexicana → *Linda nunca había comido comida mexicana.*
> *Yo sí la había comido antes. (Yo tampoco la había comido.)*

1. Lisa / probar empanadas _____

_____

2. Rick / tomar cerveza mexicana _____

_____

3. Pamela y Bob / bailar la cumbia _____

_____

4. Mary Ann / escuchar la música folklórica andina _____

_____

5. Greg / ver la película *El norte* _____

_____

6. Patricia / charlar con un estudiante boliviano _____

_____

ACTIVIDAD B: CONCLUSIONES LÓGICAS

Después de leer lo que ha pasado, dé una explicación lógica de lo que había pasado antes de eso. Puede utilizar algunas de las **Palabras útiles** en sus oraciones.

Palabras útiles: ser, estudiar, corregir, comprar, comer, ir, terminar, usar, aceptar

> MODELO: Manuel se inscribió en la clase de astronomía porque le gusta leer los horóscopos. →
> *Manuel había confundido la astronomía con la astrología.*

1. El profesor Díaz dio un examen y solamente dos estudiantes lo aprobaron.

_____

2. Cuando Mario vio el *tofu* en la cafetería, no sabía qué era.

_____

3. Patricio no pudo contestar ninguna pregunta en la clase hoy. Tampoco tenía el libro.

_____

4. El examen fue hace dos semanas y la profesora Pereda nos devolvió los exámenes hoy.

_____

5. Ayer Enrique conoció a su consejero por primera vez.

_____

6. ¡Esta semana el periódico estudiantil publicó el primer artículo de Tina!

_____

7. ¡Es la primera vez que nuestro equipo de tenis ha llegado a ser campeón!

_____

Palabras problemáticas

ACTIVIDAD: UNA ESTUDIANTE DE ARQUITECTURA HABLA

Mientras Ud. lee acerca de la carrera de una estudiante, complete el párrafo con las palabras apropiadas.

Yo sigo la _____[1] de arquitectura en la Universidad de Costa Rica. Paso mis días ya sea en el taller (*workshop*) donde mis compañeros y yo hacemos la práctica—diseños o maquetas (*models*)—o en el aula, escuchando las _____[2] que dan los profesores. Claro, hay que haber leído las _____[3] antes de ir a las _____,[4] porque si no, no vale la pena asistir. Hasta ahora nunca he sido _____[5] en ninguna asignatura, y si sigo así y _____[6] todas este año también, espero recibir mi _____[7] en diciembre.

De todo un poco

EN TU GRADUACIÓN

ACTIVIDAD A: EN TU GRADUACIÓN

Ésta es una de las tarjetas que José recibió cuando se graduó. ¡Alguien se olvidó de escribir el mensaje en el interior de la tarjeta! Usando mandatos indirectos, escríbale un mensaje de cada una de las siguientes personas:

1. sus padres: _____

2. un buen amigo (una buena amiga): _____

_____

3. el profesor (la profesora) de una asignatura en que José salió muy bien:

_____

4. el profesor (la profesora) de una asignatura en que José salió bastante mal:

_____

ACTIVIDAD B: CON SUS PROPIAS PALABRAS: COMPARACIÓN Y CONTRASTE

Preparación

Comparisons show the similarities between objects, ideas, events, and circumstances, while contrasts indicate their differences. Although it is not necessary to do so, both comparison and contrast can be used in the same piece of writing. There are two ways of using these techniques:

• All the similarities of the subjects can be presented in one paragraph and the differences in another.
• Similarities and differences can appear in the same paragraph.

Certain words and expressions, many of them already familiar to you, are useful when making comparisons and indicating contrasts.

Para comparar:

al igual que	just like
de la misma manera, del mismo modo	in the same way
parecerse a	to resemble
tan + *adjective/adverb* + como	as + *adjective/adverb* + as
tanto/a (tantos/tantas) + *noun* + como	as much/many + *noun* + as
lo mismo que	the same as
tener algo en común con	to have something in common with
ser semejante a, ser similar a	to be similar to

Compare aspects of the following people, places and things, using as many different comparative expressions as possible.

1. mi hermano/a (madre/padre) y yo
2. una rosa y un tulipán
3. las frases «treinta minutos» y «media hora»
4. las canciones de Bruce Springsteen y las de Sting
5. *intelligent* e inteligente
6. los mexicanos y los españoles

1. _____

2. _____

3. _____

4. _____

5. _____

6. _____

Para contrastar:

a diferencia de	unlike, contrary to
al contrario	on the contrary
comparado/a con	compared to
en cambio	on the other hand
en contraste con	in contrast to, contrasted with
más/menos + *adjective/adverb/noun* + **que**	more/less + adjective/adverb/noun + than
por otro lado	on the other hand
ser diferente de	to be different from
sin embargo	however

Now contrast the following people, places and things, using as many different expressions as possible.

1. un elefante y un mosquito: _____

2. Tejas y Rhode Island: _____

3. la cultura norteamericana y la cultura hispana: _____

4. el verano y el invierno: _____

5. *Thanksgiving* y la Navidad: _____

6. hablar en español y leer en español: _____

Aplicación

In what ways is the university experience of Spanish or Latin American students similar to yours? What are the differences? Do you have the same views about exams or are yours different? Choose a subject such as "Los exámenes," "Las clases," or "¿Por qué asistir a la universidad?" and use the information you have gathered in the readings in this chapter to compare or contrast your experience and/or ideas and theirs. Write on a separate sheet of paper.

CAPÍTULO **17**

Manual de laboratorio

Para comenzar

Scan the following ads that describe various types of career programs at three universities. Then you will hear several students talk about their own career goals. Indicate which university offers the type of program they need. Be careful! For some students, more than one university may be suitable. You will hear each statement twice. Pause now to look at the ads.

	UNIVERSIDAD CENTRAL	UNIVERSIDAD DE LOS ANDES	UNIVERSIDAD PONTIFICIA DE SALAMANCA
1. Jorge	X	X	
2. Marisa	X		
3. Antonio	X		
4. Carmen	X		X
5. Roberto		X	

Estructuras y vocabulario

EN OTRAS PALABRAS... LOS ESTUDIOS Y EL TRABAJO

You will hear a group of Spanish students talking about their plans for the future. Listen to each one, then indicate on the chart whether the student is planning to enter a university or look for a job. You will hear the correct answer on the tape.

	LA UNIVERSIDAD	UN TRABAJO		LA UNIVERSIDAD	UN TRABAJO
1.	X		3.		X
2.		X	4.	X	

THE CONDITIONAL

A. Several academics from the University of Puerto Rico are running for the office of Chairperson of the Academic Council. The following headlines, describing each candidate's major goal or objective if elected, have appeared in the school newspaper. Answer the questions you hear on the tape based on the information in the headlines and using the conditional. You will hear the correct answer on the tape. Follow the model. First, listen to the headlines:

Profesor González: «Contrataré a más profesores.»
Profesora Ardila: «Subiré el sueldo de todos los profesores.»
Ramón Velarde: «La universidad tendrá que ofrecer más cursos de ciencias.»
María Vélez: «Eliminaré los exámenes finales.»
Profesora Martínez: «Negociaré con los estudiantes.»
Amalia de Burgos: «Reorganizaré el Consejo Académico.»

MODELO: ¿Qué dijo el profesor González? → *Dijo que contrataría a más profesores.*

1. ...   2. ...   3. ...   4. ...   5. ...

B. Answer the following questions with personal information, using the conditional. You will hear a possible answer on the tape. Follow the model.

MODELO: ¿Qué haría Ud. si pudiera irse de vacaciones por seis meses? → *Viajaría por todo el mundo.*

1. ...   2. ...   3. ...   4. ...   5. ...

PRESENT PERFECT SUBJUNCTIVE

You will hear a series of statements about the career plans and academic goals of several friends. Listen and react using the present perfect subjunctive and the written cues. You will hear the correct answer on the tape. Follow the model.

MODELO: Antonio ha decidido estudiar ingeniería en la Universidad de Pamplona. (es bueno) →
          Es bueno *que haya decidido estudiar ingeniería.*

1. es fabuloso   2. es fantástico   3. es triste   4. es bueno   5. es una lástima

Para escuchar

A. You will hear two dialogues about family concerns. Then you will hear a series of statements. Indicate whether they are true (**cierto**), false (**falso**), or not known (**no se sabe**), based on what you heard. You will hear the statements twice.

1. Cierto   Falso   No se sabe   4. Cierto   Falso   No se sabe
2. Cierto   Falso   No se sabe   5. Cierto   Falso   No se sabe
3. Cierto   Falso   No se sabe   6. Cierto   Falso   No se sabe

B. Un discurso

Antes de escuchar: Before listening to a speech by the new chancellor of the Universidad Tecnológica, make a list of reforms and changes which, in your opinion, are most needed at the university or college where you study.

1. less of teaching oniself
2. less exercises in class from book
3. more talk in groups
4. _____

5. _____

You will hear a speech by the new chancellor of the Universidad Tecnológica in Montevideo, Uruguay, Roberto Sánchez Perini. The chancellor has called students, alumni, and faculty together to inform them of his plans for the next few years. First, listen to the speech for general comprehension. Then, as you listen a second time, make a list of the most important items in his plans.

LISTA DE PLANES Y REFORMAS

1. _Contratadas_   _profesores_ _____
2. _laboratorios_ _____
3. _____
4. _____
5. _____
6. _programa_ _____

Ejercicios escritos

En otras palabras… Los estudios y el trabajo

ACTIVIDAD A: DEFINICIONES

Defina las siguientes palabras en español, según el modelo.

MODELO: el paro → *la condición de no tener trabajo*

1. una beca: _Dinero para estudiar en la universidad_
2. inscribirse: _antes de asistir hay que aplicar para las etapas._
3. un presupuesto: _lo que alguien hará o quien hace_
4. un sindicato: _grupo de obreros que aseguran que todos los obreros tienen derechos._
5. asegurar: _Afirmar a alguien lo que piensa_
6. una política: _lo que alguien hace_
7. negociar: _hablar_

ACTIVIDAD B: ¿QUIÉNES SON?

¿Quién es la persona que…

1. tiene una beca? _el/la becario/a_   4. trabaja en cierto tipo de empleo? _obrero_
2. no tiene empleo? _desempleado_   5. estudia en la universidad? _universitario_
3. ya recibió su título? _egresado_

A. The Conditional

ACTIVIDAD A: ¿QUÉ HARÍA UD. ANTES DEL EXAMEN?

¿Qué hay que hacer la noche antes de un examen importante? Lea lo que hacen los siguientes estudiantes la noche antes del examen final y diga si Ud. haría o no haría lo mismo, según el modelo.

MODELO: Javier come una comida enorme y toma mucho vino. → *Yo no tomaría mucho vino.*
           o
           Yo haría lo mismo.

1. Elvira hace media hora de ejercicio antes de estudiar.
2. Jorge duerme 8 horas.
3. Rosa piensa en la pelea que tuvo con su novio.
4. Emilio escucha música rock a todo volumen.
5. Carmelita estudia en completo silencio.
6. Víctor va a la biblioteca.
7. Silvia toma un café tras otro.
8. Álvaro se pone frenético.

1. No haría la misma
2. Haría lo mismo.
3. No pensaría en la pelea que tuve.
4. No haría la misma
5. No estudiaría en completo silencio
6. Iría a la biblioteca.
7. No tomaría un café tras otro.
8. No me pondría frenético.

ACTIVIDAD B: EN LA BIBLIOTECA

Aquí hay algunas preguntas que se escucharon en la biblioteca. Use el condicional para expresarlas cortésmente.

A la bibliotecaria:

1. ¿Me puede indicar dónde están los libros en español?

   Podrían estar aquí

2. ¿Tiene un momento para explicarme cómo funciona la computadora?

   Tendría unos momentos a la cuatro. para explicarte

3. ¿Me permite sacar este libro por más de 2 semanas?

   Permitiría sacarlo por 3 semanas

A otro estudiante:

4. ¿Puede hablar en voz más baja?

   Sí hablaría en voz mas baja,

5. Si no está leyendo este libro, ¿me permite mirarlo por unos minutos?

Si, Permitiría mirarlo por unos minuto

ACTIVIDAD C: SITUACIONES

¿Qué haría Ud., qué diría o cómo se sentiría en las siguientes situaciones? Escriba por lo menos una oración para contestar.

1. De repente, Ud. tiene el poder de hacer grandes cambios en este mundo.

No No tendría el poder de hacer

2. Ud. puede ser otra persona, una persona a quien admira.

No no podría ser

3. Ud. se ha puesto en el lugar de sus padres (hijos) por un día.

No me pondría en el lugar

4. Un científico le pide que pase un mes en una caverna, sin luz natural, como parte de un experimento.

No podría hacerlo

5. Ud. se entera de que su hijo (nieto) fuma.

Me gustaría si no fumarías

6. Es medianoche. De repente, Ud. escucha gritos en la calle y momentos después dan golpes fuertes en su puerta.

Llamaría a la policía

B. Reviewing the Preterite and the Imperfect

ACTIVIDAD A: MI PRIMER EMPLEO

¿Se acuerda Ud. de su primer empleo? Para saber cuál fue la experiencia que tuvo Miguel en su primer empleo, complete las oraciones con el pretérito, el imperfecto o el pluscuamperfecto del verbo entre paréntesis.

En aquel entonces, yo (*tener*) *tenía*[1] 14 años y (*ser*) *era*[2] el hijo mayor de mi familia. La

familia que (*vivir*) *vivió*[3] en la casa vecina (*tener*) *tenía*[4] dos hijos chiquitos. Un día, la

vecina, la señora Rojas, me (*preguntar*) *preguntó*[5] si yo (*poder*) *podría*[6] cuidar a sus hijos mientras

ella (*ir*) *iba*[7] al dentista. Yo (*vacilar*) *vacilaba*[8] por un momento, pero cuando ella mencionó

cuánto me (*ir*) *iba*[9] a pagar, yo (*aceptar*) *acepté*[10] el empleo en seguida. Cuando (*llegar*)

llegó[11] a su casa a las 2.00, la señora Rojas me (*decir*) *dijo*[12] que los chicos (*dormir*)

dormían[13] la siesta y que ella volvería para las 4.00 «Muy bien», le (*responder*) *respondí*[14] «No se preocupe, señora Rojas. Todo estará bien.» Yo (decidir) _decidí_ 15 que (ser) _sea_ 16 mejor no

mencionar que nunca (trabajar) _había trabajaba_ 17 de *baby sitter*.*

Media hora después, el más chiquito, Fernandito, (despertarse) _se despertó_ .18 Cuando (ver)

_vi_ 19 que su mamá no (estar) _estaba_,20 (comenzar) _comenzaaron_ 21 a llorar a gritos. Yo lo

(levantar) _llevanto_,22 le (hacer) _hice_ 23 muecas (*funny faces*), le (dar) _di_ 24 un juguete,

le (ofrecer) _ofreci_ 25 algo para tomar… todas las cosas que mi mamá (hacer) _hizo_ 26 con mis

hermanitos. Pero no (haber) _había_ 27 manera de calmarlo. Por fin me (dar) _di_ 28 cuenta de

un olor (*smell*) raro. ¡Caramba! ¡Me (olvidar) _olvidé_ 29 por completo de los pañales (*diapers*)!

¡(Haber) _hay_ 30 que cambiarlos! Yo nunca en mi vida (cambiar) _había cambiado_ 31 un pañal. Entonces,

yo (hacer) _hice_ 32 la única cosa posible. (Ir) _Iba_ 33 al teléfono, (llamar) _llamé_ 34 a mi

mamá y ella (venir) _vino_ 35 en seguida para ayudarme.

Cuando su mamá (volver) _volvió_ 36 a las 4.00, los dos chicos (jugar) _jugaban_ 37 felizmente.

La señora Rojas (estar) _estaba_ 38 muy contenta y cuando me (pagar) _pagó_ 39 me dijo que me

(ir) _iba_ 40 a llamar otra vez para cuidar a los chicos. Cuando yo (volver) _volví_ 41 a mi casa,

mi mamá me (enseñar) _enseñó_ 42 más detalles sobre algo muy importante para mi futura carrera de

baby sitter: cómo cambiar pañales.

ACTIVIDAD B: LA EXPERIENCIA DE MIGUEL

Repase la experiencia de Miguel con respecto a lo siguiente, usando el pretérito, el imperfecto y el pluscuamperfecto en sus oraciones.

1. cómo consiguió el empleo
2. lo que le convenció a aceptarlo
3. su experiencia previa
4. la reacción de Fernandito cuando se despertó

5. lo que Miguel sabía de cuidar a los niños
6. lo que no sabía
7. lo que aprendió

1. _Su vecino le preguntó_
2. _Que recibería dinero_
3. _No tenía ningún experiencia_
4. _Empezó a llorar._
5. _Miguel no sabía nada_

---

*En español no existe una palabra que sea equivalente a «baby sitter» porque tradicionalmente un miembro de la familia o una sirvienta (que se llamaba una niñera) cuidaban a los niños. Ahora, con los cambios sociales y económicos, en las grandes ciudades hay personas que cuidan a los niños por hora, y en algunas partes se les llama «baby sitters».

6. _no sdería nada_

7. _aprendió a cambiar los pañeles._

ACTIVIDAD C: ¡AHORA LE TOCA A UD.!

¿Cómo era su primer empleo? Descríbalo en un párrafo como Miguel lo ha hecho, mencionando los siguientes aspectos: el trabajo, el lugar, sus colegas o clientes, el sueldo, sus tareas u obligaciones, su experiencia previa, sus habilidades y lo que Ud. aprendió. Escriba el párrafo en otro papel.

En otras palabras... Para hablar de la familia

ACTIVIDAD: MI VIDA FAMILIAR

Para contar algo de su hogar y su familia, describa los siguientes aspectos de su vida familiar.

1. su hogar
2. su horario cuando está en casa
3. las cosas que les causan disgustos a Ud. o a otros miembros de su familia
4. las actitudes de sus padres, ¿modernas o antiguas?
5. lo que hacen los miembros de su familia para indicar que están enfadados

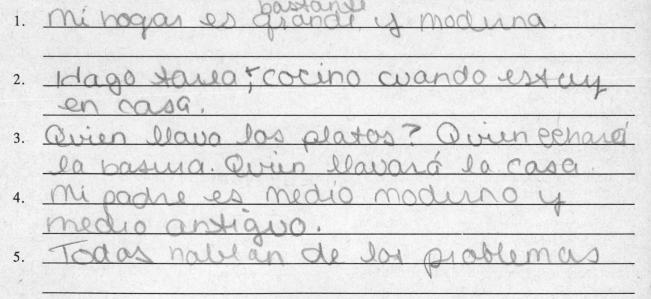

1. _Mi hogar es bastante grande y moderna._

2. _Hago tarea; cocino cuando estoy en casa._

3. _¿Quien lava los platos? ¿Quien echará la basura. ¿Quien lavará la casa._

4. _Mi padre es medio moderno y medio antiguo._

5. _Todas hablan de los problemas_

C. Present Perfect Subjunctive

ACTIVIDAD A: CARMEN Y FERNANDO HABLAN

¿Qué pueden hacer o decir Carmen y Fernando a sus hijos? ¿Deben tolerar la situación o deben hablar más abiertamente y con firmeza a sus hijos? Exprese sus sentimientos, terminando las siguientes oraciones incompletas con una de las **Expresiones útiles**, otras palabras necesarias y el indicativo o subjuntivo del pluscuamperfecto.

Expresiones útiles: ser considerado, comenzar tres carreras, tratar de conseguir empleo, mirar el telediario, preparar la cena, ser estudiantes serios, fumar porros, tomar una decisión, venir a la casa, votar, comer toda la comida que estaba en el refrigerador, pasar, buscar trabajo, acabar sus estudios

1. Chicos, no creemos que Uds. _hayan ~~hecho~~ sido considerado_.
2. Nos molesta que Uds. no _hayan comenzado tres camarreras_
3. Arturo, no nos gusta que tú _hayas vivido con ella_ .
4. Elena, es absurdo que no _haya tratado de conseguir empleo._
5. Estamos contentos de que sus primos y sus amigos _hayan mirado el teledrama_
6. ¡Pero no es posible que Uds. y ellos _hayan preparado la cena_!
7. Cuando Uds. llegan tarde por la noche tememos que algo les _haya pasado_ .
8. ¡No nos digan que _hayan ababado sus estudios_ !
9. Les permitiremos invitar a sus amigos a la casa a condición de que _hayan hecho la tarea_
10. ¿Piensan hacer oposiciones cuando _hayan tomado una decisión_ ?
11. No es bueno que Uds. nunca _hayan buscado trabajo_ .
12. No pueden quejarse del gobierno a menos que _hayan votado_ .

ACTIVIDAD B: PARA COMPARAR

Para comparar las actitudes de sus padres con las de Carmen y Fernando (o las actitudes de sus hijos con las de los hijos de ellos), termine las siguientes oraciones, usando el indicativo o subjuntivo del pluscuam-perfecto.

1. Mis padres (hijos) estarán contentos cuando yo _~~haya~~ he comprendido el sufi_ ..
2. No creo que mis padres (hijos) _~~piensaban~~ pensaran tener una hija_ .
3. Me sorprende que mis padres (hijos) _me permitía manejar_ .
4. Me alegro de que mis padres (hijos) _____ .
5. Puede ser que ellos _iban a comer_ .
6. Es probable que mis padres (hijos) nunca _____ .
7. Dudo que ellos _eran antiguas_ .
8. Estoy seguro/a de que mis padres (hijos) _habían visto la película_

CH. The Conditional of Probability

ACTIVIDAD: DOS AÑOS DESPUÉS

El artículo que Ud. ha leído sobre la familia de Carmen y Fernando fue escrito hace varios años. ¿Qué harían ellos dos años después? Como Ud. no lo sabe, use la imaginación, los datos del artículo y el condicional para expresar su opinión.

MODELO: ¿Qué harían Arturo y Elena dos años después? → *Creo que trabajarían.*
o
Creo que todavía no trabajarían.

Elena y Arturo:

1. ¿Vivirían con sus padres? _Pienso que vivirían en su casa_

2. ¿Serían estudiantes? _Creo que todavía no serían Estud._

3. ¿Estudiarían informática? _Es posible que estudiarían_

4. ¿Tendrían las mismas actitudes? _Es dudoso que tendrían las mismas_

5. ¿Encontrarían trabajo? _Pienso que encontrarían trabajo_

6. ¿Fumarían mariguana? _Creo que no fumarían mariguana_

María:

7. ¿Haría lo que habían hecho sus hermanos? _No creo que haría lo que_

8. ¿Tendría más oportunidades? _Creo que tendría menos oportunidades._

Palabras problemáticas

ACTIVIDAD: LAS ALTERNATIVAS

Complete las siguientes oraciones con las **Palabras problemáticas**.

1. Fernando no impuso restricciones a sus hijos, _sino_ les dio la llave de la casa.

2. La familia no se reúne en casa para comer, _sino_ cada uno come fuera.

3. Arturo no estudia informática _sino_ economía.

4. Elena no tiene sólo un novio _sino que_ dos.

5. Arturo no pone el tocadiscos alto, _pero_ escucha por los auriculares.

6. Algunos amigos de Elena y Arturo piensan hacer oposiciones a la administración, _pero_ Elena cree que es una limitación terrible.

7. Elena y Arturo no votan, _pero_ critican al gobierno.

8. Los padres no son estrictos _sino_ permisivos.

De todo un poco

ACTIVIDAD A: HABLANDO DE LA FAMILIA UN POCO MÁS

Complete los siguientes párrafos con el subjuntivo o el indicativo del verbo entre paréntesis y, en los espacios donde no se da un verbo, use **sino que**, **sino** o **pero**.

La familia de Carmen y Fernando no es una típica familia española _sino_ es bastante excepcional.

Muchos españoles, al leer el artículo, no (poder) _pueden_ creer que una familia española (ser) _sea_ [3] así. Sin embargo, el artículo indica los muchos cambios que (*tener*) _tienen_ [4] lugar en la estructura y las actitudes de la familia española en las últimas dos décadas. Para dar algunos ejemplos: la madre no es ama de casa _sino_ [5] trabaja fuera, la familia come fuera o cena frente al televisor en vez de reunirse a la hora de comer y los hijos y sus amigos van y vienen como y cuando (*querer*) _quieren_ [6] e invitan a sus amigos a pasar la noche en la casa. ¿Y por qué? Según el padre, es mejor que los hijos (*traer*) _traer_ [7] a sus amigos a casa porque así ellos saben dónde (*estar*) _estar_ [8] y con quiénes (*andar*) _andan_ [9]. Y, como muchos padres norteamericanos, temen que sus hijos (*usar*) _usan_ [10] drogas.

Por lo general, los padres españoles (*tener*) _tienen_ [11] actitudes tradicionales con respecto a sus hijos. Algunos todavía les imponen horas estrictas, no permiten que los amigos de sus hijos (*pasar*) _pasa_ [12] la noche en casa e insisten en que todos (*comer*) _comer_ [13] juntos.

El artículo dice que «Arturo y Elena son totalmente independientes», _pero_ [14] en realidad lo que esto demuestra es que son dependientes de sus padres porque no trabajan y viven en casa. Su independencia consiste en tener la libertad de hacer lo que les (*gustar*) _gustan_ [15] en su casa. Estudian sí, _pero_ [16] no tienen metas (*goals*). Están pasando el tiempo en la universidad porque no saben qué hacer y es difícil conseguir trabajo sin experiencia.

Es verdad que la tasa (*rate*) de desempleo en España (*ser*) _sea_ _será_ [17] bastante alta en los últimos 10 años, especialmente para los jóvenes egresados. Sin embargo, ahora la situación económica (*mejorarse*) _se mejora_ [18] bastante. España (*entrar*) _entra_ [19] en el Mercado Común, su economía (*alcanzar*) _alcan_ [20] una de las tasas de crecimiento más altas de Europa y, cuando la Comunidad Económica Europea se (*llevar*) _lleva_ [21] a cabo en 1992, los españoles se encontrarán con oportunidades económicas ilimitadas. Entonces, es posible que las oportunidades para Elena y Arturo (*cambiar*) _cambien_ [22].

ACTIVIDAD B: CON SUS PROPIAS PALABRAS: PUNTO DE VISTA

Preparación

Sometimes two people describing the same incident will give different details or have different attitudes about what happened. Each is expressing a point of view that can be influenced by factors such as age, education, experience, and sometimes political or philosophical views or religious beliefs. Writing with a point of view is similar in that the individual writer's perceptions—what he or she saw and heard—are expressed. Any opinions he or she expresses will be based on those perceptions.

Aplicación

The article "Qué largo es ser joven" tells about Carmen, Fernando and their children, and occasionally quotes one of them. However, the article might be quite different if any one individual had written it, giving his or her point of view. You, as the reader, bring still another point of view into play. Write a composition on the topic "Cómo yo veo las cosas," giving the point of view of the parents or of Elena, Arturo, or their younger sister María. Or, if you prefer, give your perspectives and opinions about the members of the family.

CAPÍTULO **18**

Manual de laboratorio

Para comenzar

Scan the following employment ads for general information. Then you will hear Manolo describe the work that some of his friends do or are prepared to do. Listen to each description, then decide which job is best suited for each person and write his or her name in the space under the ad. You will hear the correct answer on the tape. Pause now to look at the ads.

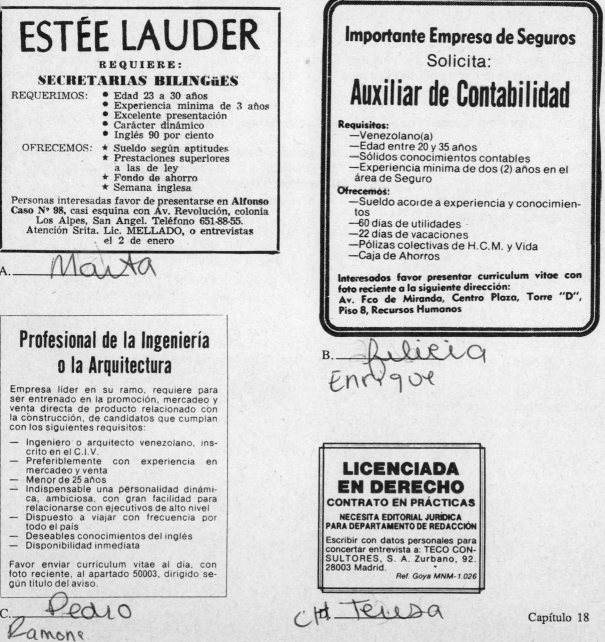

ESTÉE LAUDER

R E Q U I E R E :
SECRETARIAS BILINGüES

REQUERIMOS:
- Edad 23 a 30 años
- Experiencia mínima de 3 años
- Excelente presentación
- Carácter dinámico
- Inglés 90 por ciento

OFRECEMOS:
- ★ Sueldo según aptitudes
- ★ Prestaciones superiores a las de ley
- ★ Fondo de ahorro
- ★ Semana inglesa

Personas interesadas favor de presentarse en **Alfonso Caso Nº 98**, casi esquina con Av. Revolución, colonia Los Alpes, San Angel. Teléfono 651-88-55. Atención Srita. Lic. MELLADO, o entrevistas el 2 de enero

A. _____ Marta

Importante Empresa de Seguros
Solicita:
Auxiliar de Contabilidad

Requisitos:
- —Venezolano(a)
- —Edad entre 20 y 35 años
- —Sólidos conocimientos contables
- —Experiencia mínima de dos (2) años en el área de Seguro

Ofrecemos:
- —Sueldo acorde a experiencia y conocimientos
- —60 días de utilidades
- —22 días de vacaciones
- —Pólizas colectivas de H.C.M. y Vida
- —Caja de Ahorros

Interesados favor presentar curriculum vitae con foto reciente a la siguiente dirección:
Av. Fco de Miranda, Centro Plaza, Torre "D", Piso 8, Recursos Humanos

B. _____ Alicia
Enrique

Profesional de la Ingeniería o la Arquitectura

Empresa líder en su ramo, requiere para ser entrenado en la promoción, mercadeo y venta directa de producto relacionado con la construcción, de candidatos que cumplan con los siguientes requisitos:

- Ingeniero o arquitecto venezolano, inscrito en el C.I.V.
- Preferiblemente con experiencia en mercadeo y venta
- Menor de 25 años
- Indispensable una personalidad dinámica, ambiciosa, con gran facilidad para relacionarse con ejecutivos de alto nivel
- Dispuesto a viajar con frecuencia por todo el país
- Deseables conocimientos del inglés
- Disponibilidad inmediata

Favor enviar curriculum vitae al día, con foto reciente, al apartado 50003, dirigido según título del aviso.

C. _____ Pedro
Ramón

LICENCIADA EN DERECHO
CONTRATO EN PRÁCTICAS
NECESITA EDITORIAL JURÍDICA PARA DEPARTAMENTO DE REDACCIÓN
Escribir con datos personales para concertar entrevista a: TECO CONSULTORES, S. A. Zurbano, 92. 28003 Madrid.
Ref. Goya MNM-1.026

D. _____ Teresa

Estructuras y vocabulario

USING THE INDICATIVE OR THE SUBJUNCTIVE WITH **DECIR**

Pablo has completed his studies and is looking for a job. A letter to him from his sister Anita recently arrived at his parents' home, and he would like to know what it says. Listen to the following sentences from Anita's letter. Then restate them as if you were his father or mother. Use the phrase *Anita dice…* and the indicative or subjunctive, as needed. Follow the model. You will hear a possible answer on the tape.

> MODELO: La compañía VIASA tiene varios puestos que te podrían interesar. →
> Anite dice *que VIASA tiene puestos que te podrían interesar.*

1. Hay muchas oportunidades de empleo en Maracaibo. *Anite dice que hay muchas opo*
2. Llama a la consejera de empleo de tu universidad.
3. Lee la sección de empleos en el periódico todos los días.
4. Un buen currículum vitae te puede ayudar mucho.
5. Escribe cartas a todas las grandes empresas.
6. Las compañías internacionales pagan los mejores salarios.

PRETERITE REVIEW

COMPUTEX needs an information systems specialist. Two executives in the personnel office are in charge of taking the steps to find one. Describe what they did, based on the written cues and using third person plural preterite forms. After you say each sentence, you will hear a possible answer on the tape. Follow the model.

> MODELO: (llamar a una agencia de empleos) → *Llamaron a una agencia de empleos.*

1. poner un aviso en el periódico *Pusieron*
2. recibir muchas solicitudes *recibieron*
3. leer muchos currículum *leyeron*
4. hacer citas para una serie de entrevistas *hicieron*
5. entrevistar a diez candidatos *entrevistaron*
6. pedirles cartas de recomendación a varias personas *les pidieron*
7. ir a la oficina el sábado, para tomar una decisión *fueron*
8. avisar a la candidata por teléfono *avisar*
9. estar muy contentos cuando aceptó el puesto *estuvieron*

THE PAST SUBJUNCTIVE *imperfect subj*

Raquel is complaining about various aspects of her academic work to Paco. Play Paco's role, giving her advice, using the written cues and the past subjunctive. You will hear the correct answer on the tape. Follow the model.

> MODELO: Nunca comprendo las conferencias del profesor Martínez.
> (Las comprenderías… / hacer la tarea) → Las comprenderías *si hicieras la tarea.*

1. Sacarías mejores notas… / estudiar un poco más *Sacarías mejores notas si estudia*
2. Tendrías tiempo… / organizarse mejor *si organizaras*
3. Tendrías dinero para los libros… / no comprar tantos discos *no compraras*
4. No te dormirías en clase… / acostarse temprano *si acostaras*
5. No saldrías mal… / leer con más cuidado el libro *leyeras*
6. No llegarías tarde… / levantarse más temprano *si levantaras*

THE SUBJUNCTIVE WITH COMO SI

Cecilia and Juana are chatting in a café about some of their friends. Listen to Cecilia's statements and play Juana's role, reacting as in the model. Use the subjunctive with **como si** and the written cues. You will hear the correct answer on the tape. Follow the model.

MODELO: Clara gasta muchísimo dinero. (ser millonaria) → *Sí, gasta dinero como si fuera millonaria.*

Como si fuera   como si estuviera tuviera

1. ser hispanohablante   3. estar de vacaciones   5. tener muchísimo dinero
2. ser una cantante de rock   4. estar muriéndose de hambre

fuera   estuviera

Para escuchar

A. You will hear three announcements from Radio Tegucigalpa in Honduras. The ads advertise positions available in various companies and institutions in that country and in Mexico. Then you will hear a series of statements. Indicate whether they are true (**cierto**), false (**falso**), or not known (**no se sabe**) based on the information in the announcements. You will hear the statements twice.

1. Cierto   (Falso)   No se sabe   6. Cierto   (Falso)   No se sabe
2. (Cierto)   Falso   No se sabe   7. Cierto   Falso   (No se sabe)
3. Cierto   (Falso)   No se sabe   8. Cierto   (Falso)   No se sabe
4. (Cierto)   Falso   No se sabe   9. (Cierto)   Falso   No se sabe
5. Cierto   (Falso)   No se sabe

B. Una entrevista

Antes de escuchar: You are going to hear a brief job interview. Before listening, think about the kinds of topics you think will be raised during the interview and indicate them with a word or two. Then, as you listen, see how many questions or issues you were able to predict.

Salario   porque salió

experencia   responsabilidad

You will hear an interview that takes place in the office of Aurelio Ruiz, general manager of the firm Hermanos Ruiz. Sr. Ruiz is interviewing Carlos Pérez for the position of Accounting Supervisor in the international department. First, listen to the entire interview for general comprehension. Then, as you listen a second time, take notes on the interview by completing the chart.

NOTAS DEL SR. RUIZ

Nombre del candidato: _Carlos Perez_   Responsabilidades en el cargo actual: _llevar las cuentas de varios clientes_

Universidad donde estudió: _Metropolita_   Razones para cambiar de trabajo: _mas dinero o estar_

Profesores que conoce: _Chevarilla_   Título del cargo solicitado: _Supervisor del departamento int._

Empresa en la que trabaja actualmente: _Contadores asociados_   Nivel de salario de ese cargo: _50 mil_

Cargo que ocupa en esa empresa: _contador asistente departamento internacional_   Responsabilidades del cargo: _3 contadores asistente_

desde hace   _Maneja varias cuentas extranjeras_

Ejercicios escritos

En otras palabras... La búsqueda de trabajo

ACTIVIDAD A: ¡A TRABAJAR!

Para describir el proceso de buscar un trabajo, escriba una o dos oraciones utilizando las palabras de cada grupo y otras que le gustaría añadir. Para el número 5, diga algo que Ud. sepa por experiencia propia o acerca de la situación actual.

1. aspirante / solicitar / un puesto / enviar / el currículum / ¿_____?

   Un aspirante es una persona que solicita un puesto y tiene que enviar el currículum.

2. completar / una solicitud de trabajo / empresa / ¿_____?

   Hay que completar una solicitud de trabajo quando solicita un puesto.

3. atravesar / dificultades / no tener nada que ver con / capacidad / ¿_____?

   A veces hay que atravesar dificultades que no tienen nada que ver con la capacidad del aspirante.

4. la situación / tener que ver con / la oferta / la demanda / ¿_____?

   La situación tiene que ver con la oferta y la demanda porque un aspirante demanda y una empresa oferta.

5. *Si no hay demanda la oferta baja.*

ACTIVIDAD B: PARA DECIRLO EN OTRAS PALABRAS...

En esta Unidad Ud. ha leído varios artículos sobre la educación superior y el empleo. Para practicar el uso del vocabulario de esos temas, escriba la letra del sinónimo de las palabras indicadas.

1. _____ Cuando hay mucho *desempleo*, los egresados tienen dificultad en encontrar puestos.
   a. trabajo   (b.) paro   c. falta de preparación
2. _____ La lista de desempleados *engorda*.
   (a.) aumenta   b. se reduce   c. disminuye
3. _____ Con su *flamante* título, Rita salió a buscar empleo.
   a. quemado   b. reciente   (c.) muy nuevo
4. _____ Escribió su currículum antes de *iniciar* la búsqueda.
   a. terminar   (b.) comenzar   c. continuar
5. _____ Jorge es un *titulado* de la Universidad Complutense de Madrid.
   a. profesor   b. estudiante   (c.) licenciado
6. _____ Estudió en la Facultad de *Filosofía y Letras*.
   a. Ciencias   (b.) Humanidades   c. Derecho
7. _____ Está haciendo todo lo posible para conseguir *un empleo*.
   a. una oposición (b.) un puesto   c. un egresado
8. _____ ¿Qué será en el *futuro*?
   (a.) porvenir   b. mercado   c. empresa
9. _____ ¿Qué carrera ofrece *mayores* oportunidades?
   a. más grandes   b. más viejas   (c.) más importantes
10. _____ Dicen que las oportunidades son *escasas*.
   a. abundantes   (b.) pocas   c. ilimitadas

11. _____ ¿En qué *campo* quieres trabajar?
    a. área   b. país   c. región
12. _____ Algunos estudiantes dicen que su *enseñanza* ha sido deficiente.
    a. resolución   b. inversión   c. formación
13. _____ ¿Hay un consejero en esta universidad que se ocupe de la *colocación* de los estudiantes?
    a. orientación   b. ubicación   c. vocación
14. _____ La economía de la Argentina *padece* graves problemas.
    a. sufre de   b. tiene   c. presenta
15. _____ ¿Ya has *conseguido* un puesto?
    a. rechazado   b. probado   c. obtenido
16. _____ ¿Te gustaría trabajar *en el exterior*?
    a. en el extranjero b. al aire libre   c. en este país
17. _____ Muchos *aspirantes* se presentaron para este puesto.
    a. candidatos   b. licenciados   c. egresados
18. _____ La oferta *no está relacionada con* la demanda.
    a. no es pariente de b. no es cuestión de c. no tiene nada que ver con

A. Using the Indicative or the Subjunctive with *decir*

ACTIVIDAD: LA ENTREVISTA

Rafael trabaja de contador en una empresa, pero busca un puesto que le ofrezca más oportunidad de avanzar y un sueldo más grande. Cuando vio un aviso interesante en el periódico, mandó una carta y su currículum solicitando el puesto. Mientras Ud. lee lo que pasó después, complete las oraciones con el indicativo, el subjuntivo o el infinitivo de los verbos entre paréntesis.

1. Un día Rafael recibe una carta diciéndole que (*presentarse*) present para una entrevista el martes a las 10:00.

2. Le dice a su jefe que no va a (*estar*) estar en la oficina el martes por la mañana.

3. El día de la entrevista su madre le dice que (*llevar*) lleve el traje gris y una camisa blanca.

4. Cuando sube al autobús, le dice al conductor que le (*avisar*) avise cuando (*llegar*) llegue a la calle Viamonte.

5. Llega al edificio donde está la empresa y le dice al ascensorista (*elevator operator*) que lo (*llevar*)

   lleve al piso 32.

6. Entra en las oficinas de la empresa y le dice a la recepcionista que (*tener*) tiene una cita con la señorita Oñate a las 10:00.

7. La recepcionista le dice que (*sentarse*) se siente porque la señorita Oñate está ocupada en este momento, pero que no va a tardar mucho.

8. Rafael le dice a la recepcionista que ojalá que ella no (*tardar*) tarde mucho.

B. Preterite Review

ACTIVIDAD A: RESUMEN DE «DE LA UNIVERSIDAD, AL PARO»

Complete el resumen con el pretérito de los infinitivos.

A finales de junio, cerca de 95.000 flamantes licenciados (*iniciar*) _iniciaron_ ¹ la búsqueda del primer empleo. En ese momento 200.000 titulados (*estar*) _estuvieron_ ² en paro en España. Sin embargo, en julio 25.000 estudiantes más (*matricularse*) _se matricularon_ ³ Los egresados tenían poca esperanza. Ellos (*decir*) _dijeron_ ⁴ que no habían recibido una enseñanza conforme a las necesidades de la demanda. Algunos (*hacer*) _hicieron_ ⁵ cursillos de especialización al terminar la carrera. Otros no (*poder*) _pudieron_ ⁶ hacerlo porque eran carísimos. Las posibilidades de dedicarse a la investigación (*ser*) _fueron_ ⁷ limitadas. Algunos (*pensar*) _pensaron_ ⁸ irse al exterior. Muchos no (*conseguir*) _consiguieron_ ⁹ trabajo. Todos (*atravesar*) _atravesaron_ ¹⁰ una situación difícil.

ACTIVIDAD B: FALTAR A CLASE (*CUTTING CLASS*)

La semana pasada, Rosa y Luz decidieron faltar a sus clases y hacer algo diferente para variar su rutina. Use los dibujos y la imaginación para contar en el pretérito lo que hicieron. Escriba dos oraciones para cada dibujo.

1. a. _Las dos se levantaron las ocho de la mañ_

   b. _Sonó el aspirador a las ocho_

2. a. _Se vistieron sus mismas._

   b. _Se pusieron la ropa_

3. a. _Encontraron a algunos amigos._
   b. _Saludaron a algunos amigos._
4. a. _Compraron ropa nueva._
   b. _Fueron de compras._
5. a. _Comieron la almuerza._
   b. _Hablaron mientras que comieron._
6. a. _Compraron boletas_
   b. _Vieron una película al cine._
7. a. _Volvieron a la Universidad._
   b. _Regresaron a la Universidad_
8. a. _Fueron a clase_
   b. _Explicaron al maestro._

En otras palabras… Para hablar de las profesiones

ACTIVIDAD: LA PROMOCIÓN DEL '88

¿Qué hacen ahora los miembros de la promoción del '88? Complete las siguientes oraciones con la forma correcta de la palabra o expresión apropiada de la lista. ¡OJO! No use todas las palabras.

1. Consuelo consiguió un empleo en una gran empresa y ahora está en un

   programa de _ejecutivos_ para futuros _gerentes_

2. Pablo aprendió a negociar _los negocios_ en la Facultad de Derecho.

3. A Susana le interesan los aspectos financieros de los negocios, así que estudió

   finanzas

4. Ahora ella es _gerente_ de su departamento y tiene muy buenos _ingresos_

5. Lo que estudió la _capaci_ para el puesto que consiguió.

6. Marcos era uno de los muchos aspirantes que _compitieron_ por los pocos puestos.

7. Simón está contento porque está _ejerciendo_ la profesión para la cual se había preparado.

8. Está tomando un cursillo de computación avanzada porque reconoce la necesidad de _estar al día_

9. Además, para avanzar en su empresa es _imprescindible_ que los jóvenes _estén al día_

10. Lola tiene su propio negocio porque prefiere trabajar _por su cuenta_

el contrato
el directivo
el gerente
el ejecutivo
el entrenamiento
los ingresos
los negocios
la renta
las finanzas
competitivo
imprescindible
estar al día
capacitar
competir
estar al tanto
ejercer
por su cuenta

C. The Past Subjunctive

ACTIVIDAD A: ¿QUÉ QUERÍAN

¿Qué querían los aspirantes? ¿Qué querían los que ofrecían trabajo? Complete las siguientes oraciones con formas del imperfecto del subjuntivo.

Los aspirantes querían que...

1. sus profesores les (dar) _dieran_ sugerencias de cómo buscar empleo.

2. cualquier empresa les (hacer) _hicieran_ una oferta de empleo.

3. el gobierno les (decir) _dijera_ lo que era la oferta y la demanda en ciertas profesiones.

4. la situación no (ser) _fuera_ tan grave.

5. las empresas no (imponer) _impusieran_ tantas restricciones.

6. los profesionales (estar) _estuvieran_ dispuestos a darles un empleo para que (conseguir) _____ experiencia.

Las empresas buscaban aspirantes que...

7. (venir) _vinieran_ con una buena preparación.

8. (saber) _supieran_ informática.

9. (tener) _tuvieran_ conocimientos prácticos o especializados.

10. (poder) _pudieran_ hablar otras lenguas.

11. (querer) _quisieran_ aprender sus sistemas y métodos.

ACTIVIDAD B: ¿UNA FUTURA PILOTO?

Julia acaba de leer en una revista un anuncio que se llama «Hazte piloto». Para saber su reacción y la de su familia y sus amigos, complete las siguientes oraciones con el imperfecto del subjuntivo, el indicativo o el infinitivo.

Julia pensó que era sorprendente que se (incluir) en el anuncio _incluyera_ [1] la frase «para los hombres... ». ¿Sería posible que Iberia también (aceptar) _aceptara_ [2] mujeres en este programa? Como no podía creer lo que (leer) _leía_ [3], repasó el anuncio otra vez. Después se lo mostró a sus padres para que le (decir) _dijeran_ [4] lo que opinaban de la idea de ser piloto. Su padre inmediatamente dudó que la compañía aérea (tener) _tuviera_ [5] interés en una mujer. Su hermano dijo que era absurdo que ella (pensar) _pensara_ [6] en ser piloto, que él no conocía a ninguna mujer que (ser) _fuera_ [7] piloto. Su amigo Ramón le dijo que (olvidarse) _se olvidara_ [8] de esas tonterías. Pero su mamá le sugirió que (rellenar) _rellenara_ [9] el cupón y que lo (enviar) _enviara_ [10] a la compañía. Su amiga Maite le recomendó que ella (*preparar*) _preparara_11 su currículum en caso de que le (ellos: *contestar*) _contestara_12 que sí, aceptaban mujeres en el programa.

Antes de (*recortar*) _recortara_13 el cupón, Julia leyó una vez más el anuncio. Sí, era verdad que la compañía (*buscar*) _buscaba_14 personas que (*tener*) _tuvieran_15 entre 19 y 25 años, pasaporte español, un buen nivel de inglés, y que (*ver*) _vieran_16 y (*oír*) _oyeran_17 bien. Pensó «Creo que fue una magnífica idea que mi consejero me (*sugerir*) _sugiera_18 que (*tomar*) _tomara_19 los tres cursos técnicos. Con esos, soy una aspirante seria.» Esperaba que sus conocimientos de inglés (*ser*) _fuera_20 de un nivel adecuado. Al día siguiente Julia envió el cupón y después esperó impacientemente la respuesta.

ACTIVIDAD C: DESPUÉS DE DOS SEMANAS

¿Qué pasó después de que Julia envió el cupón? Ahora le toca a Ud. contar el resto de la historia usando el imperfecto del subjuntivo, el indicativo o el infinitivo. Escriba en otro papel.

CH. More About the Subjunctive with Adverbial Clauses of Time

ACTIVIDAD: LA HISTORIA CONTINÚA

Complete la historia de Julia con una frase de las **Frases útiles**, usando el imperfecto del subjuntivo o el indicativo.

Frases útiles: completarla, conseguir el puesto, volver el jefe de personal de una viaje, enviarles su foto, esperar su llamada, hacerse un examen médico, llamarla, recibir la carta, tener los resultados del examen de aptitud, tomar un examen de aptitud, ir a la entrevista

1. Iberia le escribió que le daría una entrevista después de que _el jefe volviera de una viaje._

2. Le mandaron una solicitud de trabajo para que _la completara_

3. Le dijeron que no entrevistaban a nadie hasta que _tomara un examen_.

4. Le llamarían tan pronto como _tuvieran los resultados._

5. Pidieron que les enviara su foto mientras que _esperara su llamada_

6. Ella fue a sacarse una foto en cuanto _recibió la carta_.

7. También se compró un traje porque quería tener apariencia profesional cuando _fuera a la entrevista_.

8. Practicaba el inglés para que _consigiera el puesto_.

D. The Subjunctive with *como si*

ACTIVIDAD: REALIDAD VERSUS APARIENCIAS

Ésta es la realidad de algunas situaciones pero, por alguna razón, las apariencias son diferentes. Describa las apariencias después de leer cómo son las cosas en la realidad.

1. El avión ha perdido un motor. Pero cuando el piloto les habla a los pasajeros no demuestra que tiene miedo.

   El piloto actúa _como si no tuviera miedo_.

2. Hay una crisis económica. Sin embargo el portavoz (*spokesperson*) del gobierno dice que todo está bien.

   El portavoz habla _como si no estuviera un problema_.

3. La crisis tiene mucho que ver con el desempleo, pero él dice que no.

   El portavoz habla _como si no tuviera nada..._

4. Catalina sabe hablar de las teorías económicas, pero no sabe ponerlas en práctica.

   Catalina habla _como si no supiera hablar ninguna teoría_.

5. Pablito tiene 5 años y es un diablito. Pero cuando sus abuelos vienen de visita, se porta como un angelito.

   Pablito se porta _como si fuera un angelito_.

6. Al señor Rojas le gusta pescar. Según él, los peces siempre son enormes.

   El señor Rojas describe los peces _como si fueran gigantes_.

7. Ángela es una chica de 13 años pero es tan madura que parece tener 18 años.

   Ángela se porta _como si fuera madura tuviera 18 años._

Palabras problemáticas

ACTIVIDAD: PARA GANARSE LA VIDA

Conteste la pregunta en el espacio *a*. En el espacio *b* indique la **Palabra problemática** que describa la categoría de este trabajo.

1. ¿Qué trabajo quiere hacer Ud. después de graduarse?   a. _quiero ser doctora_

   b. _una profesional_

2. ¿Qué trabajo(s) ya ha hecho Ud.?   a. _he sido un dependiente_

   b. _una empleada_

3. ¿En qué trabajan sus padres (hijos)?   a. _hace labor manual_ _____

   a. _un obrero_   b. _____

Name _____ Date _____ Class _____

4. En su opinión, ¿cuál es el trabajo ideal? a. _Una abogada o una Doctora_

b. _Una profesional_

De todo un poco

ACTIVIDAD A: REPASO

¡No todos los trabajos de verano son aburridos o mal pagados! Daniel, por ejemplo, tuvo un trabajo muy interesante. Para saber algo más, complete la siguiente anécdota con el indicativo, el subjuntivo o el infinitivo.

El verano pasado, después de (*terminar*) _____[1] su tercer año en la universidad, Daniel buscó un

empleo. Como pensaba (*estudiar*) _____[2] medicina después de (*graduarse*) _____,[3] quería un

empleo en un campo que (*tener*) _tuviera_[4] algo que ver con la medicina y que le (*pagar*) _pagara_[5]

bien. También, prefería trabajar en un lugar donde (*poder*) _pudiera_[6] utilizar sus conocimientos de

química y biología en vez de vender hamburguesas.

Sus padres le sugirieron que (*leer*) _leyera_[7] los avisos en el periódico o que (*ir*) _fuera_[8] a un

hospital para ver lo que se (*ofrecer*) _ofreciera_[9] Primero, Daniel leyó el periódico, pero no había nada

que le (*parecer*) _pareciera_[10] interesante. Entonces, fue a varios hospitales. En uno había un anuncio:

«Un equipo que hace investigaciones sobre el insomnio necesita ayudantes que (*poder*) _puedan_[11]

trabajar turnos de día o de noche.» A Daniel le llamó la atención y llamó en seguida al número indicado.

El técnico que contestó el teléfono le dijo que (*llamar*) _llamara_[12] más tarde cuando el jefe del equipo

(*estar*) _estuviera_[13] en el laboratorio. Daniel volvió a llamar y el jefe le pidió que (*venir*) _viniera_[14]

esa misma tarde para que lo (*poder*) _pudiera_[15] entrevistar.

Durante la entrevista, el jefe le dijo que el equipo (*necesitar*) _necesitaba_[16] ayudantes que (*poder*)

pudiera[17] trabajar 12 horas seguidas, que (*tener*) _tuvieran_[18] mucha paciencia y que no (*dormir*)

durmieran[19] durante las horas de trabajo porque tendrían que hacer análisis y vigilar a los sujetos

mientras que éstos (*dormir*) _dormieran_[20] Daniel comprendió que el insomnio (*poder*) _puede_[21] ser

muy molesto aunque él jamás (*tener*) _había tenido_[22] dificultad en dormir. (Su madre a veces decía que él

[*dormir*] _dormía_[23] en casa como si nunca [*pegar*] _pegara_[24] ojo en la universidad.) Aparentemente

contento con la entrevista, el jefe le preguntó, «¿Cuándo puede comenzar a trabajar?» Daniel, que ya

estaba de vacaciones, contestó, «Tan pronto como Ud. me (*necesitar*) _necesite_[25] «¿Y hasta cuándo

(*poder*) _pueda_[26] trabajar?» «Hasta que (*comenzar*) _comiencen_[27] mis clases.»

Así Daniel pasó el verano. Trabajó muchas horas, durmió poco y aprendió mucho sobre los métodos de investigación. Cuando (*volver*) volvi 28 a la universidad y sus compañeros le preguntaron «¿Cómo pasaste el verano?», Daniel les contestó, «Tuve un empleo que (*ser*) era 29 como un sueño realizado.»

ACTIVIDAD B: CON SUS PROPIAS PALABRAS: RESUMEN

Preparación

In the last five chapters you have practiced expository writing, creating variety in your compositions, defining and explaining, comparing and contrasting, and expressing a point of view. The topic for this chapter is "Trabajo y ocio en los Estados Unidos." What will your focus be? Once you have selected it, make an outline. Then decide how you will treat the topic. Will you define and explain American attitudes toward work and leisure? Will you compare or contrast work and leisure habits in the United States with those of another country, an earlier time, or among different segments of the population? Will you express your own point of view about the topic?

Aplicación

After you have written the rough draft of your composition on "Trabajo y ocio en los Estados Unidos" and edited and corrected it, read it again to see if you have used variety in word choice and sentence length.

CAPÍTULO 19

Manual de laboratorio

Para comenzar

You will hear excerpts from a conference about bilingualism taking place in Miami, Florida. Complete the statements with the most appropriate conclusion. You will hear the statements twice.

1. a   b   ⓒ   4. ⓐ   b   c
2. a   b   ⓒ   5. a   ⓑ   c
3. ⓐ   b   c   6. ⓐ   b   c

Estructuras y vocabulario

THE CONDITIONAL PERFECT

You will hear Teresa describe what some of her friends and acquaintances did on their last vacation. React by saying that you or the people indicated would have done things differently. Use the written cues and the conditional perfect. You will hear the correct answer on the tape. Follow the model.

> MODELO: Marco fue a la República Dominicana. (Carlos / Puerto Rico) →
> *Carlos habría ido a Puerto Rico.*

habría ido a   *habría visitado*   *habría llevado*

1. yo / Sudamérica   3. su hermana / sus abuelos en Lima   5. yo / ropa de verano
2. su esposa / Chichén Itzá 4. Carmen / el avión   6. Elena / en pleno verano

habría ido   *habría tomado*   *habría ido*

NOSOTROS COMMANDS

While vacationing in Madrid, Rogelio and some friends are trying to decide what to do this evening. Play the role of one of his friends, reacting to his suggestions negatively or affirmatively based on the written cues. Use the **nosotros** command and object pronouns whenever possible. You will hear a possible answer on the tape. Follow the model.

> MODELO: ¿Compramos una guía turística de la ciudad? (sí) → *Sí, compremos una.*

Compremos   pidamos   las compremos la
1. sí   2. sí   3. no   4. sí   5. no   6. no   *invitemos*
ramonos no tomemos descansemos

USING THE PAST SUBJUNCTIVE IN SI CLAUSES

A. Marcela and Ramón are organizing a party for this coming weekend. You will listen to Marcela make some statements about who will come and what people will bring. Play Ramón's role, reacting to the statements based on the written cues. You will hear the correct answer on the tape. Follow the model.

> MODELO: Pablo no puede venir a la fiesta porque está enfermo. (poder venir / llamarlo) →
> *Si pudiera venir, lo llamaríamos.*

trajera *vendrían*

1. traer / bailar   3. venir / sentirse más contento   5. invitar / haber demasiada gente en la fiesta
2. estar / venir   4. llegar / ser más divertida la fiesta

B. Answer the following questions based on your own feelings and opinions. You will hear a possible answer on the tape.

1. ...   2. ...   3. ...   4. ...   5. ...   6. ...

Para escuchar

A. You will hear a series of excerpts from a lecture by Professor Rubén Zamora, who teaches at a university in the United States. The lecture provides information about the various Hispanic groups that exist in the United States. Then you will hear a series of statements. Indicate whether they are true (**cierto**), false (**falso**), or not known (**no se sabe**). You will hear the statements twice.

1.	Cierto	~~Falso~~	No se sabe	6.	Cierto	~~Falso~~	No se sabe
2.	~~Cierto~~	Falso	No se sabe	7.	Cierto	~~Falso~~	No se sabe
3.	Cierto	Falso	~~No se sabe~~	8.	Cierto	~~Falso~~	No se sabe
4.	~~Cierto~~	Falso	No se sabe	9.	Cierto	Falso	~~No se sabe~~
5.	Cierto	~~Falso~~	No se sabe				

B. Un debate

Antes de escuchar: Before listening to a debate on the topic of bilingualism, explore your own feelings and opinions about the topic by taking the following survey:

	SÍ	NO	DEPENDE
1. Se debe usar siempre la lengua del grupo mayoritario.		X	
2. No es necesario hacer que el inglés sea la lengua oficial de los Estados Unidos.	X	X	
3. Si los hispanos tienen que aprender inglés, los que hablan inglés deben aprender español.	X		
4. Todos los inmigrantes deben aprender inglés antes de comenzar a trabajar.			X
5. El gobierno debe ayudar solamente a los hispanos, porque son el grupo minoritario más grande del país.			X

You will hear a debate about bilingualism that took place on a Spanish-speaking radio station in Miami, Florida. Several academics and students will voice their opinions about the advantages and disadvantages of government support for bilingual programs. First, listen for general comprehension. Then, as you listen a second time, complete the following chart based on information from the debate.

	LÓGICO	ILÓGICO
El profesor Jovellanos diría que es...		
1. Se debe apoyar cualquier programa para la educación bilingüe.		X
2. Las dictaduras son buenas.		X
La profesora Jiménez diría que es...		
3. Los inmigrantes hispanos no deben hablar inglés.		X
4. No se debe apoyar la educación.	X	X

	LÓGICO	ILÓGICO
La doctora Gómez diría que es…		
5. El gobierno debe ayudar más a los inmigrantes.		X
6. Los nuevos inmigrantes deben seguir el ejemplo de los italianos y polacos de hace 50 años.	X	
Carlos Pérez diría que es…		
7. El gobierno debe apoyar programas bilingües en varios idiomas.		X
8. El problema principal es como satisfacer a todas las minorías cuando no hay suficientes fondos.	X	

Ejercicios escritos

En otras palabras… Definiciones para hablar del bilingüismo

ACTIVIDAD: UNA MÁS

En cada grupo hay una palabra o expresión más de las que se necesitan para completar las oraciones. Escriba la forma correcta de la palabras apropiadas en los espacios indicados.

1. (*idioma, analfabeto, bilingüe, bilingüismo*) Una persona bilingüe habla dos idiomas. Un analfabeto no sabe leer ni escribir.

2. (*ciudadano, boleta electoral, gobernador, ciudadanía*) El gobernador de un estado espera ansiosamente mientras se cuentan las boletas electorales para saber si los ciudadanos de su estado, es decir, los votantes, lo han elegido otra vez.

3. (*ciudadanía, censo, ascendencia, impuestos*) Cualquier persona de cualquier acendancia puede obtener la ciudanía Pero cuando la tiene, debe pagar impuestos.

4. (*inversión, beneficiar, firmar, perjudicar, enmienda*) Antes de firmar la enmienda el presidente quería saber a quién beneficia y a quién perjudicar.

5. (*bilingüismo, censo, impresionante, bilingüe*) Según el censo más reciente, el número de ciudadanos bilingües es impresionante.

6. (*ciudadanía, bilingüismo, intercambio, inversión*) En mi opinión, participar en un programa de intercambio es una buena inversión de tiempo porque es un paso más hacia el bilingüismo.

7. (*impuestos, beneficiar, aprobar, inversionista*) El inversionista firmó los documentos después de que su abogado los aprobó y su contador se enteró de cuánto serían los impuestos que debía al gobierno.

A. Stressed Possessive Adjectives and Pronouns

ACTIVIDAD A: FRAGMENTOS DE CONVERSACIONES

Complete las siguientes oraciones, así como las que Ud. escucha todos los días, con formas posesivas.

1. «¡Caramba! Dejé mi libro en mi cuarto. Profesora, ¿me permite usar _el suyo_ hoy?»

2. «Se nos olvidaron las pelotas de tenis. ¿Nos pueden prestar _las suyas_?»

3. «¿Podemos ir en tu coche? No puedo llevar _el mío_ porque está en el taller de reparación.»

4. «No puedo entrar en el club porque no tengo mi tarjeta de identidad y no creen que tenga veintiún años. ¿Me puedes prestar _la suya_?»

5. «Nuestro perro es blanco y negro. Este perro marrón no es _nuestro_.»

6. «¡Ay, está lloviendo y no tengo paraguas! ¿Necesitas _el tuyo_ ahora o me lo puedes prestar?»

7. «¡Claro que esta sudadera (*sweatshirt*) es _mía_! ¿No ves mi nombre escrito en la manga (*sleeve*)?»

8. «Sí, mis exámenes eran brutales. ¿Y qué tal _los suyos_?»

ACTIVIDAD B: EL DEPÓSITO DE OBJETOS PERDIDOS (*LOST AND FOUND OFFICE*)

El señor Cánovas trabaja en el depósito de objetos perdidos de la estación del tren. Para tener una idea de cómo es su día típico, complete los siguientes diálogos breves con formas posesivas.

SRTA.: Buenos días, señor. Estoy buscando una maleta que se me ha perdido en el tren.

SR. C.: Tengo muchas maletas aquí. ¿De qué color es _la suya_?[1]
SRTA.: Azul.

SR. C.: Ajá. Azul. Y ésta aquí, ¿será _suya_?[2]

SRTA.: Ay, lamentablemente no es _mía_.[3] _la mía_[4] era un poco más grande.
SR. C.: Vuelva más tarde, señorita. A lo mejor alguien la encontrará.

UNA PAREJA: Señor, señor, ¿habrá en el depósito un baúl (*trunk*)?

SR. C.: Tengo tres baúles. ¿Cómo es _el suyo_?[5]
LA PAREJA: Es negro y bastante viejo.

SR. C.: A ver. ¿Es éste _el suyo_?[6]

LA PAREJA: ¡Sí! ¡Es _mío_![7] ¡Qué suerte! ¡Gracias, señor, gracias!

B. The Conditional Perfect

ACTIVIDAD: ¿QUÉ HABRÍAN HECHO?

El verano pasado Tom Douglas fue a México para aprender español. Pero cuando regresó a casa, podía decir muy poco en español, ¡casi nada! Sus amigos Nancy y Jim también estudian español. Al saber lo que

Tom hizo en México, le dicen lo que ellos habrían o no habrían hecho en su lugar. Complete las oraciones en una manera lógica.

> MODELO: Tom pasó todo el tiempo con otros estudiantes norteamericanos. →
> Nancy: Para aprender lo más posible, yo *no habría pasado todo el tiempo con estudiantes norteamericanos. Habría tratado de* conocer a algunos estudiantes mexicanos.

1. Tom fue a la Universidad de las Américas en Puebla.
   Nancy y Jim: ¡Qué bien! Nosotros también _habríamos ido_ .

2. Vivió en una residencia, con otros estudiantes norteamericanos.

   Nancy: Yo no _habría vivido con_ .

   _____ con una familia mexicana.

3. Faltó a muchas clases.
   Jim: ¡Qué tontería! Yo no _habría faltado_

4. Probó muchas cervezas mexicanas, pero nunca probó la comida.

   Jim y Nancy: Nosotros no _habríamos probado_ .

   Pero sí _habríamos p_ _probado_ porque es riquísima.

5. Compraba el periódico en inglés todos los días para saber cómo andaban sus equipos favoritos.

   Nancy: Yo no _habría comprado_ .

   _____ porque leer en español también es importante.

6. Iba al cine para ver películas norteamericanas.

   Nancy y Jim: Nosotros _habríamos ido_ para tener más práctica.

7. Lo invitó a casa una vez una familia mexicana, pero él no fue porque ellos no hablaban inglés.

   Jim: ¡Qué buena oportunidad perdiste! Yo sí _habría invitado_

8. Se quedó en México sólo tres semanas.
   Nancy y Jim: Nosotros _nos habríamos quedado_ por lo menos seis semanas allí.

En otras palabras... Para hablar más del bilingüismo

ACTIVIDAD: CONSEJOS PARA LOS QUE ESTUDIAN EN EL EXTRANJERO

¿Cómo deben portarse los estudiantes que van a una universidad en el extranjero? Una universidad norteamericana les ofrece los siguientes consejos a sus estudiantes. Complételos con las palabras o expresiones de «En otras palabras... ».

1. Sea cortés con todos. Los buenos _modales_ siempre son apreciados. Hable con naturalidad.

   No grite para _atraer_ la atención de los dependientes en las tiendas. No _pretenda_ que lo den un servicio especial por ser extranjero.

2. Acuérdese de que la buena _voluntad_ es muy importante.

3. No se olvide, _ni siquiera_ por un momento, de que representa los Estados Unidos.

4. Si Ud. vive con una familia, tenga presente que nadie quiere compartir su casa con una persona _desconsiderada_.

5. En el extranjero, Ud. pertenecerá al grupo _minitario_. Por eso, es necesario hablar la lengua y adaptarse a las costumbres del grupo _mayoritario_.

C. *Nosotros* Commands

ACTIVIDAD: ¿QUÉ HACEMOS?

Imagine que su clase está planeando un viaje a Puerto Rico. ¿Qué quieren ver? ¿Qué quieren hacer? Al leer las siguientes sugerencias de algunos miembros de la clase, dé su opinión con un mandato en la primera persona del plural.

MODELO: ¿Por qué no alquilamos un autobús para viajar por la isla? →
¡Sí! *Alquilemos un autobús. (Viajemos por la isla.)*

1. ¿Quieren Uds. visitar la Universidad de Puerto Rico?
   Visitemos

2. ¿Les gustaría pasar unos días en la playa?
   Pasemos

3. ¿Qué opinan Uds. de la idea de caminar por el Viejo San Juan?
   Caminemos

4. ¿Será posible ver la Bahía de San Juan desde un barco?
   Veamos

5. ¿Saben Uds. que el Museo Pablo Casals está en San Juan?
   Vámanos

6. ¿Quieren quedarse en un parador en las montañas?
   Quedémonos

CH. *Using the Past Subjunctive in* si *Clauses*

ACTIVIDAD A: SER PADRES HOY EN DÍA

Los padres siempre dicen que es difícil ser padres hoy en día. ¿Es verdad? ¡Veamos! ¿Qué haría o qué diría si Ud. fuera el padre (la madre) en los siguientes casos? Puede usar una de las **Frases útiles** en su respuesta o dar una respuesta original.

Frases útiles: estar furioso/a; insistir en que (entrar) en un programa de tratamiento; decir que está loco/a; (no) permitírselo; ofrecerle mi apoyo; sugerir que lo (pensar) bien; dárselo/la; sugerir que (esperar); hablar con el director de la escuela; no decir nada

MODELOS: Su hijo quiere manejar su coche, pero todavía no tiene licencia de conductor. →
Si mi hijo quisiera manejar mi coche sin licencia de conductor, no se lo permitiría.
o
Si mi hijo quisiera manejar mi coche sin licencia de conductor, y si ya supiera manejar bien, se lo daría.

1. Sus hijos fuman mariguana.

Si mis hijos fumaran mariguana me tendría miedo

2. Su hijo le dice que quiere ser boxeador.

Si mi hijo me dijera que quisiera ser b. me enojaría

3. Su hija y su novio le dicen que quieren casarse a los 17 años.

Si mi hija dijera que quisiera ... no me estaría alegre.

4. Su hijo le dice que quiere abandonar los estudios en la secundaria.

Si mi hijo me dijera que quisiera ... me reiría

5. Su hija le dice que quiere unirse al Cuerpo de Paz.

Si mi hija me dijera que quisiera unirse... deciría que no pudiera

6. Sus hijos vienen a casa vestidos de punk.

Si mis hijos vinieran a casa vestidos de punk gritaría

ACTIVIDAD B: FANTASÍAS

Todos soñamos con la circunstancia ideal. ¿Qué haría Ud. si las cosas fueran diferentes? Complete cada oración con dos frases.

1. Si yo tuviera más tiempo,   descansaría

_____ .

2. Si yo tuviera más dinero,   compraría un coche nuevo

_____ .

3. Si los líderes del mundo me escucharan, les deciría tener paz.

_____ .

4. Si yo pudiera cambiar algo en este mundo,   cambiaría todo

_____ .

5. Si yo pudiera vivir en una época pasada, _estaría alegre._

_____.

6. Si no fuera prohibido, yo _produciría dinero_

_____.

D. Using the Indicative in si Clauses

ACTIVIDAD: ESTUDIAR EN EL EXTRANJERO

Todos los años muchos estudiantes norteamericanos pasan un semestre o un año en un país de habla española para mejorar su español. ¿Tiene Ud. interés en hacerlo? Aquí Emily y Patricia hablan sobre el tema. Use la imaginación para completar las oraciones con el subjuntivo o el indicativo, como si Ud. fuera ellas.

1. Si yo tuviera la oportunidad de estudiar en el extranjero, _lo haría_ sin duda.

2. Si quieres aprender a hablar una lengua bien, _es_ la mejor manera de hacerlo.

3. Si tú y yo _pudiéramos_ hacerlo juntas, ¡sería fantástico!

4. Pero si no lo podemos hacer este año, _lo haremos_ el próximo año.

5. Mi amigo Rafael pasó un año en España y ahora habla español como si _hubiera_ nacido allí.

6. Te sugiero que hables con Rafael si _quieres_ saber más de su experiencia.

7. Si salgo bien en esta clase, tal vez mis padres _me darán_ el dinero para pasar el verano en España.

8. Ellos dicen que no saben si _pueden_ dármelo antes de que paguen sus impuestos.

9. ¿Por qué no hablas con tus padres para ver si _puedes_ acompañarme?

Palabras problemáticas

ACTIVIDAD: ¿SE VAN O SE QUEDAN?

Complete el siguiente párrafo con las **Palabras problemáticas** apropiadas.

Es un _hecho_ [1] que los Estados Unidos es un país en movimiento. Según los _datos_,[2] los norteamericanos _se mudan_[3] mucho. Los ejecutivos de algunas compañías _se trasladan_[4] por razones de trabajo, los jóvenes _se mudan_ [5] en busca de mayores oportunidades y los jubilados (*retired people*) _se mudan_[6] para vivir en un clima más agradable. Los españoles y los latinoamericanos no _se mudan_[7] tan fácilmente. Hasta recientemente, para ellos era más importante quedarse cerca de la familia. Sin embargo, los tiempos cambian, y ahora ellos también buscan y aceptan mayores oportunidades aunque signifique que tienen

que <u>mudarse</u>.[8]

De todo un poco

ACTIVIDAD A: «TELETRANSMIFONOFACSIGRAFÍA»

Como indica el título, el autor del siguiente artículo nos da una idea de los problemas lingüísticos que surgen en nuestra época de grandes avances tecnológicos. Mientras Ud. lo lee, indique con un círculo la palabra apropiada de las dos que se dan entre paréntesis.

(*Los/Las*)[1] limitaciones y (*lo/la*)[2] perplejidad del español (*ante/delante*)[3] los avances de la ciencia pueden (*ser/estar*)[4] tremendas. ¿Qué demonios se hace—se dice—con el *fax*, (*ese/esa*)[5] ubicuo aparatejo tan familiar y necesario ya como un refrigerador?

Se trata (*de/a*)[6] evitar el anglicismo ahora que (*estamos/somos*)[7] a tiempo, antes de que se (*propaga/propague*)[8] a otras categorías, porque ya ha surgido el verbo maligno: *faxear*. Yo *faxeo*, tú (*faxeas/faxees*),[9] él *faxea*…

—Francis, *faxéeme* esta carta inmediatamente.

—Será (*faxeando/faxeada*),[10] señor.

Eso no debe permitirse. (*Utilizamos/Utilicemos*)[11] (*los/las*)[12] ricas posibilidades de (*los/las*)[13] raíces griegas y latinas, tan útiles en español. ¿Qué hace el aparato? El aparato *transmite*. Muy bien: (*anotamos/anotemos*)[14] *transmite*.

¿(*Qué/Cómo*)[15] transmite? Transmite mediante sonidos. De acuerdo. (*Escribimos/Escribamos*)[16] *fono* (sonido). Pero ¿(*qué/cómo*)[17] transmite? Transmite signos gráficos, palabras, dibujos, fotografías… Consignémoslo (*Let's write it down*): *grafo*. ¿Qué más? No puede olvidarse— (*por/para*)[18] ser precisos—que (*lo/la*)[19] transmisión (*es/está*)[20] a distancia. Es decir: *tele*. Tampoco que (*lo que / lo cual*)[21] se transmite es una reproducción fiel (*faithful*) (*del / de la*)[22] original, o sea, *facsimilar*.

Ahora todo resulta sencillo. En vez del odioso *fax*, (*podemos/podamos*)[23] recurrir a los recursos prácticos de nuestra lengua: *teletransmifonofacsígrafo*.

Como (*es/está*)[24] obvio, una vez en posesión del cómodo (*verbo/sustantivo*),[25] (*es/está*)[26] muy fácil continuar (*enriquece/enriqueciendo*)[27] (*el/la*)[28] idioma derivando funciones gramaticales. El operador de la máquina, claro está, (*será/sería*)[29] un *teletransmifonofacsigrafista*. Y su tarea consistirá (*de/en*)[30] *teletransmifonofacsigrafiar*. (*Un/Una*)[31] vez cumplida su misión, (*habrá/hubiera*)[32] dado con el inevitable participio:

—El texto ha sido (*teletransmifonofacsigrafiado/teletransmifonofacsigrafiando*),[33] señor.

—Gracias, Francis.

Las cosas, sencillas.

ACTIVIDAD B: COMPRENSIÓN DE LECTURA

Claro que el artículo es humorístico. Sin embargo, le ofrece a Ud. la oportunidad espléndida de participar en la creación lingüística. Para hacerlo, empareje la descripción de la Columna B con la nueva palabra apropiada de la Columna A.

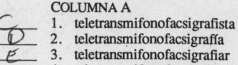

COLUMNA A		COLUMNA B
C	1. teletransmifonofacsigrafista	a. el participio pasado
D	2. teletransmifonofacsigrafía	b. el participio presente
E	3. teletransmifonofacsigrafiar	c. el operador del aparato
Ch	4. teletransmifonofacsígrafo	ch. el nombre del proceso
A	5. teletransmifonofacsigrafiado	d. el nombre del aparato
B	6. teletransmifonofacsigrafiando	e. el infinitivo

ACTIVIDAD C: CON SUS PROPIAS PALABRAS: POINT OF VIEW

Preparación

The phrase "point of view" refers to the opinion or belief that a writer presents about a topic, that is, to the perspective that underlies what he or she has written. The writer of "**Teletransmifonofacsigrafía**" adopts a humorous tone when writing about the many Anglicisms that are entering the Spanish language. His point of view, implicit in the article and demonstrated by the word that serves as the title, is that it is difficult to maintain linguistic purity. After all, isn't the word FAX easier to say and write than **teletransmifo... ¿qué?** Someone who is opposed to allowing Anglicisms to enter the language obviously has a different point of view, and the content of his or her article would be quite different. Such a writer might, in fact, be able to offer an efficient and very Hispanic way of expressing FAX and its derivatives in Spanish.

The two readings in this chapter were chosen because they present two different points of view about bilingualism. Which statement best summarizes the point of view of each?

«¿Stop al bilingüismo?»

_____ a. No es necesario que los hispanos en los Estados Unidos aprendan inglés.

___X___ b. No es necesario que haya una enmienda que declare al inglés como lengua oficial.

«Si queremos bilingüismo, seamos bilingües»

_____ a. Es necesario que los hispanos en los Estados Unidos aprendan inglés.

___X___ b. La persona bilingüe tiene más ventajas que la persona que habla solamente una lengua.

If your answer was *b* for both articles, you are right.

Aplicación

What is your point of view on the subject of bilingualism? Do you wish you had attended a bilingual school? Would you send your children to one? And why are you studying Spanish? Use one of these suggestions or an idea of your own to state your point of view in a composition entitled "Hablar español en los Estados Unidos." Write your composition on another sheet of paper.

CAPÍTULO **20**

Manual de laboratorio

Para comenzar

Javier and Consuelo are walking through downtown Guatemala City. As they go, Consuelo points out the numerous graffiti they see on the walls of buildings. Listen to Consuelo's statements and indicate what type of graffiti each one is. Be careful! A slogan may fit into more than one category. You will hear each statement twice.

	IRÓNICO	POLÍTICO	FILOSÓFICO	FEMINISTA	ECONÓMICO/ SOCIAL
1.	x		x		
2.		x			✓
3.	⊗	⊗			x
4.				x	x
5.			x		x
6.					x

Estructuras y vocabulario

USING SE TO EXPRESS UNINTENTIONAL OCCURRENCES

Inés and Hortensia had a terrible time last weekend! Their friend Rodrigo is asking them questions about how and why things went wrong. Play Inés's role, answering the questions based on the written cues. You will hear the correct answer on the tape. Follow the model.

MODELO: ¿No pudieron entrar a casa después del cine el viernes? ¿Qué pasó?
(quedar las llaves en el coche) → *Se nos quedaron las llaves en el coche.*

1. olvidar las entradas   *Se nos olvidaron*
2. perder la cámara   *Se nos perdió*
3. quedar los abrigos en el coche   *Se nos quedaron*
4. descomponer el coche   *se nos descompuso*
5. acabar el dinero   *se nos acabó*

USING THE PRESENT PARTICIPLE WITH VERBS OF MOTION

Eduardo and Rosaura are gossiping about their friends and acquaintances while having coffee in a sidewalk café in Buenos Aires. Answer the questions that Eduardo asks, using the written cues and a present participle. You will hear the correct answer on the tape. Follow the model.

MODELO: ¿Es cierto que Raquel todavía trabaja en el Banco de Urquijo? (continuar) →
Sí, continúa trabajando allí.

1. ir   *va manejando a*
2. continuar   *Continúa trabajando allí*
3. seguir   *Siguen siendo novios*
4. venir   *viene cantando*
5. ir   *va caminando*
6. continuar   *continúa estudiando allí*

ORDINAL NUMBERS

You will be asked a series of questions about how Hispanic American countries are ranked according to population and geographical area. Scan the following chart, then answer the questions you hear, using ordinal numbers. You will hear the correct answer on the tape. Follow the model. Pause now to look at the chart.

POBLACIÓN		EXTENSIÓN	
1. México	4. el Perú	1. la Argentina	4. Colombia
2. la Argentina	5. Venezuela	2. México	5. Bolivia
3. Colombia	6. el Ecuador	3. el Perú	6. Venezuela

MODELO: ¿Qué posición tiene Venezuela en extensión? → *Venezuela es el sexto país en extensión.*

1. ...   2. ...   3. ...   4. ...   5. ...   6. ...

la Argentina es el primer país   *cuartoo país*   *México es el segundo en ext. Y la argentia*   *el tercer país méxico es el primero*   *quinto país en poblanión*

Para escuchar

A. You will hear two dialogues about the topics of *piropos* and *graffiti*. Then you will hear a series of statements. Indicate whether they are true (**cierto**), false (**falso**), or not known (**no se sabe**), based on what you heard. You will hear each statement twice.

1. (Cierto)	Falso	No se sabe		5. (Cierto)	(Falso)	No se sabe
2. (Cierto)	Falso	No se sabe		6. Cierto	(Falso)	No se sabe
3. (Cierto)	Falso	No se sabe		7. (Cierto)	Falso	No se sabe
4. Cierto	(Falso)	(No se sabe)		8. Cierto	Falso	(No se sabe)

B. Una encuesta

Antes de escuchar: Before listening to a poll about how men and women relate to each other, explore your own attitudes about aspects of this topic by answering the following questions:

1. ¿Cuál es la mejor manera de conocer a chicos o chicas en esta universidad?

   La mejor manera es hablar a ellos

2. Si Ud. es hombre, ¿suele dirigir comentarios a mujeres desconocidas en la calle? Si es mujer, ¿le gusta que los hombres lo hagan a veces?

   A veces, si son sempacticas y sincuas

3. Durante la primera cita, ¿quién debe pagarlo todo?

   Los ambos deben pagar.

4. ¿Qué le parece el que la mujer tome la iniciativa e invite al hombre a salir con ella?

   Me parece bien. ¿Qué es la diferencia?

You will listen to a poll being conducted at the Universidad de Costa Rica in San José. The poll, conducted by a sociology student, deals with the way young men and women relate to each other at the university. First, listen to the conversation for general comprehension. Then, as you listen a second time, complete the pollster's notes by checking the appropriate boxes in the chart.

	MARTA	PEDRO	SARA
1. Formas de conocerse:			
En discotecas	___	X	___
Con grupos de amigos	X	___	___
En la universidad	___	___	X
En bares	___	X	___
2. Los piropos:			
No le gustan	X	___	___
Le gustan a veces	___	___	X
Le gustan	___	X	___
Le dan igual	___	___	___
3. ¿Quién debe pagar?			
La mujer	___	___	___
El hombre	X	X	___
Los dos	X	X	___
4. ¿Está bien si las mujeres toman la iniciativa?			
Sí	___	___	___
No	X	X	X
No sabe	___	___	___

Ejercicios escritos

En otras palabras... Los graffiti

ACTIVIDAD: EL PROGRAMA DE PREGUNTAS

Como participante en un programa de preguntas de la televisión, Ud. tiene que emparejar las palabras de la Columna A con la(s) palabra(s) asociada(s) en la Columna B. ¿Puede Ud. sacarse el premio gordo (*win the jackpot*)?

COLUMNA A

G   1. un antónimo de perdonar
H   2. A, B, C
E   3. el antónimo de pobreza
C   4. NO FUMAR
A   5. Hay cuatro en su cuarto.
I   6. a, b, c
J   7. «Llegaré tarde. No me esperes para cenar.»
F   8. un antónimo de deliberado
Ch   9. un sinónimo de inventivo
D   10. Lo que hizo Pablo Picasso.
K   11. la intención de una sátira
B   12. un antónimo de separar

COLUMNA B

a. las paredes
b. unir
c. el letrero
ch. ingenioso
d. pintar
e. la riqueza
f. espontáneo
g. castigar
h. mayúsculas
i. minúsculas
j. el mensaje
k. burlarse

A. Using *se* to Express Unintentional Occurrences

ACTIVIDAD A: DOS ARTISTAS PINTANDO *GRAFFITI*

Como miembros de un sindicato que está en huelga, Luis e Isabel salieron a pintar algunos lemas en las paredes de un banco en el centro. ¿Qué les pasó? Complete el cuento con **se** y la forma correcta del verbo apropiado de las **Palabras útiles**. ¡OJO! En esta actividad se usan el pretérito, el imperfecto y el plus-cuamperfecto.

Palabras útiles: acabar, caer, descomponer, ocurrir, olvidar, perder, quedar, romper

A medianoche Isabel y Luis salieron para el centro en el coche de Luis. Pero antes de que llegaran al centro, el coche _se les descompuso_[1] No anduvo más. ¿Qué hacer? Estaban tan nerviosos que ni a Isabel ni a Luis _se les ocurrió_[2] que _acababa_[3] la gasolina. Entonces, en vez de buscar una gasolinera, siguieron a pie. Habían caminado solamente tres cuadras cuando de repente oyeron una voz brusca que les preguntaba «¿Adónde van Uds. con esa pintura y esas brochas (*brushes*)?» ¡Caramba! ¡La policía! Luis e Isabel comenzaron a correr. La pintura y las brochas _se les cayeron_[4] de las manos y _se quedaron_[5] en la calle. A Luis _se le rompieron_[6] las gafas. A Isabel _se le rompió_[7] el tacón (*heel*) del zapato. Se escondieron (*They hid*) detrás de una casa desocupada y así se salvaron. «Psst, Isabel. Las llaves del coche, las tienes tú, ¿no?» «Yo no, Luis. Tú las tienes.» «¡Caramba! ¡Se me olvidaron[8] las llaves! ¡Todavía están en el coche! ¡Y el coche no anda! ¿Qué hacemos ahora?»

ACTIVIDAD B: AL DÍA SIGUIENTE

Al día siguiente Isabel y Luis tienen que contestar las preguntas de varias personas. Contéstelas como si Ud. fuera Isabel o Luis.

Los padres de Luis:

1. Pero, hijo, ¿dónde estará tu coche?

   se me descompuso el coche en el centro.

2. ¿Por qué no llevas las gafas hoy?

   me les olvidaron en el cuarto.

La mamá de Isabel:

3. Mira cómo está este zapato. ¿Cómo se te rompió el tacón?

   se me rompió anoche cuando corría.

4. Si se le descompuso el coche a Luis, ¿por qué no me llamaron Uds.?

   no se nos ocurrió llamarles.

El policía:

5. Joven, ¿es suyo este coche? ¿Por qué está aquí desde anoche?

  Sí, se me compuso señor.

B. Review of Impersonal *se* and Passive Forms

ACTIVIDAD A: UNA CAMPAÑA CONTRA LOS *GRAFFITI*

A continuación hay elementos de algunas oraciones de un artículo que salió recientemente en un periódico latinoamericano. Escríbalas como oraciones completas, usando se o la voz pasiva.

1. los delincuentes que pintan las fachadas de edificios públicos o privados / arrestar / la policía

  Los delincuentes que pintan... fueron arrestado por la policía.

2. estas medidas / justificar / por (*because of*) la proliferación de los *graffiti*

  Estas medidas son Se justifican justificado por la proliferacion...

3. dañar / material y estéticamente / las ciudades

  Se dañan material y estéticamente

4. requerir / tiempo, esfuerzo y dinero / para reparar los daños

  Se requieren tiempo, esfuerzo...

5. después de la limpieza / frecuentemente los *graffiti* / repetir

  ... se repiten

6. no poder tolerar más / estos abusos

  No se puede tolerar más estos abusos.

ACTIVIDAD B: ¿HAY *GRAFFITI* EN LOS ESTADOS UNIDOS?

Para contestar esta pregunta, escriba las siguientes oraciones usando se o la voz pasiva. ¡OJO! En estas oraciones se usa «la gente» como término general.

1. Sí, la gente escribe mensajes en los muros y las paredes.

  Se escriben mensajes en los muros...

2. También la gente escribe en las paredes de las cabinas telefónicas.

  También la gente se escribe

3. Los jóvenes escriben los mensajes.

  Los mensajes son escrito por los jóvenes

4. Los partidos políticos y los sindicatos raramente ponen sus mensajes en las paredes y los muros.

  Raramente los mensajes son puestos por los partidos políticos...

5. La gente pone pegatinas en los coches.

Se ponen pegatinas en los coches

6. La gente vende camisetas que llevan un lema.

Se venden

7. En Nueva York la gente ve los *graffiti* en el metro.

Se ven

8. La gente dice que jóvenes artistas o delincuentes pintan los *graffiti*.

...son pintados por jóvenes artista(s) o delincuentes.

En otras palabras... Hablando de los piropos

ACTIVIDAD: ¿SINÓNIMOS O ANTÓNIMOS?

Escriba una *S* si los siguientes pares de palabras son sinónimos y una *A* si son antónimos.

_A_	1.	alabar, burlarse
_S_	2.	el requiebro, el piropo
_S_	3.	el reflejo, la imagen de sí mismo
_A_	4.	herido/a, estar bien

_S_	5.	suponer, imaginar
_S_	6.	el elogio, la alabanza
_A_	7.	orgulloso, humilde
_S_	8.	a lo largo de, por

C. Using the Present Participle with Verbs of Motion

ACTIVIDAD: UNA MEXICANA EN ESPAÑA

Carmen Nevares es una estudiante mexicana que está estudiando pintura en Madrid. Para contar lo que le pasó en la calle un día cuando hacía compras, complete las oraciones con las **Palabras útiles**. ¡OJO! Use el presente, pretérito, el imperfecto o el condicional.

Palabras útiles: andar, continuar, entrar, ir, llegar, salir, seguir, venir

Carmen _venía_¹ caminando rápidamente por la calle hacia su librería favorita. De repente, oyó que un joven le llamaba: «Señorita, señorita... ». Ella _seguía_² caminando porque creía que le iba a decir un piropo. Creía que, si no le prestara atención, el joven no la _continuaría_³ molestando. Pero no, él _seguía_⁴ llamando: «¡Señorita, señorita...!». Carmen pensó: «Si este joven _continúa_⁵ siguiéndome, voy a llamar a la policía.» Por fin ella vio la librería y anduvo rápido hasta llegar a la puerta. Ya en la entrada de la librería el joven se le acercó y le dijo: «Señorito, quiero devolverle la bolsa que Ud. dejó caer (*dropped*) en la calle.» Carmen, arrepentida por lo que había pensado, le dio las gracias varias veces. Después, ella abrió la puerta de la librería y _entró_⁶ pensando, «¡Qué amables son estos españoles!»

CH. Ordinal numbers

ACTIVIDAD: ÚLTIMOS DETALLES

La semana antes de volver a México, Carmen hace ciertas cosas. Escriba con letras el número ordinal indicado entre paréntesis.

1. Compra el (*6*) _septo_ y el (*10*) _décimo_ libro de Mafalda. ¡Ya tiene la serie completa!

2. Hace compras en tres almacenes. El (*3*) _tercer_ almacén es el Corte Inglés.

3. Toma el ascensor y sube al (*5*) _quinto_ piso.

4. Mira las bolsas y decide comprarle a su mamá la que había visto en el (*1*) _primer_ almacén.

5. Va al banco para retirar más dinero. Es la (*4*) _cuatra_ vez que lo hace esta semana.

6. Va una vez más al Prado. Es su (*9*) _novena_ visita a este museo.

7. Llama a su amiga Conchita seis veces y cada vez la línea está ocupada. Cuando por fin logra hablar con ella, le dice: «¡Chica! ¡Es la (*7*) _séptima_ vez que te llamo!»

8. ¡Qué suerte! Sus amigos la invitan al teatro y tienen asientos en la (*3*) _tercera_ fila.

9. Por fin hace la maleta, pero no le caben sus cosas. Ella sale corriendo para comprar una (*2*) _segunda_ maleta.

10. Por fin mete el (*8*) _octava_ par de zapatos en la maleta y la cierra.

Palabras problemáticas

ACTIVIDAD: DE CITAS Y FECHAS

Complete el siguiente diálogo, indicando con un círculo las **Palabras problemáticas** apropiadas.

RICARDO: ¡Oye, Paco! Te llamé varias veces anoche pero no estabas en casa.
PACO: Es verdad. Salí. Tuve (*una cita*/un dátil/un dato).[1]
RICARDO: ¡No me digas! ¿Con quién?
PACO: No te puedo decir. Es (*asunto mío*/cuestión mía/pregunta mía).[2]
RICARDO: Hombre, no te ofendas por (un asunto/una cuestión/*una pregunta*)[3] inocente. Bueno… te llamaba porque necesitaba ciertos (citas/dátiles/*datos*)[4] para un trabajo que estoy escribiendo para mi clase de economía.
PACO: No sé tanto de economía, pero ¿cuál es tu (asunto/cuestión/*pregunta*)[5]?
RICARDO: ¿Sabes (la cita/el dato/*la fecha*)[6] en qué España entró en el Mercado Común? ¿Y (los asuntos/*las cuestiones*/las preguntas)[7] principales que tenían que resolver antes de entrar?
PACO: ¡Qué (asunto/cuestión/*pregunta*)[8] más difícil! ¡No tengo la menor idea! ¿Por qué no vas a la biblioteca ahora para buscar esa información?
RICARDO: Es que ahora no puedo. Tengo (*una cita*/un dato/una fecha)[9] en diez minutos. ¡Hasta luego!

De todo un poco

ACTIVIDAD A: REPASO

Mientras Ud. lee el siguiente artículo sobre otro cambio en la lengua española, indique con un círculo la palabra apropiada.

LA REAL ACADEMIA (*ROYAL ACADEMY*) ESPAÑOLA ELIMINA LA «CHE» Y LA «ELLE» NUESTRO ALFABETO TIENE AHORA DOS LETRAS MENOS

La «che» ha sido finalmente desalojada (*dislodged*). En esto no hay (*algo/nada*)[1] personal en contra (*a/de*)[2] nuestros amigos los argentinos.*

Sucede que (*el/la*)[3] Real Academia Española ha decidido suprimir (eliminar) del diccionario, como letras independientes, (*al/a la*)[4] «che» y (*el/la*)[5] «elle».

(*El/La*)[6] desalojo de (*estos/estas*)[7] precarios inquilinos (*tenants*) del alfabeto, no es (*pero/sino*)[8] una consecuencia de un lógico reclamo que data de (*hace/hacía*)[9] mucho tiempo atrás.

Nunca estuvo suficientemente justificado el que la «che» (*fuera/era*)[10] una letra independiente en al alfabeto español.

Todas (*los/las*)[11] demás lenguas cultas, al alfabetizar, (*lo/la*)[12] consideran siempre como (*un/una*)[13] combinación más de la «c» con (*otro/otra*)[14] consonante.

La razón que se (*ha/han*)[15] alegado una y (*otra/otro*)[16] vez en defensa de la letra «che» es que la «c» unida a la «h» representa en español un sonido simple. Por la misma razón (*nuestro/nuestra*)[17] alfabeto contaba como letra a la «elle».

Apoyándose en estos (*datos/hechos*),[18] José Cuervo propuso que se (*hizo/hiciera*)[19] lo mismo con la «rr», que no es una «r» repetida (*pero/sino*)[20] un sonido de articulación diferente, aunque (*parecido/parecida*).[21] Esta proposición fue (*sustentado/sustentada*)[22] sin éxito, de nuevo, en 1956 (*por/para*)[23] Ragucci.

Lo que debemos hacer es lo que acaba de hacer la Real Academia: dejar (*de/a*)[24] considerar la «che» y la «elle» como letras y sumarnos al uso de (*todos los/todas las*)[25] demás idiomas, en los que también la combinación «che» y «elle» representan a menudo un sonido simple.

Debemos recordar que el alfabeto (*ordena/pide*)[26] letras y no sonidos, y que, aunque las letras (*representen/representan*)[27] sonidos, no son lo mismo, ni muchas veces hay correspondencia entre unas y otros.

Los diccionarios de todos los idiomas siempre han ordenado los vocablos según su grafía (*spelling*) y no según su pronunciación.

Surge entonces la (*pregunta/cuestión*)[28]: ¿Por qué no habíamos suprimido antes como letras a la «che» y la «elle», conformándonos al uso de las demás lenguas?

«Sería de desear— dijo Ramón Menéndez Pidal —que la Academia Española, cuyo diccionario sirve de norma a todos los demás, (*modifica/modificara*)[29] el orden alfabético que actualmente emplea y (*vuelva/volviera*)[30] al que usó en su comienzo… que es (*el/la*)[31] internacional.

---

*Los argentinos suelen decir «che» para llamar la atención de alguien o para dirigirse a una persona que conocen bien. El autor del artículo refiere a este uso de «che».

Pues bien, señores, ocurre que la Real Academia optó por dirimir (*resolver*) este desaguisado (*offence*) eliminando a la «che» y a la «elle» del alfabeto.

El dolor de cabeza será ahora para los estudiantes: ¿Maestro, maestra, es verdad que ahora tenemos dos letras menos en el alfabeto? ¿Es que no servían (*por/para*)[32] nada?

¿Y los periodistas… venderemos nuestros diccionarios anticuados, que nos (*obligaban/ obligaron*)[33] a saltarnos un montón de letras (*por/para*)[34] alcanzar la «che»?

En resumen, lo fijo parece ser que tendremos dos letras menos: si no son autónomas y singulares, no tienen estatuto privativo (*privileged status*).

ACTIVIDAD B: EN RESUMEN

Para resumir el contenido del artículo, empareje la frase de la Columna B que mejor complete la oración que comienza en la Columna A.

COLUMNA A

_D_	1.	La Real Academia Española
_c_	2.	La «che» y la «elle»
_B_	3.	El alfabeto ordena
_a_	4.	La «che» y la «elle» son
_e_	5.	Ahora será un problema

COLUMNA B

a. sonidos.
b. letras.
c. no están más en el alfabeto.
ch. nuestro.
d. determina el uso correcto de la langua.
e. de los profesores.

ACTIVIDAD C: CON SUS PROPIAS PALABRAS: REPORTING

Preparación

Many of the articles in "Un paso más" were written by newspaper or magazine journalists. Have you noticed that they all use certain techniques? This activity will help you find some of them. You might want to look over some of the articles you have read, including the one in Actividad A, before answering the following questions about reporting.

What do you notice about . . . ?

1. the first paragraph: _____

2. paragraph length: _____

3. the use of description: _____

4. the audience for the articles: _____

5. variety: _____

6. chronology: _____

7. the point of view: _____

8. the final paragraph: _____

No doubt you noticed that the premise of the article is clearly and succinctly stated in the first paragraph, and that often paragraphs are quite short, dealing with only one thought. Descriptions are also brief and to the point, confined to essential information. The audience is defined as the one that usually reads a certain type of publication. Variety is introduced in sentence length, and chronology also varies. It is not common for newspaper reporters to express a point of view, as their job is to present only the facts. Magazine writers, however, will often express a point of view, sometimes in a polemic style or with humor. In both types of reporting, the final paragraph usually summarizes what has been stated in the article.

Aplicación

Imagine that you have been asked to write an article reporting to students in Spain or Latin America about the popularity of T-shirts with the name of a place, a picture, or a message printed on them. Use the principles of reporting that you reviewed above for your brief article on "El graffiti norteamericano." Write your article on a separate sheet of paper.

21
CAPÍTULO

Manual de laboratorio

Para comenzar

You will hear several people talk about the type of literature they like. Listen to each statement, then indicate in the following chart what genre they prefer. You will hear the statements twice. First, listen to the list of genres:

	ENSAYO	POESÍA	NOVELAS POLICÍACAS	NOVELAS HISTÓRICAS	TEATRO
1.	___	X	___	___	___
2.	___	___	X	___	___
3.	___	X	___	___	___
4.	___	___	___	___	X
5.	___	___	___	X	___
6.	___	___	___	___	X

Estructuras y vocabulario

THE PLUPERFECT SUBJUNCTIVE

Yesterday you and a group of friends talked about what some of your classmates had done recently. You were very suspicious, doubting that any of the events had taken place. What did you say? Use the plu–perfect subjunctive with the written cues. You will hear the correct answer on the tape. Follow the model.

MODELO: Sara pensaba que María había estudiado arqueología. (María había estudiado) → *Yo dudaba que María hubiera estudiado arqueología.*

1. Carlos ya se había graduado
2. Marta había recibido
3. Carlota ya había encontrado
4. Pedro se había ido a estudiar
5. José ya había terminado
6. Javier había conseguido

USING THE PAST PERFECT SUBJUNCTIVE IN **SI** CLAUSES

Dictado. Armando's travel plans to go to Mexico on vacation are a disaster. The problems have arisen because he failed to perform various tasks. Listen to his descriptions of the situation and to the reactions of his friend Estela. Then complete the sentences based on what you heard.

MODELO: Yo no llamé a la agencia de viajes. Por eso no pude conseguir las reservaciones que quería. → Si *hubieras* llamado a la agencia de viajes, las *habrías* conseguido.

1. Si los ___hubiera___ comprado a tiempo, ___los habría___ podido salir hoy.

2. Si lo ___hubiera___ llamado, ___habría___ sabido lo del retraso.

3. No te la ___habrías___ mandado si ___hubieras___ cancelado las reservas.

4. Ella no _habría_ ido al aeropuerto si le _hubiera_ avisado.

USES OF THE INFINITIVE

A friend is asking for information on how to apply to colleges and universities. Answer the questions based on your own experience when you were applying for college. You will hear a possible answer on the tape. Follow the model.

MODELO: ¿Te parece que es importante escribir a varias universidades? →
No. Creo que es suficiente escribir a dos o tres.

1. …   2. …   3. …   4. …   5. …   6. …

USES OF THE PRESENT PARTICIPLE

The drawing depicts an accident that is about to occur. Tell what is happening by answering the questions you hear. Use the written cues in the drawing and the present participle. You will hear a possible answer on the tape. Follow the model.

MODELO: ¿Qué hacía el policía? → Estaba dirigiendo el tráfico.

1. …   2. …   3. …   4. …   5. …   6. …

Para escuchar

A. Un minicuento

Antes de escuchar: Before listening to the ministory, try to guess the meaning of the underlined words from the context of the sentence. Select the word or expression that is most closely related.

1. Laura empacó la <u>valija</u> antes de salir de viaje.
   a. valores   b. maleta   c. visa
2. El profesor Martínez no está de buen humor. Está <u>fastidiado</u> porque sus alumnos no hicieron la tarea.
   a. contento   b. enojado   c. alegre
3. María <u>finge</u> tener sueño para poder ir a su cuarto a mirar la televisión.
   a. hace   b. tiene   c. aparenta
4. Carlos <u>atraviesa</u> la calle caminando con su perro.
   a. cruza   b. atrasa   c. salta
5. Al ver el fantasma, Pedro se quedó <u>mudo</u>, sin poder decir una palabra.
   a. ciego   b. sin hablar   c. paralítico

You will hear the narration of a very brief short story by the Argentine writer Enrique Anderson Imbert. The story, entitled "Sala de espera," blends fantasy and magic realism to produce a surprising ending. After listening to the story, you will hear a series of statements. Indicate whether they are true (**cierto**), false (**falso**), or not known (**no se sabe**). You will hear the statements twice.

1. Cierto   Falso   No se sabe   3. Cierto   Falso   No se sabe
2. Cierto   Falso   No se sabe   4. Cierto   Falso   No se sabe

B. Un minidrama

Antes de escuchar: Before listening to the minidrama, try to guess the meaning of the underlined words from the context of the sentence. Select the English equivalent that is most closely related.

1. Juan y Teresa van a casarse porque <u>se aman</u> mucho.
   a. they love each other   b. they have fun together   c. they see each other
2. Alberto <u>tiene celos</u> de Juan porque él está enamorado de su novia.
   a. feels affection   b. feels jealous   c. feels happy
3. Para que crezcan sanos, hay que <u>alimentar</u> bien a los niños.
   a. punish   b. feed   c. educate
4. Jairo <u>adivinó</u> lo que estaba pensando su novia porque la conocía muy bien.
   a. guessed   b. advertised   c. demonstrated
5. Ella quería <u>complacer</u> a su novio y por esto le compró un regalo.
   a. to attract   b. to warn   c. to please
6. Adela quería encontrar un libro sobre la arqueología y <u>fue en su busca</u> a la biblioteca.
   a. she went to buy it   b. she went to look for it   c. she agreed to sell it
7. Mario no le tiene miedo a nada; es una persona <u>valiente</u>.
   a. brave   b. cowardly   c. honest

You will hear the enactment of a very brief drama by the Argentine writer Marco Denevi. The play, called *No hay que complicar la felicidad*, is a dialogue between two anonymous lovers that teaches something about happiness. First, listen to the drama for general comprehension. Then, as you listen a second time, complete the following chart.

NO HAY QUE COMPLICAR LA FELICIDAD

Relación entre los dos: _____

¿Quién se enoja? _____

¿Por qué se queja? _____

¿Quién quiere a otro? _____

¿Qué pasa? _____

¿Cuál es la moraleja? _____

Ejercicios escritos

En otras palabras... Para hablar de «El eclipse»

ACTIVIDAD: PISTAS (*CLUES*) PARA LEER EL CUENTO

Aquí hay algunas pistas para leer «El eclipse». Algunas palabras son nuevas y otras, que ya han aparecido en otros capítulos, están aquí como repaso. Escriba el sinónimo de la palabra indicada.

la selva 1. Fray Bartolomé estuvo perdido en *la jungla*.

los indígenas 2. *Los indios* que lo encontraron tenían *caras* impasibles. *rostros*

Rostros

mediana 3. Fray Bartolomé estaba confiado de su *mediocre* conocimiento de *la lengua* de los *del idioma* indígenas.

se disponía 4. *Se preparaba* a *utilizar* lo que sabía de las obras de Aristóteles. *valerse de*

el lecho 5. Miraba el altar de sacrificio como si fuera *la cama* donde descansaría por fin.

A. The Pluperfect Subjunctive

ACTIVIDAD: UNA VISITA A YUCATÁN

Juan y Lupe Ledesma viven en México, D.F. Este año pasaron sus vacaciones en Yucatán, la península donde floreció la civilización maya. Ahora les están mostrando a sus amigos las transparencias (*slides*) de su visita a Uxmal y Chichén Itzá, las ruinas de las ciudades mayas en Yucatán. Complete con el subjuntivo o el pluscuamperfecto del subjuntivo lo que dicen mientras muestran las transparencias.

1. ¿Sabían Uds. que la civilización maya se había desintegrado antes de que (*llegar*) *hubieran llegado* los conquistadores españoles?

2. Según algunos arqueólogos e historiadores, tal vez la civilización (*desintegrarse*) *se hubiera desintegran* por cambios ecológicos.

3. Nos sorprendió que los mayas no (*tener*) *tuvieran* conocimiento de la rueda (*wheel*).

4. Sin embargo, es increíble que los mayas (*construir*) *hubieran construido* un observatorio astronómico.

5. Construyeron el observatorio de manera que (*poder*) *pudieran* anotar los movimientos y las posiciones de los planetas.

6. Un arqueólogo que encontramos en el sitio nos dijo que buscaron una clave que les (*revelar*)

   revelera el significado de las escrituras mayas.

7. Hubo momentos en que nos sentimos como si (*estar*) _estuviéramos_ viviendo con los fantasmas del pasado.

8. Nos alegramos de que Uds. nos (*sugerir*) _hubieran sugerido_ que (*pasar*) _pasáramos_ las vacaciones en Yucatán.

9. Pero es triste que una civilización tan fascinante (*desaparecer*) _desapareciera_

B. Using the Past Perfect in *si* Clauses

ACTIVIDAD A: HABLANDO DEL PASADO

Para continuar la conversación de Juan y Lupe con sus amigos que ya habían estado en Yucatán, complete las siguientes oraciones con una de las **Frases útiles** en el condicional o el condicional perfecto.

Frases útiles: no ver algo tan interesante, saber más, poder ver aún más, no saber tanto de la civilización maya, ir al Perú, resolver un misterio, no ir allí, ser aún más interesante

1. Si no hubiéramos ido a Yucatán, _no habríamos sabido tanto de los mayas._

2. Si la civilización maya no hubiera desaparecido antes de la llegada de los conquistadores, _los científicos habrían sabido mucho de los mayas_

3. Si los arqueólogos hubieran sabido por qué la civilización maya se había desintegrado, _habríamos podido ver aún mas_ .

4. Si Uds. no nos hubieran sugerido que fuéramos a Yucatán, _no habríamos perdidonos_ .

5. Si hubiéramos leído más sobre los mayas antes de hacer el viaje, _habríamos entendido más._

6. Si los arqueólogos no hubieran descubierto el significado de las escrituras mayas, _no habrían comprendido el misterio._

ACTIVIDAD B: PARA PROBAR UNA TEORÍA

Para saber algo más de los misterios de las civilizaciones antiguas de América, complete la siguiente anécdota con el subjuntivo (presente o imperfecto) o el indicativo (pretérito o imperfecto) de los verbos entre paréntesis.

¿Cómo fue posible que (*aparecer*) _aparecieran_ grandes civilizaciones en América al mismo

tiempo que otras existían en Europa y en el Medio Oriente? Los antropólogos, arqueólogos e

historiadores han desarrollado varias teorías que quizás (*explicar*) _expliquen_ este fenómeno.

Según una teoría, podía ser que las civilizaciones de América (*desarrollarse*) se desarrollaron independientemente de las del Viejo Mundo. Sin embargo, otra teoría ha sugerido que marineros de las civilizaciones antiguas (*ser*) fueron [4] llevados a América por el viento, extendiendo así la cultura del Viejo Mundo a los habitantes del Nuevo Mundo.

El antropólogo noruego (*Norwegian*) Thor Heyerdahl dudaba que las culturas de América (*surgir*) sugieran [5] independientemente. Él creía que (*ser*) fueron [6] estimuladas por la cultura mediterránea que se extendía por Europa en aquel entonces. Notó que (*haber*) había [7] muchas semejanzas entre las culturas antiguas de América y las de los pueblos antiguos del Medio Oriente. Por ejemplo, los egipcios y los incas adoraban el sol, practicaban la cirujía cranial y momificaban a sus muertos. Los egipcios y los mayas construyeron pirámides y gigantescas estatuas de piedra y también escribían con jeroglíficos. En 1970 el doctor Heyerdahl propuso que (*ser*) era [8] posible probar su teoría de la posibilidad de que haya habido contacto entre las dos civilizaciones. Pensaba que si los marineros de los tiempos antiguos (*poder*) pudieran [9] atravesar el mar Atlántico, él (*poder*) podría [10] hacer lo mismo. Entonces, les pidió a unos contructores de barcos que le (*construir*) construyeran [11] un barco de totora (*reed*) como los que se usaban en esa época y que todavía se usan en el Río Nilo y en el Lago Titicaca en Sudamérica. Después, con algunos compañeros salió de Marruecos (*Morocco*) para probar su teoría. ¡Imagínese lo que les (*haber*) hubiera [12] pasado si el barco no (*haber*) habría [13] aguantado las tormentas del mar! Sin embargo, ¡el viaje tuvo éxito porque el doctor Heyerdahl y su grupo pudieron llegar a América!

ACTIVIDAD C: COMPRENSIÓN

Tenga presente lo que acaba de leer al completar las siguientes oraciones con sus propias palabras.

1. Antes de leer esta información, nunca había leído de los mayas.
2. No sabía que los mayas y otras culturas existien en español.
3. No creía que las cultura existen.
4. Si yo hubiera tenido la oportunidad de navegar con el doctor Heyerdahl, hubiera ido.
5. Si yo pudiera visitar un sitio arqueológico, me interesaría.

En otras palabras… Para hablar de «No pasó nada»

ACTIVIDAD A: PARA CONTAR ALGUNOS DETALLES DE SU NIÑEZ, CONTESTE LAS SIGUIENTES PREGUNTAS… FRANCAMENTE.

Cuando Ud. era niño/a,

1. ¿era flaco/a? *No no era flaca*

2. ¿a quién le tomaba el pelo? _____

3. ¿se defendía bien en el jardín de infantes? _____

4. ¿estuvo conforme su primer día allí? _____

5. ¿le costó mucho adaptarse al jardín de infantes? _____

6. ¿se metía frecuentemente en líos (*trouble*)? _____

7. ¿lo/la retaban mucho sus hermanos (amigos)? ¿Por qué? *No Nunca he tenido hermanos*

8. ¿cuál era su juguete predilecto? _____

9. ¿cabían todos sus juguetes en una sola caja? _____

10. ¿jugaba con juguetes de tipo militar? ¿Cuáles eran? _____
    _____

11. ¿miraba películas que le daban pena? ¿Cómo se llamaba una de ellas? _____
    _____

ACTIVIDAD B: EL NUEVO EMPLEADO

¿Qué pasó? Un lunes el nuevo empleado llegó a las oficinas de la Compañía Gutiérrez, Hernández y Gómez. Llegó muy tarde y, al entrar, rompió el cristal de la puerta con el paraguas y volcó una canasta de documentos. Todos los días de esa semana llegó tarde y causó un desastre tras otro.

Ahora le toca a Ud. continuar la historia y terminarla. Para hacerlo, hay que ordenar las siguientes oraciones lógicamente. Escriba solamente la letra de la oración.

___B___ 1.   a. Al final de la semana los otros socios lo despidieron.
___ch___ 2.   b. El señor Gómez quería echarlo de la oficina al segundo día.
___a___ 3.   c. Claro que el señor Hernández no estaba muy conforme con esa decisión, pero…
___c___ 4.   ch. Siempre que causaba un nuevo problema, el señor Hernández decía: «No es nada. Todo tiene remedio.» (El empleado era su sobrino.)

C. Uses of the Infinitive

ACTIVIDAD: LA HISTORIA DE LUCHO

Para contar la historia de Lucho, complete las oraciones con el verbo apropiado.

Verbos útiles: aprender, asistir, buscar, comer, contestar, escribir, hablar, llegar, salir, ser, visitar, volver

1. Después de la muerte de Allende, Lucho y su familia tuvieron que _salir_ de Chile.

2. Cuando vivía en Chile, Lucho quería _ser_ cantante, pero después de _llegar_ a Alemania, cambió de idea.

3. Al _~~llegar~~_ a Alemania, Lucho, su hermano y sus padres no podían _hablar_ alemán. Lucho fue el primero en su familia en _aprender_ alemán. Cuando sonaba el teléfono, Lucho tenía que _contestar_ porque sus padres tenían vergüenza de no _hablar_ alemán.

4. Lucho no tenía dificultad en _asistir_ al colegio alemán y decidió que quería _ser_ escritor aunque todavía no podía _escribir_ bien el alemán.

5. Después de las clases del colegio, él iba a _visitar_ a su compañera Edith.

6. Los sábados le gustaba _asistir_ a los partidos de fútbol.

7. Todos los días su papá salía para _buscar_ trabajo y, al _volver_ a casa muchas veces estaba tan deprimido que se acostaba sin _comer_.

CH. Uses of the Present Participle

ACTIVIDAD: MÉTODOS DE APRENDER UNA LENGUA

Para repasar los varios métodos de aprender una lengua, lea los siguientes párrafos e indique con un círculo cuál es la palabra apropiada, el infinitivo o el participio presente.

En una parte de la historia Lucho cuenta que aprendió a (*hablar*/hablando)[1] alemán (*escuchar*/ *escuchando*)[2] la radio y (*memorizar*/*memorizando*)[3] las canciones. Pero aunque no estaba consciente de cómo lo hacía, también aprendió por otros métodos. Por ejemplo, asistió a un colegio alemán donde todos los chicos hablaban alemán, y quería (*defenderse*/*defendiéndose*)[4] entre ellos. En el colegio se hizo amigo de Edith y unos chicos griegos con los cuales tuvo que (*entenderse*/entendiéndose)[5] en alemán. Sólo hablaba español en casa con sus padres y su hermano. Eso también era importante, porque así no se le olvidaba su lengua materna.

En casa la familia miraba la televisión, (escucharla/*escuchándola*)[6] atentamente para (*saber*/ sabiendo)[7] lo que pasaba. Es útil también (*ir*/yendo)[8] al cine porque el cine, tanto como la televisión, ofrece la oportunidad de (*escuchar*/escuchando)[9] una forma de (*hablar*/hablando)[10] natural, con las repeticiones, los modismos y la jerga que se usan en el habla nativo. Al (*ver*/viendo)[11] la combinación de gestos, diálogo y acción, es más fácil (*comprender*/comprendiendo)[12] lo que pasa. Es posible que Lucho no fuera mucho al cine porque no tenía dinero, pero (mirar/*mirando*)[13] la televisión y (escuchar/ *escuchando*)[14] Lucho iba (aprender/*aprendiendo*)[15] alemán.

(Leer/*Leyendo*)[16] es otro modo de (aprender/*aprendiendo*)[17] un idioma. Cuando uno está en un país extranjero es sumamente importante (*saber*/sabiendo)[18] lo que dicen los letreros, la carta en un restaurante, los avisos y anuncios, y las instrucciones. Por ejemplo, es imposible (*hacer*/haciendo)[19] una llamada telefónica sin (*poder*/pudiendo)[20] (*leer*/leyendo)[21] las instrucciones que indican cuánto cuesta la llamada y cuándo hay que (~~introducir~~/introduciendo)[22] la moneda. (~~Leer~~/Leyendo)[23] también ayuda a (~~aumentar~~/aumentando)[24] el vocabulario, además de (~~ser~~/siendo)[25] interesante y divertido.

Palabras problemáticas

ACTIVIDAD: PENSÁNDOLO BIEN…

¿Un cuento, una cuenta, un relato o una historia? Indique cuáles son los siguientes.

un cuento «El eclipse»

un relato 2. «No pasó nada»

una historia 3. las lecturas sobre Santiago Ramón y Cajal

una historia 4. «La consecuencia de la catástrofe de Chernobil para personas y animales en Europa»

cuenta 5. lo que le dan a Ud. en un restaurante al final de la comida

un cuento 6. «El gato en el sombrero»

De todo un poco

ACTIVIDAD A: YA PASÓ

Lucho, el narrador de «No pasó nada», es un chico. Él cuenta sus experiencias en Alemania a veces en el presente y a veces en el pasado, como si estuviera hablándonos directamente. Estos cambios de tiempo son bastante normales, especialmente cuando un persona habla. Pero, como el título lo indica, Lucho narra algo que ocurrió en el pasado. A continuación, hay unos fragmentos del cuento que Lucho cuenta en el presente. Dé los verbos entre paréntesis en el imperfecto, el pretérito o el imperfecto o pluscuamperfecto del subjuntivo.

A mí no me (importar) _importaba_ que (ellos: haber) _habían_ [2] vendido la guitarra y que nunca (poder) _pude_ [3] tocarla, porque no (querer) _quería_ [4] ser más cantante. (Querer) _quería_ [5] ser escritor. En el colegio el profesor me (decir) _decía_ [6] que (yo: tener) _tenía_ [7] pasta, pese a que (in spite of the fact that) no (poder) _podía_ [8] escribir bien el alemán. Claro que yo (pensar) _pensaba_[9] que eso (tener) _tenía_ [10] remedio, porque cuando (nosotros: llegar) _llegamos_ [11] con mi papi, mi mamá y mi hermano, ninguno (saber) _sabía_ [12] hablar el alemán.

Además (yo: tener) _tenía_ [13] una amiga alemana. Con la Edith nos (ver) _veíamos_ [14] todos los días… (Nosotros: Estar) _estábamos_ [15] en el mismo colegio y después de las clases yo (ir) _iba_ [16] a visitarla, y lo que más me (gustar) _gustaba_[17] (ser) _era_ [18] cuando nos (quedar) _quedábamos_[19] solos en la casa. Nos (poner) _poníamos_[20] colorados de tanto abrazarnos y besarnos.

Mi papi (*estar*) __estaba__ 21 convencido que un gobierno como el de la junta militar chilena (*tener*) __tenía__ 22 que caer muy luego (pronto) porque nadie en el mundo los (*querer*) __quería__ 23 y la gente allá (*sufrir*) __sufría__ 24 mucho.

A mí el que más me (*molestar*) __molestaba__ 25 (*ser*) __era__ 26 mi hermano chico que (*entender*) __entendía__ 27 poco alemán y cada vez que (*ver*) __veía__ 28 la televisión me (*preguntar*) __preguntaba__ 29 a cada rato qué (*estar*) __estaba__ 30 pasando, y yo me (*poner*) __ponía__ 31 a traducirle, y entonces no (*oír*) __oía__ 32 yo a los actores y mi hermano me (*seguir*) __seguía__ 33 jodiendo con que le (*explicar*) __explicara__ 34 hasta que (*yo: tener*) __tenía__ 35 que pegarle un coscorrón, y se (*poner*) __ponía__ 36 a llorar, y mi mamá me (*pegar*) __pegaba__ 37 un coscorrón a mí, y se (*poner*) __ponía__ 38 de mal humor y (*retar*) __retaba__ 39 a mi papá, y el viejo estaba cansado porque venía de buscar trabajo, y mi mamá salía con que no podía seguir así, que ella se iba a Chile, que no tenía nada que hacer aquí, y mi papá se iba a acostar sin comer.

ACTIVIDAD B: CON SUS PROPIAS PALABRAS: NARRATION

Preparación

"El eclipse" and "No pasó nada" are narratives; that is, they tell a story that may be fictional or an account of something that actually happened. As you no doubt noticed, the preterite and imperfect were interwoven in these narrations of past events. Because these two verbal modes reflect ways of seeing events in the past that are different from those used in English, it is a good idea to pay special attention to them as you write about something that happened in your life in the past.

Before beginning your composition telling about an event that took place in your adolescence, make an outline by using the following chart. In the column entitled "¿Qué ocurrió?," list all the elements that recount the actions in your story, the ones that answer the question. In the second column, "¿Qué pasaba?," list the elements that provide background information: the circumstances under which the event took place, descriptions of the scene and those who took part in it, mention of whatever else was going on at the time, and your feelings. Try to remember as many details as you can.

Remember, as you think of the structure of your story, that the events can be narrated in any order, but that the most common and simplest method is to narrate in chronological order.

Think also of your introduction, the first paragraph that will set the stage for what is to follow. Then develop the action so that it leads up to the high point or climax of the event. The final paragraph should tell how the event affected you or what made it so memorable or important in your mind.

¿QUÉ OCURRIÓ?   ¿QUÉ PASABA?

_____   _____

Aplicación

Now that you have outlined what you will tell and how you will tell it, recount a memorable, funny, important, or unforgettable event that you associate with your adolescence. Be sure to select a title that will give the reader an inkling of what is to follow. Write your story on another sheet of paper.

22
CAPÍTULO

Manual de laboratorio

Para comenzar

You will hear a group of Spanish students at the University of Salamanca voice their opinions about the United States and its people. The students have all travelled to the U.S., and are familiar with it to a certain extent. After listening to each opinion, indicate whether the student likes the U.S. (**le gusta**), dislikes it (**no le gusta**), or likes it only in part (**le gusta en parte**). You will hear the correct answer on the tape.

	LE GUSTA	NO LE GUSTA	LE GUSTA EN PARTE			LE GUSTA	NO LE GUSTA	LE GUSTA EN PARTE
1.	Javier	____	____	____	4. Pepe	____	____	____
2.	Adriana	____	____	____	5. Arturo	____	____	____
3.	Lola	____	____	____	6. Sara	____	____	____

Para escuchar

A. You will hear two Spaniards describe their impressions of the United States based on trips they have made. Then you will hear a series of statements. Indicate whether they are true (**cierto**), false (**falso**), or not known (**no se sabe**), based on the descriptions. You will hear each statement twice.

1.	Cierto	Falso	No se sabe	4.	Cierto	Falso	No se sabe
2.	Cierto	Falso	No se sabe	5.	Cierto	Falso	No se sabe
3.	Cierto	Falso	No se sabe	6.	Cierto	Falso	No se sabe

B. Consejos sobre cómo viajar a Nueva York

You will hear a segment from a radio program called "Aventuras por el mundo," in which travel advice is often given in a light-hearted way. In this particular program, Fernando Olivera gives listeners tips about how to cope in New York City for those planning to go there for the first time. First, listen to the advice for general comprehension. Then, as you listen a second time, summarize the advice by writing a short sentence for each item. The first item has been done for you as a model.

1. **Debe llevar el doble del dinero que había planeado.** _____

2. _____

3. _____

4. _____

5. _____

6. _____

C. Visión de los Estados Unidos

You will hear an editorial heard on a radio station in Barcelona, Spain, about the attitudes of Spanish people toward the United States. After listening to the commentary, you will hear a series of conclusions. Indicate whether they are logical (**lógico**) or illogical (**ilógico**), based on the editorial. You will hear each statement twice.

1. Lógico   Ilógico   3. Lógico   Ilógico
2. Lógico   Ilógico   4. Lógico   Ilógico

Ejercicios escritos

The textbook materials and workbook activities in this unit (Chapters 22, 23, and 24) are different in concept from those of previous units. You will notice that, although there are readings, "En otras palabras… " sections, and a wide variety of activities and other features you have come to expect in the text, there are no "Lengua y estructuras" sections. Rather, this final unit is an opportunity to synthesize and review the work you have done throughout the term. The theme of the unit is one for thought and reflection, one that you will wish to discuss with your classmates. The workbook offers a review of language and structures, for you to do on an individual basis.

The review sections are coordinated with the readings. Therefore, be sure to read "Comentarios de hoy" before beginning the sequence of review activities that correspond to it.

The following activity gives an overview of the entire unit and, at the same time, reviews subject pronouns and pronouns used as objects of prepositions. Before doing it, you may wish to review these pronouns in Chapter 1-A and 1-D of *Un paso más*.

¿RECUERDA UD.?

Los pronombres que se usan como sujeto y los que se usan como objeto de las preposiciones: Para repasar los pronombres que se usan como sujeto y los que se usan como objeto de las preposiciones **a**, **de**, **por**, **para**, **excepto** y **con**, complete el siguiente esquema.

Pronombres personales		Pronombres preposicionales	
yo	_____	_____	_____
_____	_____	ti	_____
_____	_____	_____	_____

¿Cuáles son las formas que se usan con **con**?

ACTIVIDAD: EN BREVE

Los siguientes párrafos le van a dar una idea del contenido de esta unidad. Complete las oraciones con los pronombres necesarios. Si Ud. no cree que sea necesario usar un pronombre, no escriba nada.

En esta unidad _____,[1] los lectores de **Un paso más**, van a leer sobre las experiencias que

tuvieron varias personas de España y Latinoamérica en los Estados Unidos y las opiniones que

_____[2] se han formado como consecuencia de su visita a este país. El primer artículo del Capítulo

22 es del autor argentino Eduardo Gudiño Kieffer. En el artículo _____[3] da las razones por las

cuales admira a los Estados Unidos. En el artículo que sigue, _____ ⁴ leerán las experiencias de

Rosa Montero, una novelista española, en un fragmento de «Estampas bostonianas». Al leerlo,

_____ ⁵ notarán que la perspectiva de _____ ⁶ es bastante diferente de la del señor Guidiño

Kieffer.

El capítulo que viene trata de las experiencias de un profesor y tres estudiantes. Este profesor es

Fernando Díaz-Plaja, un escritor español muy conocido en su país y en Latinoamérica. _____ ⁷ fue

invitado a enseñar en la Universidad de Tejas y allí se dio cuenta de que ciertos estereotipos de los

EE.UU. que _____ ⁸ había formado antes en España no eran válidos. Otro artículo del mismo

capítulo cuenta las experiencias de tres jóvenes españoles que estudiaron en Nueva York. _____ ⁹

hablan francamente de lo que aprendieron en la gran metrópoli. Será interesante comparar las

impresiones que han tenido _____,¹⁰ como estudiantes en la ciudad más grande de los Estados

Unidos, con las de Díaz-Plaja, profesor en Tejas, el estado más grande después de Alaska.

En el último capítulo de esta unidad y del libro, _____ ¹¹ leerán las impresiones de César

Magrini, un periodista argentino. En contraste, hay otro fragmento de las «Estampas bostonianas» de

Rosa Montero. Y, por supuesto, los Estados Unidos vistos por _____ ¹² es bastante diferente del

país que _____ ¹³ describe, porque cada uno de _____ ¹⁴ ve las cosas desde su propia

perspectiva. Pero no importa si estas personas admiran los Estados Unidos o _____ ¹⁵ los critican;

para _____ ¹⁶ lo interesante es saber cómo otros ven este país. Y si hay algo en los artículos que a

_____ ¹⁷ les parezca equivocado, tengan _____ ¹⁸ en cuenta que _____ ¹⁹ no se están

mirando en un espejo, sino que es un retrato (*portrait*) que refleja la perspectiva del individuo que lo

hace.

En otras palabras... Hablando de los EE.UU.

Complete las siguientes oraciones con la forma correcta de una de estas palabras o frases: **caerle bien, estar harto/a, fe, superar, sabiduría, juicio, raciocinio, atreverse**.

1. Una persona religiosa tiene _____.

2. Para ser juez, hay que tener buen _____.

3. Los filósofos enseñan el poder del _____.

4. Los sabios tienen gran _____.

5. La persona que tiene coraje _____ a hacer algo peligroso o diferente.

6. Si uno está conforme, todo _____.

7. La persona que no está conforme con las cosas _____ y busca la manera

de _____ los obstáculos.

Comentarios de hoy: Me gustan los Estados Unidos... ¿Y qué?

¿RECUERDA UD.?

Resumen de **ser** y **estar**: ¿Cuándo se usa **ser** y cuándo se usa **estar**? Escriba en el esquema cuál de los dos se usa en los siguientes casos. Puede repasar **ser** y **estar** en Capítulos 4-A, 4-B y 5-E del texto.

¿Se usa **ser** o **estar**...?

ser	1.	para identificar a las personas o las cosas según su profesión, nacionalidad, creencia religiosa o afiliación política
_____	2.	para describir las condiciones físicas del sujeto
_____	3.	para describir los estados emocionales
_____	4.	con **de**, para indicar origen
_____	5.	con adjetivos que describen las características intrínsicas del sujeto
_____	6.	para indicar dónde o cuándo ocurre algo
_____	7.	con adjetivos que se refieren a cualidades que no son características esenciales de la persona
_____	8.	para indicar el estado civil de una persona
_____	9.	con **para**, para indicar el recipiente o el destino del sujeto
_____	10.	con expresiones generales
_____	11.	con **de**, para indicar en que consiste algo
_____	12.	con la voz pasiva
_____	13.	con ciertas expresiones idiomáticas
_____	14.	para indicar el sitio o el lugar
_____	15.	para describir los estados de salud
_____	16.	para formar la forma progresiva del verbo
_____	17.	para dar la hora

ACTIVIDAD A: ¿CÓMO SON? ¿CÓMO ESTÁN?

Usando **ser** o **estar**, cuente algo de Ud., de su clase y de las otras personas mencionadas. ¡OJO! Cuando escriba oraciones completas, preste atención especial a las pistas (*clues*) que indican el tiempo que hay que usar.

El presidente de los Estados Unidos... 1. ¿joven, viejo o de mediana edad? 2. ¿soltero o casado? 3. ¿republicano o demócrata? 4. ¿liberal o conservador? 5. ¿ahora en la Casa Blanca o de viaje? 6. ¿vice-presidente o senador antes? 7. ¿padre y/o abuelo? 8. ¿a favor del aborto o en contra de él? 9. ¿protestante o católico?

_____

_____

Los Beatles... 10. ¿ingleses o irlandeses? 11. ¿de Dublín o de Liverpool? 12. ¿originales o como los demás músicos de su época? 13. ¿un grupo formado por cuatro o cinco artistas? 14. ¿todavía cantantes o se dedican a otras cosas? 15. ¿y John Lennon? 16. ¿millonarios o pobres?

_____

_____

_____

Mis compañeros y yo... 17. ¿trabajando o descansando ahora? 18. ¿buenos o malos estudiantes? 19. ¿fabulosos o simplemente estupendos? 20. ¿despiertos o medio dormidos los lunes por la mañana? 21. ¿hartos de tanto estudiar o todavía contentos? 22. ¿siempre presentes en nuestras clases o a veces ausentes? 23. ¿preocupados por el examen final o tranquilos?

_____

_____

_____

Yo... 24. ¿norteamericano/a o de otro país? 25. ¿estudiante de primer año o de segundo? 26. ¿trabajador(a) o perezoso/a? 27. ¿cansado/a o descansado/a hoy? 28. ¿en la onda? 29. ¿aficionado/a a la música punk o a la música clásica? 30. ¿casado/a o soltero/a? 31. ¿rico/a y famoso/a algún día? 32. ¿conforme o inconforme con lo que ofrece su universidad?

_____

_____

_____

La clase de español... 33. ¿por la mañana o por la tarde? 34. ¿a qué hora? 35. ¿en el laboratorio de lenguas o en un aula? 36. ¿interesante o aburrida? 37. ¿obligatoria u optativa? 38. ¿difícil o fácil?

_____

_____

_____

ACTIVIDAD B: UNA ENTREVISTA IMAGINARIA CON EL SEÑOR GUDIÑO KIEFFER

Complete la siguiente entrevista con la forma correcta y el tiempo apropiado de **ser** o **estar**.

UD.: Señor Gudiño Kieffer, yo _____[1] aquí para hablar con Ud. hoy porque su artículo sobre los Estados Unidos ha provocado muchos comentarios.

GK: ¡Qué bien! _____[2] exactamente lo que esperaba cuando lo escribí.

UD.: ¿Me puede decir cuál _____[3] su propósito al escribir el artículo?

GK: Bueno, parece que _____ 4 bien visto admirar a la India, a Cuba, a Burundi o a Nicaragua, pero no _____ 5 de moda admirar a los países llamados «superdesarrollados». Yo _____ 6 en contra de este modo de pensar, y quería expresar este sentimiento.

UD.: ¿Y cuáles _____ 7 sus sentimientos hacia su propio país?

GK: Por una razón u otra admiro a todos los pueblos del mundo, empezando por el mío. _____ 8 lógico, ¿no le parece?

UD.: No sé. Hoy en día no toda la gente _____ 9 tan razonable como Ud. ¿Qué opinan sus amigos y colegas cuando Ud. expresa su admiración por los Estados Unidos? ¿_____ 10 de acuerdo con Ud.?

GK: ¡De ningún modo! Dudan tanto de mi raciocinio como de mi capacidad intelectual, espiritual y hasta moral. Pero _____ 11 cierto que la verdad _____ 12 un asunto personal para cada persona. Y mi verdad personal, con relación a los Estados Unidos de Norteamérica, se llama admiración. No _____ 13 conformista.

UD.: ¿Ha _____ 14 Ud. alguna vez en los Estados Unidos?

GK: Ah, sí. Varias veces.

UD.: ¿En qué ciudades norteamericanas ha _____ 15 Ud.?

GK: En Nueva York y San Francisco. Para mí, esas ciudades _____ 16 fascinantes. ¿_____ 17 Ud. de Nueva York?

UD.: No, pero conozco esa ciudad. ¿Me podría mencionar otros aspectos de los Estados Unidos que Ud. admira?

GK: Encuentro, por ejemplo, que la libertad imperante allá _____ 18 ejemplar. Pero quiero que Ud. comprenda que mi admiración no _____ 19 una admiración ciega. Hay ciertas actitudes de los Estados Unidos que no me gustan, _____ 20 decir, que me molestan. Y si queremos _____ 21 equilibrados en nuestros juicios, _____ 22 bueno tenerlas en cuenta.

UD.: En su artículo, Ud. se refiere a los resultados de una encuesta que _____ 23 hecha por un profesor norteamericano.

GK: Ah, sí. _____ 24 una encuesta muy interesante porque indica que cuando el pueblo norte-americano _____ 25 harto de la guerra de Vietnám, buscaba la forma de comunicarles su opinión a sus gobernantes. Otra cosa que me impresionó _____ 26 la actitud optimista de los norte-americanos. Ellos confiaron en que el futuro del país _____ 27 siempre profundo y próspero. Lamentablemente, no _____ 28 una actitud que siempre compartimos en mi país.

UD.: Señor Gudiño Kieffer, yo sé que Ud. _____²⁹ un hombre muy ocupado y no quiero molestarle

más. Ud. ha _____³⁰ muy amable, y le agradezco haberme dado esta entrevista.

GK: _____³¹ bien. No ha _____³² una molestia. _____³³ contento de haberlo hecho.

¿RECUERDA UD.?

Los complementos directos e indirectos Para repasar los complementos directos e indirectos, escríbalos en los espacios indicados.

Los complementos directos

_____   nos
_____   _____
_____   _____

Los complementos indirectos

_____   _____
_____   _____
le   _____

Ahora, en el siguiente esquema, indique con una X la colocación de los complementos directos e indirectos en la oración. Es posible marcar los dos cuadros.

Verb form	Object pronoun precedes . . .	Object pronoun follows and is attached to . . .
conjugated verb		
infinitive		
conjugated verb + infinitive		
conjugated verb + present participle		
affirmative command		
negative command		

ACTIVIDAD A: ¿QUÉ HACEN?

Para decir lo que hacen Ud. y las siguientes personas, use las frases indicadas para contestar las preguntas según el modelo. Use complementos directos o indirectos o ambos, cuando sea necesario.

MODELO: ¿Estás escuchando la radio ahora? → *Sí, la estoy escuchando. (Sí, estoy escuchándola.)*
o
No, no la estoy escuchando. (No estoy escuchándola.)

1. En este momento, ¿está Ud....
   a. mirando los pájaros por la ventana? _____

   b. leyendo el cuaderno? _____

c. haciendo las actividades? _____

ch. contestando las preguntas de un amigo (una amiga)? _____

2. ¿Qué hicieron sus amigos ayer?
    a. ¿Se compraron algo extravagante? _____

    b. ¿Lavaron la ropa? _____

    c. ¿Escucharon las noticias en la radio? _____

    ch. ¿Lo/La invitaron al cine? _____

3. ¿Qué tienen que hacer para mañana Ud. y sus compañeros?
    a. ¿terminar el trabajo? _____

    b. ¿entregar estas páginas al profesor (a la profesora)? _____

    c. ¿escuchar las cintas? _____

    ch. ¿leer el próximo artículo? _____

4. ¿Qué quiere que su profesor(a) de español haga por Ud.?
    a. ¿explicarle la teoría de la relatividad? _____

    b. ¿hacerle más preguntas? _____

    c. ¿darle el número de teléfono de Julio Iglesias? _____

    ch. ¿contarle la historia de su vida? _____

5. ¿Qué le gustaría hacer algún día cuando tenga tiempo para hacerlo?
    a. ¿ver todas las películas de los hermanos Marx? _____

    b. ¿leer las obras completas de Shakespeare? _____

    c. ¿escuchar las nueve sinfonías de Beethoven? _____

    ch. ¿conocer las siete maravillas del mundo? _____

6. ¿Me aconseja Ud. que yo haga las siguientes cosas? (Conteste con mandatos.)
    a. ¿ver la Estatua de Libertad? _____

    b. ¿escalar las montañas de los Andes? _____

    c. ¿pagarle al gobierno los impuestos? _____

    ch. ¿comprarme la novela *Don Quijote*? _____

ACTIVIDAD B: ¡BIENVENIDOS!

Conteste las preguntas de un amigo español que está por hacer su primer viaje a los Estados Unidos y que quiere saber cuáles son los trámites para entrar en este país. En su respuesta, use las indicaciones entre paréntesis y sustituya los sustantivos y pronombres por los complementos directos.

1. ¿Tengo que entregar mi pasaporte al agente de inmigración? (*sí*)

   _____

2. ¿Qué hace el agente con mi pasaporte? (*revisar el pasaporte y ponerle el sello oficial*)

   _____

3. ¿Y me lo devuelve? (*claro*) _____

4. ¿Qué hago con mis maletas? (*tener que buscar tus maletas y llevarlas a la aduana [customs]*)

   _____

5. ¿Qué hace el agente de la aduana? (*pedirte que abras las maletas*)

   _____

6. ¡Caramba! ¿Me va a revisar todas las cosas? (*puede ser*)

   _____

7. ¿Y si te traigo una bolsa de naranjas de España? (*ir a confiscarte las naranjas*)

   _____

8. ¿Y qué va a hacer el agente si no llevo nada prohibido y mi pasaporte está en orden? (*decirte que pases*)

   _____

9. ¿Me puedes explicar estos trámites una vez más? (*¡no!*)

   _____

¿RECUERDA UD.?

Complementos indirectos con verbos como **gustar:** Algunos de los verbos que se usan con el complemento indirecto son **caer (bien/mal), doler, encantar, faltar, fascinar, gustar, hacer falta, importar, interesar, molestar** y **preocupar.** Tenga presente que, en este caso, estos verbos se usan en la tercera persona singular y plural. Para que el objeto quede más claro, se puede usar también las frases **a mí, a ti, a él/ella/Ud., a Uds.** o **a nosotros.** Analice las siguientes oraciones:

—A mí los habitantes de Nueva York me caen bien.
  El sujeto del verbo **caer,** ¿es «a mí» o «los habitantes»? _____
—¿Y a ti te fascina esta ciudad también?
  El sujeto del verbo **fascinar,** ¿es «a ti» o «esta ciudad»? _____

Antes de hacer la siguiente actividad, repase los Capítulos Preliminar-E y 4-C en el texto.

ACTIVIDAD: REACCIONES Y OPINIONES

Diga algo sobre los gustos, opiniones o intereses de estas personas usando verbos como **gustar**, según el modelo.

> MODELO: A los estudiantes de esta universidad… _____ los partidos de fútbol. →
> …*les encantan (no les interesan, les fascinan)* los partidos de fútbol.

1. A mis padres _____ los impuestos, _____ el problema de las drogas, _____ el costo de la vida y _____ el programa espacial.

2. A mí y a mis amigos _____ la política internacional, _____ la política nacional, _____ conseguir un buen trabajo después de graduarnos, _____ la música rock y _____ tener éxito.

3. A mis compañeros _____ sus notas, _____ las películas extranjeras, _____ salir bien en los exámenes, _____ hacer estudios posgraduados, _____ tener una cita este fin de semana, _____ las fiestas, _____ las vacaciones y _____ la garganta (*throat*) después de gritar mucho en un partido de fútbol.

4. A mi profesor(a) de español _____ la cultura hispana, _____ enseñar, _____ los estudiantes que no trabajan en esta clase, _____ los estudiantes que hablan mucho en la clase y _____ los estudiantes que siempre llegan tarde a la clase.

¿RECUERDA UD.?

> Los pronombres reflexivos: Repase los pronombres reflexivos en los Capítulos 2-C, 2-F, 3-B y 8-CH del texto y después úselos para completar la siguiente tabla:
>
> | yo | _____ | atrevo | nosotros | _____ | atrevemos |
> |---|---|---|---|---|---|
> | tú | _____ | atreves | vosotros | _____ | atrevéis |
> | Ud., él, ella | _____ | atreve | Uds., ellos, ellas | _____ | atreven |
>
> Hay muchos verbos que se pueden usar con la forma reflexiva para dar énfasis o para indicar reciprocidad: **Me compré** este coche el año pasado. Los pronombres reflexivos se colocan como los complementos indirectos.

ACTIVIDAD: ¡LA CAPITAL EUROPEA MÁS DINÁMICA!

Mientras Ud. lee la carta que Cecilia le ha mandado a su amiga Tina en California, complete las oraciones con la forma apropiada del verbo entre paréntesis. ¡OJO! Un asterisco (*) indica el uso del presente perfecto.

Madrid, 8 de octubre de 1989

Querida Tina,

Se dice que Madrid es la capital europea más dinámica de esta década, ¡y es verdad! ¡Estoy (*divertirse*) _____¹ día y noche! Me parece que los madrileños nunca (*acostarse*) _____² porque a cualquier hora de la noche las calles, los restaurantes, los cines y las discotecas están llenos de gente. ¡Aun hay atascos (*traffic jams*) a las 3:00 de la madrugada! ¡Aquí sí que la gente sabe disfrutar de la vida! Lo que no entiendo todavía es cómo al día siguiente todo el mundo (*levantarse*) _____³ para (*irse*) _____⁴ al trabajo. Al principio tuve un poquito de dificultad en (*acostumbrarse*) _____⁵ a este ritmo de vida, pero ahora te aseguro que (*adaptarse*)* _____⁶ muy bien. ¡(*Imaginarse*) _____!⁷ Anoche fui al teatro y ¡la función comenzó a medianoche! Vi una comedia musical que (*llamarse*) _____⁸ «Carmen, Carmen»—muy divertida—(*reírse*) _____⁹ como loca. Otra noche fui a una discoteca (no sola, por supuesto) en donde aprendí a bailar la sevillana. Es un baile que (*parecerse*) _____¹⁰ un poco al flamenco, pero es más elegante.

Los madrileños (*vestirse*) _____¹¹ a la última moda y (*yo: entusiasmarse*) _____¹² tanto por la ropa que (*yo: comprarse*) _____¹³ un montón de ropa nueva. Ahora cuando (*mirarse*) _____¹⁴ en el espejo, no (*reconocerse*) _____¹⁵ por lo elegante que estoy. Ay, pero cuando llegue la cuenta de mi tarjeta de crédito...

Como tú sabes, había pensado (*quedarse*) _____¹⁶ en Madrid solamente una semana y luego seguir a París, pero (*enamorarse*)* _____¹⁷ tanto de esta ciudad y (*encontrarse*)* _____¹⁸ con gente tan agradable que ahora no sé exactamente cuándo voy a continuar mi viaje. ¡No (*preocuparse*) _____!¹⁹ No voy a (*olvidarse*) _____²⁰ por completo de mis responsabilidades y obligaciones... y de mis queridas amigas.

Un gran abrazo de Cecilia

En otras palabras... Sigamos hablando de los Estados Unidos

ACTIVIDAD: ¿CÓMO SE IDENTIFICAN?

Para identificar a las siguientes personas, complete las oraciones de la Columna A con frases de la Columna B.

COLUMNA A

_____ 1. Los conformistas
_____ 2. Los disidentes
_____ 3. Los críticos del sistema
_____ 4. Los intelectuales
_____ 5. Los sospechosos
_____ 6. Los espías industriales
_____ 7. Los granjeros
_____ 8. La persona media

COLUMNA B

a. forma la mayoría del pueblo
b. trabajan en la tierra
c. provocan sospechas
ch. prefieren conformarse
d. piensan y ofrecen sus ideas
e. censuran y critican
f. no caben dentro del sistema
g. espían para los competidores

Comentarios de hoy: Estampas bostonianas (primera parte)

ACTIVIDAD: ¿SE DEBE

Las «Estampas bostonianas» consisten en una serie de tres artículos que salieron en el periódico español, *El País*. Los extractos que Ud. acaba de leer en este capítulo fueron tomados del tercero de ellos. El párrafo a continuación pertenece al primer artículo de la serie. Ud. ya lo ha leído en la Actividad A de Un poco de todo (págs. 485-6 en su libro de texto). Léalo una vez más, indicando si se debe o no se debe usar el artículo indefinido. Si hay que usarlo, dé la forma apropiada.

Lo único que he llegado a saber a ciencia cierta (*for certain*) sobre los norteamericanos es que son raros, muy raros. Estados Unidos es _____ ^{1} país diverso y enorme, _____ ^{2} continente en sí mismo, _____ ^{3} mundo encerrado (*locked*) en su colosalismo. Ni los cinco meses que he vivido últimamente allí ni la docena de viajes que antes realicé (hice) por esas tierras proporcionan el conocimiento suficiente como para desentrañar (*to figure out*) el tuétano (*essence*) del monstruo. Sólo hay la certidumbre, una evidencia: su rareza. Resulta particularmente inquietante porque en apariencia son como nosotros. O sería mejor decir que nosotros somos como ellos. Vestimos (Llevamos) los idénticos pantalones vaqueros, compramos las mismas marcas de electrodomésticos, tarareamos (cantamos) sus canciones de moda y bebemos *Coca-Cola* como ellos. Los indios de Nueva Delhi, los chinos de Pekín, los aborígenes de Papúa, son, sin _____ ^{4} duda, distintos a nosotros, eso es obvio. Pero los norteamericanos... nos creemos que son como nosotros y que conocemos su cultura de memoria. Craso error. Yo diría que la misma sociedad inglesa se semeja más a la española que a la que han organizado, en _____ ^{5} tiempo récord de la Historia, sus hijos de ultramar (*the other side of the ocean*). Desde allí me he dado cuenta de que Europa existe. Norteamérica es la diferencia, es _____ ^{6} otra cosa.

23

C A P Í T U L O

Manual de laboratorio

Para comenzar

You will hear several descriptions of famous Latin American or Spanish artists. Listen to each description, then select the category that most accurately describes the artist. Be careful! More than one category may be appropriate. You will hear the correct answer on the tape.

	PINTOR(A)	CINEASTA	ESCRITOR(A)	FOTÓGRAFO/A	PERIODISTA
1.	____	____	____	____	____
2.	____	____	____	____	____
3.	____	____	____	____	____
4.	____	____	____	____	____
5.	____	____	____	____	____
6.	____	____	____	____	____

Para escuchar

A. You will hear two announcements from a radio station in Santiago de Chile about study abroad programs for Chilean university students in the United States. Then you will hear a series of statements. Indicate whether they are true (**cierto**), false (**falso**), or not known (**no se sabe**), based on the information in the announcements. You will hear each statement twice.

1. Cierto	Falso	No se sabe		4. Cierto	Falso	No se sabe
2. Cierto	Falso	No se sabe		5. Cierto	Falso	No se sabe
3. Cierto	Falso	No se sabe		6. Cierto	Falso	No se sabe

B. Impresiones

You will hear three Latin American students talk briefly about themselves and their academic and professional reasons for coming to study in the United States. After listening to each student, complete the following charts based on what you heard. You may wish to write the answers as you listen. If you prefer, take notes as you listen, then stop the tape to write the answers. Pause now to read the first chart, to see what information is required.

Nombre: *Paco Ibáñez* Nacionalidad: _____ Área de estudio: _____

Dónde estudia: _____ Planes para el futuro: _____

Nombre: *María José del Pilar* Nacionalidad: _____ Área de estudio: _____

Dónde estudia: _____ Planes para el futuro: _____

Nombre: *Hortensia Olivares* Nacionalidad: _____ Área de estudio: _____

Dónde estudia: _____ Planes para el futuro: _____

C. Una entrevista

You will hear an interview with the famous Colombian sculptor Édgar Negret. The interview discusses the artist's work habits and sources of inspiration, as well as his views on younger artists. Then you will hear a series of conclusions. Indicate whether they are logical (**lógico**) or illogical (**ilógico**) based on what you heard. You will hear each statement twice.

1. Lógico   Ilógico
2. Lógico   Ilógico
3. Lógico   Ilógico

4. Lógico   Ilógico
5. Lógico   Ilógico
6. Lógico   Ilógico

Ejercicios escritos

En otras palabras... Hablando de las artes creativas

ACTIVIDAD A: LAS ARTES

Conteste las preguntas que aparecen al lado de cada dibujo.

1. ¿Cuál es la profesión de este hombre? _____

   ¿Qué hace? _____

   ¿Dónde exhibe sus obras? _____

2. ¿Qué tipo de artista es esta mujer? _____

   ¿Qué hace? _____

   ¿Con qué materiales trabaja? _____

3. ¿Cuál es la profesión de esta persona? _____

   ¿Qué hace? _____

   ¿Dónde se ve su obra? _____

4. ¿Cuál es su profesión? _____

   ¿Qué hace? _____

   ¿Dónde se leen sus obras? _____

5. ¿Qué escribe? _____

   ¿Cuál es su profesión? _____

   ¿En qué obras se ven sus creaciones? _____

6. ¿Cuál es su profesión? _____

   ¿Con quiénes trabaja? _____

   ¿Dónde se ven sus obras? _____

ACTIVIDAD B: SINÓNIMOS

En la primera lectura de este capítulo hay varias palabras que son sinónimos de palabras que Ud. ya sabe. Para prepararse para leer el artículo, conteste las siguientes preguntas con una oración completa, escogiendo un sinónimo y sustituyendo la palabra indicada.

Sinónimos: **acabar, acudir, adquirir, currículum, formación, iniciar**

1. *¿Viene* Ud. puntualmente a las clases todos los días? _____

2. *¿Comenzó* sus estudios aquí o en otra parte? _____

3. ¿Está contento/a con su *plan de estudios*? _____

4. ¿Dónde recibió su *educación* preuniversitaria? _____

5. ¿Qué título piensa *obtener*? _____

6. ¿En qué año piensa *terminar* sus estudios aquí? _____

Comentarios de hoy: Aprender en Nueva York

¿RECUERDA UD.?

Resumen del uso del imperfecto y del pretérito: Los dos tiempos se refieren al pasado. Repase el uso de ellos en los Capítulos 4-C, 5-A, 5-C, 5-CH 6-C, 6-CH, 17-B y 18-B antes de completar las siguientes oraciones.

1. Para describir una acción, un estado o una condición en el pasado sin

    referirse a su comienzo o fin se usa el _____.

2. Para narrar un acontecimiento o un hecho que ya se ha completado o que ocurrió en un momento específico o indefinido en el pasado se usa el

    _____.

3. Para dar información de fondo, describir sentimientos, apariencias, edad,

    el tiempo, la hora y otras condiciones se usa el _____.

4. Para referirse a acciones o condiciones habituales o rutinarias se usa el

    _____.

5. Cuando una acción está ocurriendo y otra acción la interrumpe, se usa el

    _____ para la primera acción y el _____ para la que interrumpe.

6. Se usa el _____ como se usa la palabra inglesa *would* para referirse a las acciones habituales del pasado.

7. Cuando se quiere enfocar el comienzo o el fin de una acción se usa el

    _____.

8. Para describir estados mentales o acciones que no tienen duración

    determinada se usa el _____.

9. Al contar varias acciones que ocurrieron sucesivamente, pensando que cada una había terminado antes de que la otra hubiera comenzado se usa el

_____.

10. En discurso indirecto se usa el _____.

ACTIVIDAD A: UN AÑO DESPUÉS

Ya ha pasado más de un año desde que tuvo lugar la entrevista «Aprender en Nueva York». Cuente los detalles de la entrevista desde esta perspectiva, dando los verbos entre paréntesis en el imperfecto o el pretérito.

Miguel Tàpies (*terminar*) _____[1] con éxito los 5 meses de su internado o *internship* en el Guggenheim Museum de Nueva York donde (*encontrar*) _____[2] que su trabajo (*ser*) _____[3] muy variado. (*Trabajar*) _____[4] especialmente en el departamento dedicado a conservación, donde (*preparar*) _____[5] la exposición del 50° aniversario de la Fundación Guggenheim y otras varias exposiciones que se (*abrir*) _____[6] ese año.

Antonio Saura Medrano (*acabar*) _____[7] sus estudios de *master* en la Universidad de Columbia, en Nueva York. Aunque ya (*tener*) _____[8] su licenciatura en historia moderna, (*decidir*) _____[9] por proseguir su verdadera vocación de escritor. (*Pasar*) _____[10] por un período intenso en que (*intentar*) _____[11] inútilmente acabar sus primeras veinte novelas, (*flirtear*) _____[12] con la poesía y (*trabajar*) _____[13] como periodista independiente en Madrid para ganarse la vida. Cuando (*conseguir*) _____[14] una beca del Comité Conjunto Hispano-Norteamericano de Madrid, (*trasladarse*) _____[15] a Nueva York para iniciar sus estudios de guionista de cine.

Daniel Canogar siempre (*haber*) _____[16] mantenido una estrecha relación con el mundo de la fotografía. Daniel sólo (*tener*) _____[17] 17 años cuando (*hacer*) _____[18] su primera exposición colectiva en Madrid, y de allí su trabajo artístico lo (*llevar*) _____[19] a París y Nueva York. (*Haber*) _____[20] terminado su carrera de ciencias de la información en Madrid cuando (*obtener*) _____[21] una beca del Comité Conjunto Hispano-Norteamericano para poder continuar sus estudios de posgraduado. Cuando (*participar*) _____[22] en esta entrevista, (*estar*) _____[23] cursando el segundo año de su programa de estudios de *master* de fotografía.

Nueva York es una ciudad que ofrece oportunidades infinitas en todos los campos artísticos, culturales y laborales. (*Ser*) _____[24] natural que estos tres españoles eligieran ir a esa ciudad tan profesional y especializada. Daniel, por ejemplo, (*ir*) _____²⁵ a Nueva York

para poder continuar sus estudios de posgraduado a un nivel más especializado porque «no (*ser*)

_____²⁶ posible hacerlo en España».

Las vivencias en Nueva York de estos tres jóvenes españoles (*ser*) _____²⁷ variadas y

de índole (*nature*) tremendamente personal. Por sus mezclas de energías, Nueva York, más que ninguna

otra ciudad, (*incitar*) _____²⁸ al descubrimiento personal. Antonio me (*decir*)

_____:²⁹ «Profesionalmente, (*aprender*) _____³⁰ muchísimo. Ya sé cómo

hacer guiones y películas a la americana, pero también (*aprender*) _____³¹ que no (*ser*)

_____³² eso lo que necesariamente me (*interesar*) _____.³³ Personalmente me

(*ir*) _____³⁴ descubriendo más como español y como entidad diferente a todo lo que me

(*rodear*) _____,³⁵ y esto (*ser*) _____³⁶ muy importante.»

Para Daniel lo más válido de su experiencia neoyorquina (*ser*) _____³⁷ la «capacidad

de aislamiento y una dedicación absoluta y total en mi proceso creativo». Para Miguel, funda-

mentalmente, «(*Beneficiar*) _____³⁸ en el terreno profesional, pues (*ser*)

_____³⁹ muy intenso. (*Recibir*) _____⁴⁰ una visión global de cuáles son los

problemas en la profesión y cómo hay que resolverlos.» Esta sensación de libertad para poder realizarse

más en sus trabajos y con ellos mismos parece haber sido la experiencia más significativa que

(*compartir*) _____⁴¹ estos tres jóvenes españoles que (*estar*) _____⁴² en

Nueva York.

ACTIVIDAD B: EL VERANO PASADO

¿Cómo pasó Ud. el verano pasado? ¿Dónde lo pasó? ¿Con quién? ¿Qué hizo? En otro papel, escriba un párrafo para describir todo el verano o solamente un día común o extraordinario. Mencione lo que pasó y/o lo que Ud. hizo y describa la gente que figura en su narración, el tiempo que hacía y lo que Ud. pensaba o sentía.

En otras palabras… Más tópicos: ¡Hablemos de Tejas!

ACTIVIDAD: ¡AL CONTRARIO!

Para cada palabra en cursiva, se dan entre paréntesis dos sinónimos y una palabra que no lo es. Complete las oraciones con la forma apropiada de la palabra o expresión que no es un sinónimo.

1. (*historia, mito, anécdota*) «¿Hay muchas *leyendas* sobre el concurso de la Señorita América?» «No,

   sólo hay _____.»

2. (*delgado, flaco, gordo*) «¿Son *esbeltas* las chicas que participan en el concurso de la Señorita América?»

«Claro, las chicas _____ no están de moda en nuestra sociedad.»
3. (*cortés, de buenos modales, mal educado*) «¿Son *correctas* las aspirantes al título de la Señorita

América?» «Ah, sí. No hay ni una _____.»
4. (*vociferante, estrepitoso, callado*) «¿Es *ruidoso* el público en el auditorio mientras las aspirantes

demuestran lo que saben hacer?» «No, en ese momento el público está _____.»
5. (*ademán, expresión, inmovilidad*) «¿Hizo algún *gesto* la Señorita América cuando le pusieron la

corona?» «No, su _____ era impresionante.»

Comentarios de hoy: Tejas

ACTIVIDAD A: EL ÁLAMO

¿Recuerda Ud. la historia del Álamo? Para refrescar su memoria, recuéntela, dando el pretérito o el imperfecto de los verbos entre paréntesis.

Entre los siglos XVI y XIX, los españoles (*explorar*) _____[1] y (*colonizar*)

_____[2] el territorio del actual suroeste de los Estados Unidos. Por eso, muchos de los

habitantes que hoy viven en esta región son descendientes de ellos.

En 1821 México (*lograr*) _____[3] su independencia de España y (*establecer*)

_____[4] formalmente su soberanía (*sovereignty*) en todos los territorios españoles del

norte. México (*abrir*) _____[5] las puertas al comercio con los Estados Unidos e (*iniciar*)

_____[6] el proceso de penetración económica que (*preceder*) _____[7] la

invasión norteamericana que (*ocurrir*) _____[8] pocos años después. Otro hecho que

(*promover*) _____[9] esta invasión (*ser*) _____[10] el permiso que el gobierno

español (*conceder*) _____[11] a Moisés Austin para colonizar parte de Tejas poco antes de la

independencia mexicana. Aunque Austin (*morir*) _____[12] ese mismo año, el plan (*ser*)

_____[13] llevado a cabo en 1821 por su hijo Esteban, quien (*llevar*) _____[14] a

300 familias norteamericanas a Tejas y (*fundar*) _____[15] San Felipe de Austin. Atraídos

por las ricas y vastas tierras de la zona oriental (*eastern*) de Tejas, la población estadounidense (*seguir*)

_____[16] aumentando hasta el punto de que en 1835 (*haber*) _____[17] de unos

25.000 a 35.000 habitantes de los Estados Unidos. De este modo, los mexicanos de la región (*llegar*)

_____[18] a convertirse en una minoría en su propio territorio.

Con la invasión estadounidense (*coincidir*) _____[19] otros factores internos y externos

que (*constituir*) _____[20] los antecedentes de las tensiones entre México y los Estados

Unidos. Los tejanos (*querer*) _____[21] establecerse como estado independiente dentro de la federación mexicana, y esto (*causar*) _____[22] un enfrentamiento (*confrontation*) militar entre ellos y el gobierno de México en 1836. El general mexicano Santa Ana (*salir*) _____[23] victorioso en el famoso ataque a la fortaleza el Álamo, donde (*morir*) _____[24] en combate tantos mexicanos como estadounidenses. Poco después, Sam Houston, el líder de los tejanos, (*derrotar: to defeat*) _____[25] a las fuerzas mexicanas en la batalla de San Jacinto. México (*perder*) _____[26] su soberanía sobre la región y Tejas (*ganar*) _____[27] su independencia e (*ingresar*) _____[28] a la Unión en 1845. Como consecuencia de estas acciones norteamericanas se (*provocar*) _____[29] en 1846 una guerra entre los Estados Unidos y México que (*terminar*) _____[30] con la pérdida, por parte del gobierno mexicano, de todo el territorio entre Tejas y California, la mitad de su territorio total.

ACTIVIDAD B: HABLANDO DE LA LECTURA

Use el pretérito y el imperfecto para identificar a las siguientes personas y lugares con una oración completa. Identifique (a)…

1. Moisés Austin: _____

2. Santa Ana: _____

3. Esteban Austin: _____

4. Sam Houston: _____

5. San Jacinto: _____

6. el Álamo: _____

¿RECUERDA UD.?

Los usos del artículo definido: Repase los usos del artículo definido en el Capítulo Preliminar y los Capítulos 2-B y 3-A.

ACTIVIDAD: DATOS INFORMATIVOS PARA LOS VISITANTES A LOS EE.UU.

El gobierno de los Estados Unidos publica un folleto (*booklet*) para informar a los visitantes extranjeros de lo que se puede ver y hacer en este país, y también da otros datos útiles. Los siguientes párrafos han sido adaptados de este folleto. Complete las oraciones con el artículo definido si es necesario. No se olvide de formar las contracciones **al** o **del** donde sea necesario.

- _____ ¹ Cataratas de _____ ² Niágara, _____ ³ Gran Cañón del Colorado y _____ ⁴ Parque de Yellowstone son mundialmente famosos. Otros lugares interesantes que no son tan conocidos pero no menos espectaculares son _____ ⁵ Desierto Pintado de Arizona, _____ ⁶ gigantescas secoyas de California y _____ ⁷ parque subtropical de Everglades en _____ ⁸ Florida. ¡No se olvide de traer _____ ⁹ cámara para sacar fotos de estas maravillas únicas de _____ ¹⁰ naturaleza!

- Ud. puede conocer a gente nueva por medio de _____ ¹¹ programa llamado «_____ ¹² norteamericanos en casa». Para arreglar una visita, basta marcar _____ ¹³ número telefónico que aparece en _____ ¹⁴ folleto distribuido por su agente de viajes o _____ ¹⁵ que figura en _____ ¹⁶ guía telefónica bajo _____ ¹⁷ título de «Visitas Internacionales». Es muy útil, por supuesto, saber _____ ¹⁸ inglés al llegar a los Estados Unidos. Pero Ud. disfrutará de su visita aun sin hablar _____ ¹⁹ idioma, y es posible que _____ ²⁰ familia que lo invite hable _____ ²¹ suyo. _____ ²² gente en los Estados Unidos siempre está dispuesta a ayudar.

- Para dar a _____ ²³ visitantes de _____ ²⁴ extranjero _____ ²⁵ oportunidad de descubrir lo fácil que es viajar por los Estados Unidos en avión, _____ ²⁶ líneas aéreas norteamericanas ofrecen ahora considerables descuentos para _____ ²⁷ turistas extranjeros.

- En los Estados Unidos _____ ²⁸ cena es _____ ²⁹ comida más importante de _____ ³⁰ día. En _____ ³¹ restaurantes de los pueblos se acostumbra servir _____ ³² cena entre _____ ³³ 6:00 de _____ ³⁴ tarde hasta _____ ³⁵ 9:00, pero en _____ ³⁶ de las grandes ciudades se sirve hasta _____ ³⁷ 11:00. Se puede tomar _____ ³⁸ agua sin preocuparse en casi todas partes del país.

- En _____ ³⁹ siguientes festividades nacionales, _____ ⁴⁰ museos, bibliotecas, bancos, correos y algunas tiendas permanecen cerrados: _____ ⁴¹ primero de enero (Año Nuevo), _____ ⁴² 4 de julio (Día de _____ ⁴³ Independencia), _____ ⁴⁴ cuarto jueves de _____ ⁴⁵ noviembre (Día de Gracias) y _____ ⁴⁶ 25 de diciembre (_____ ⁴⁷ Navidad).

¿RECUERDA UD.?

> Repaso de los mandatos directos: Antes de hacer este breve repaso, refiérase a las siguientes secciones del texto que tratan de los mandatos directos: Capítulos 8-A, 8-B, 8-C, 8-CH y 19-C.
>
> Indique si los siguientes mandatos se refieren a Ud., Uds., tú o nosotros.

1. ¡Recuerde el Álamo! _____
2. ¡No griten! _____
3. Lee el artículo. _____
4. ¡Vete en seguida! _____
5. ¡Vámonos! _____

6. ¡Sean corteses! _____
7. ¡No tenga miedo! _____
8. ¡Dime la verdad! _____
9. ¡No lo hagas así! _____
10. ¡No nos sentemos ahora! _____

ACTIVIDAD A: LETREROS Y ANUNCIOS

Todos los días leemos o escuchamos por lo menos uno de los siguientes letreros o anuncios. Escríbalos en la forma de Ud., usando el infinitivo entre paréntesis.

1. En la carretera: (*Manejar*) _____ con cuidado.

2. En el avión: (*Abrocharse*) _____ el cinturón. (*Apagar*) _____ los cigarrillos.

3. En la radio: (*Escuchar*) _____ el siguiente mensaje de nuestro patrocinador (*sponsor*).

4. En la televisión: ¡No (*aguantar*) _____ más ese dolor de cabeza! (*Probar*)

   _____ nuestra aspirina y sentirá alivio en cinco minutos.

5. En la puerta de un edificio: (*Empujar*) _____/(*Tirar*) _____ (*To push/To pull*).

ACTIVIDAD B: ¡OYE!

El primer día de clases un amigo lo/la presenta a Silvia, una estudiante argentina que va a pasar un año en su universidad. Como Ud. tiene mucha experiencia, ayúdela con los siguientes aspectos de la vida universitaria, dándole consejos según el modelo.

> MODELO: Me han dicho que escuchar cintas ayuda mucho a aprender un idioma. ¿Dónde puedo conseguirlas? → *Vete al laboratorio de lenguas y dile a la supervisora que quieres las cintas de inglés. Pídele que te enseñe a hacer funcionar la grabadora.*

1. Yo siempre he vivido en casa y nunca he tenido una compañera de cuarto. ¿Qué debo hacer para que nos llevemos bien?

   _____

   _____

2. Me gustaría llamar a mis padres en la Argentina para decirles que estoy bien, pero no sé cómo llamar al extranjero. ¿Qué tengo que hacer?

   _____

   _____

3. ¿Qué tengo que hacer para sacar libros de la biblioteca?

   _____

   _____

4. Si un muchacho me invita a salir, ¿qué hago? ¿qué le digo?

_____

_____

5. ¿Qué tengo que hacer para conseguir una licencia de conducir? Ya tengo diecinueve años.

_____

_____

6. En el Centro Estudiantil vi una caseta automática del banco donde tengo mi cuenta. ¿Me puedes enseñar cómo usarla?

_____

_____

24

CAPÍTULO

Manual de laboratorio

Para comenzar

You will hear a series of exchanges between students at the University of Barcelona. The topic of conversation is how they view people from the United States. Listen to each exchange, then indicate whether the students agree with each other (**de acuerdo**), whether they disagree (**en desacuerdo**), or whether they agree partially (**de acuerdo en parte**). You will hear the correct answer on the tape.

DE ACUERDO	EN DESA-CUERDO	DE ACUERDO EN PARTE		DE ACUERDO	EN DESA-CUERDO	DE ACUERDO EN PARTE
1. ____	____	____	4.	____	____	____
2. ____	____	____	5.	____	____	____
3. ____	____	____				

Para escuchar

A. You will hear a news broadcast from a radio station in Tegucigalpa, Honduras. Then you will hear a series of statements. Indicate whether they are true (**cierto**), false (**falso**), or not known (**no se sabe**), based on the news broadcast. You will hear the statements twice.

1. Cierto	Falso	No se sabe	4.	Cierto	Falso	No se sabe
2. Cierto	Falso	No se sabe	5.	Cierto	Falso	No se sabe
3. Cierto	Falso	No se sabe	6.	Cierto	Falso	No se sabe

B. Cómo hacer amigos en los Estados Unidos

You will hear a counselor giving advice to a group of Peruvian students who are going to study in the United States. The counselor will try to help the students be better prepared for making friends with Americans once they get there. Then you will hear a series of situations. Indicate whether the actions of the Peruvian students are appropriate (**apropiado**) or inappropriate (**inapropiado**), based on the counselor's advice. You will hear the statements twice. You may wish to take notes as you listen.

1. Apropiado	Inapropiado	4.	Apropiado	Inapropiado
2. Apropiado	Inapropiado	5.	Apropiado	Inapropiado
3. Apropiado	Inapropiado			

C. Qué llevar en un viaje a los Estados Unidos

You will hear an excerpt from a radio program called "Viajes fabulosos," broadcast in Barcelona, Spain. Today's topic is advice on how to prepare for a trip to the United States. Listen to the broadcast, then complete the following chart based on the advice. Pause now to look at the information requested in the chart.

Consejos sobre aparatos útiles: _____

Consejos sobre el dinero: _____

El clima: _____ El conducir: _____

Ejercicios escritos

Comentarios de hoy: «Cómo son»

¿RECUERDA UD.?

> Un repaso de **por** y **para**: Para repasar los usos de **por** y **para**, lea el Capítulo 13-A, B, E, y el Capítulo 14-CH.
> ¿Se usa **por** o **para** para indicar lo siguiente?
> _____ 1. Direction: place, time, destination
> _____ 2. Place of transit
> _____ 3. Time: deadline
> _____ 4. Time: approximate
> _____ 5. Goal, purpose of a person, object, or action
> _____ 6. Cause, motive
> _____ 7. Exchange or substitution
> _____ 8. Comparison
> _____ 9. Moral or personal obligation
> _____ 10. By means of

ACTIVIDAD A: ¿POR QUÉ? ¿PARA QUÉ?

Complete el siguiente párrafo con **por** o **para**, y después conteste las preguntas que siguen.

Este artículo fue escrito _____[1] el señor César Magrini _____[2] la revista argentina *El Informador Público*. Magrini escribió el artículo _____[3] dar a sus compatriotas sus impresiones de los norteamericanos. Cuando supo que podía viajar a los Estados Unidos enviado _____[4] la revista, llamó _____[5] teléfono a sus amigos en Nueva York _____[6] avisarles de su llegada, y ellos le dijeron que estarían esperándolo en el Aeropuerto Kennedy.

Llegó el 14 de octubre y les dijo a sus amigos que estaría con ellos _____[7] 2 semanas solamente porque tenía que volver a Buenos Aires _____[8] el 28 de octubre _____[9] que el artículo saliera en la próxima edición de la revista. «¿_____[10] qué tienes tanta prisa?», le preguntaron sus amigos. «Puedes escribir el artículo, enviarlo a Buenos Aires _____[11] FAX y quedarte un tiempo más _____[12] conocer el país un poco mejor. Podemos hacer un viaje _____[13] coche _____[14] que conozcas otros lugares fuera de Nueva York.» Como el señor Magrini quería viajar _____[15] otras partes de los Estados Unidos, hizo lo que le fue sugerido _____ 16 sus amigos. Después de

escribir el artículo sobre Nueva York, viajó con ellos _____ 17 unos días y vio muchas cosas. En

Washington, D.C., _____ 18 ejemplo, fueron a la Galería Nacional _____ 19 la mañana, al

Museo Smithsonian _____ 20 la tarde y _____ 21 la noche cenaron en Georgetown.

Lamentablemente, cuando un policía le puso una multa de 50 dólares _____ 22 manejar a mucha

velocidad, el señor Magrini descubrió que en las carreteras de muchos estados el límite de velocidad es

de 55 millas _____ 23 hora. Pero, como escribió después en su artículo, a las cosas es necesario

reconocerles su justo precio y a veces hay que pagar _____ 24 ellas. Además, cuando el policía le

preguntó: «*Where are you from?*» y Magrini le contestó: «*From Argentina, sir*», le gustó que el policía

le dijera que _____ 25 un extranjero hablaba inglés muy bien. Cuando _____ 26 fin salió

_____ 27 Buenos Aires el 14 de noviembre, se sintió feliz _____ 28 haber prolongado su visita a

los Estados Unidos porque había viajado _____ 29 varios lugares interesantes, había conocido a

muchos norteamericanos, había aprendido mucho sobre el país y tenía material _____ 30 escribir

varios artículos más.

Ahora conteste las preguntas con oraciones completas, usando **por** o **para** en sus respuestas.

1. ¿Quién escribió el artículo «Cómo son»? ¿Qué revista lo publicó?

   _____

2. ¿Por qué lo escribió el autor? _____

3. ¿Qué hizo cuando supo que viajaría a los Estados Unidos?

   _____

4. ¿Qué les dijo a sus amigos al llegar? _____

5. ¿Qué le sugirieron ellos? _____

6. ¿Adónde viajaron y por cuánto tiempo? _____

7. ¿Qué hicieron en Washington, D.C.? _____

8. ¿Qué aprendió el señor Magrini cuando manejaba en los Estados Unidos?

   _____

9. ¿Qué le dijo el policía? _____

10. ¿Cuánto tiempo pasó en los Estados Unidos?

   _____

11. ¿Por qué se sintió feliz cuando salió para la Argentina?

_____

ACTIVIDAD B: UN VIAJE AL ECUADOR

Patricia y Vicente Maldonado son un matrimonio
joven de Los Ángeles que tiene 2 semanas de
vacaciones. Como les interesa mucho la
naturaleza, han decidido pasar sus vacaciones en
las Islas Galápagos. Para hablar del viaje y de sus
preparativos, mire los dibujos. Después, escriba
un diálogo, usando al mismo tiempo la
información de los dibujos y las explicaciones
que siguen. Trate de usar **por** o **para** por lo
menos dos veces para hablar de cada dibujo.
¡También puede añadir otros datos interesantes al
diálogo!

1. Tienen interés en ir al Ecuador. Quieren visitar las Islas Galápagos. Les interesan la flora exótica y la fauna rara.

_____

_____

_____

_____

2. Quieren comprar una cámara. Esta cámara tiene una lente de telefoto. Cuesta $250. La compran.

_____

_____

_____

_____

3. El avión sale a las 3:05. Va directamente a Quito.

_____

_____

_____

_____

4. Piensan quedarse en el hotel dos días antes de ir a las Islas Galápagos. La habitación del hotel cuesta 2.000 sucres diarios. No tienen sucres.

_____

_____

_____

_____

5. Pasean por Quito. Quieren ver los edificios coloniales. Encuentran a un ecuatoriano que les comenta que ellos hablan español muy bien.

_____

_____

_____

_____

6. El barco que va a las Galápagos sale de Guayaquil. Sale a las 8:00 de la mañana. Pero ellos tienen que abordar a las 7:30.

_____

_____

_____

_____

¿RECUERDA UD.?

> Repaso de los mandatos indirectos: Para repasar los mandatos indirectos, vea el Capítulo 16-C en el texto.

ACTIVIDAD: CON NUESTROS MEJORES DESEOS

Después de estudiar por un año en un país de habla española, Ud. quiere mandarles tarjetas a los amigos que dejó en ese país. ¿Qué va a escribir en la tarjeta que Ud. envía a las siguientes personas?

1. Sus amigos Pilar y José se casan.
2. La señora Morales, en cuya casa Ud. vivió durante ese año, está en el hospital porque la van a operar.
3. Los señores Álvarez, padres de su amiga Emilia, le han mandado una tarjeta de Navidad.
4. Su amigo Rafael le escribe que se va de vacaciones a Inglaterra.
5. Tomás, el hijo mayor de la señora Morales, se gradúa de abogado.
6. Adela, la hermana de Emilia, cumple 15 años.

1. _____

2. _____

3. _____

4. _____

5. _____

6. _____

¿RECUERDA UD.?

El presente y el imperfecto del subjuntivo: Los usos del presente del subjuntivo se presentan en los Capítulos 9-C, 9-CH, 9-D, 10-B, 10-C, 11-A, 11-B, 12-A, 12-C, 12-CH, 14-E, 15-A, 16-B y 18-A. El presente perfecto del subjuntivo está en el Capítulo 17-C, el imperfecto del subjuntivo se encuentra en los Capítulos 18-C, 18-CH, 18-D y 19-CH y el pluscuamperfecto del subjuntivo está en el Capítulo 21-A.

Complete la siguiente oración con las palabras apropiadas.

Se usa el subjuntivo en la segunda _____ cuando hay un cambio de

_____ y cuando la cláusula principal expresa deseo, _____, negación,

lo desconocido, persuasión, una _____ emocional o interdependencia.

ACTIVIDAD: PARA SER UN BUEN ANFITRIÓN (*HOST*) (UNA BUENA ANFITRIONA)

Vamos a imaginar que los señores Romero, de Bogotá, Colombia, están pasando una semana con Ud. y su familia. Haga oraciones con los siguientes elementos para decir lo que Ud. va a hacer o no va a hacer para que su visita sea más agradable.

MODELO: dar / un mapa de la ciudad / para que / poder salir solos →
Les daré un mapa de la ciudad para que puedan salir solos.

1. (nosotros) preparar el cuarto de huéspedes / antes de que / llegar

_____

2. yo / mostrar / la ciudad / para que / ellos / orientarse

_____

3. (yo) llevar al centro / a fin de que / saber dónde están los almacenes y el museo

_____

4. mis padres / ofrecerles su coche / sin que / pedírselo

_____

5. (nosotros) llevarlos a comer en un buen restaurante / con tal de que / permitirnos pagar la cuenta

_____

6. mis hermanos menores / no hacerles preguntas personales / a menos que / hacérselas a ellos

   _____

7. mis padres / darles su número de teléfono / en caso de que / haber una emergencia

   _____

8. (nosotros) no invitarlos a ir al acuario / hasta que / decirnos que les interesan los peces

   _____

En otras palabras… Sigamos hablando de los estadounidenses

ACTIVIDAD: TODO ANOTADO

Primera parte: Complete las siguientes oraciones con la forma correcta de la palabra apropiada de «En otras palabras… ».

Lucía Arizmenda tiene la costumbre de _____ todo lo que tiene que hacer en su

_____. Ella ha descubierto que, si no lo hace, pasa el día _____ y no hace

todo lo que tiene que hacer y se olvida de ciertos compromisos como si fuera una persona

_____. _____, las cosas son menos complicadas cuando todo está escrito.

Segunda parte: Mire esta página para ver lo que Lucía tiene que hacer hoy y luego conteste las preguntas.

Indique cuál anotación se refiere a lo siguiente:

1. un compromiso: _____

2. unas medidas: _____

3. la amabilidad: _____

4. concertar (*to set up*) una cita: _____

5. el poder: _____

6. callar: _____

Comentarios de hoy: Estampas bostonianas (Segunda Parte)

¿RECUERDA UD.?

> El imperfecto y el pluscuamperfecto del subjuntivo: Repase los usos de estos tiempos en los Capítulos 18-C, 18-CH, 18-D, 19-CH, 21-A, 21-B.

ACTIVIDAD A: INTERPRETACIONES

Si Ud. fuera español(a) y leyera la serie «Estampas Bostonianas», ¿cuáles serían sus opiniones o que impresión se formaría de los Estados Unidos? Complete las siguientes oraciones para indicarlo.

1. Es interesante (increíble) que _____ .

2. Tendría miedo de que los norteamericanos _____ .

3. Yo (no) creía que los norteamericanos _____ .

4. Les avisaría a mis amigos que piensan viajar a los EE.UU. que _____
   _____ .

5. Compararía lo que había leído en el artículo con lo que _____

6. Leería otros artículos que _____ .

7. Si yo tuviera tiempo para hacerlo, _____ .

8. Tal vez la autora _____ .

ACTIVIDAD B: ¿QUÉ PODRÍA HABER PASADO?

Si algunos personajes históricos o de ficción hubieran hecho las cosas o hubieran pensado de otra manera o quizás si hubieran tenido la tecnología que tenemos hoy, tal vez sus acciones habrían tenido otros resultados. Use el condicional perfecto y la imaginación para dar diferentes desenlaces (*endings*) a las siguientes historias:

1. Si Romeo le hubiera mandado un telegrama a Julieta para decirle que aún estaba vivo, _____
   _____

2. Si Cristóbal Colón hubiera creído que el mundo era plano, _____
   _____

3. Si los conquistadores españoles hubieran llegado a Virginia y Massachusetts en vez de los ingleses,
   _____

Appendix 1: Answers to *Dictado* exercises

CAPÍTULO PRELIMINAR *Se pronuncia así: B* 1. Pedro 2. Susana 3. santo 4. pera 5. noche
CAPÍTULO 2 *Se pronuncia así: B* 1. Marta 2. mucho 3. cinta 4. papá
CAPÍTULO 4 *Uses of ser and estar* 1. está 2. está 3. es 4. es 5. está
CAPÍTULO 21 *Using the Past Perfect Subjunctive in si Clauses* 1. hubieras, habrías 2. hubieras, habrías 3. habrían, hubieras 4. habría, hubieras

Appendix 2: Answers to *Ejercicios escritos*

CAPÍTULO PRELIMINAR *A. Cognates* 1. el automóvil 2. un teléfono 3. al mecánico 4. el motor o el carburador 5. ir a una estación de servicio 6. gasolina 7. inteligente *B. Gender of Nouns; Definite (the) and Indefinite (a, an) Articles* COLUMNA A 1. la 2. la 3. la 4. el 5. el 6. la 7. el 8. la 9. la 10. el COLUMNA B 1. una 2. un 3. una 4. un 5. una 6. un 7. una 8. una 9. una 10. una *E. The Present Indicative* 1. (No) Viajo, viajas 2. (No) Leo, lees 3. (No) Traigo, traes 4. (No) Hago, haces 5. (No) Salgo, sales 6. (No) Conozco, conoces 7. (No) digo, dices 8. (No) Quiero, quieres 9. (No) Juego, juegas 10. (No) Veo, ves 11. (No) Sé, sabes 12. (No) Tengo, tienes 13. (No) Voy, vas 14. (No) Soy, eres *F. Asking Questions; Interrogatives* ACTIVIDAD A 1. Félix Horacio Parnoti 2. Avenida Pirulitos 379, 2ºA, Capital 3. 19 de marzo de 1924 4. argentino 5. masculino 6. ? 7. casado 8. hasta 5º grado aprobado 9. 2.312.628 10. buena salud 11. El Sr. Parnoti no comprende las preguntas. 12. Recomiendo no darle el empleo. ACTIVIDAD B 1. Cómo 2. qué 3. Cuál 4. Cuál 5. Cuál 6. qué 7. Cuál 8. Cuál 9. Cuáles 10. Cuál 11. Cómo 12. quién 13. Cuándo *G. Gustar* ACTIVIDAD A 1. ¿Te gusta leer ciencia ficción? 2. ¿Te interesan las películas de los Hermanos Marx? 3. ¿Te gustan las telenovelas? 4. ¿Te molesta la música de rock duro? 5. ¿Te gusta jugar al tenis? 6. ¿Te gusta la comida china? 7. ¿Te importa la cuestión de la ecología? 8. ¿Te interesa conocer a mis amigos? 9. ¿Te molesta dormir con las ventanas abiertas? 10. ¿Te importa tener teléfono en el cuarto? *De todo un poco* ACTIVIDAD A 1. lago 2. cielo 3. la 4. el 5. come 6. lugar 7. roca 8. algo 9. leo 10. largo 11. lógica 12. cola

CAPÍTULO 1 *En otras palabras...* ACTIVIDAD A 1. el windsurfing, la navegación a vela 2. el buceo, la natación, el windsurfing, la navegación a vela 3. el hockey sobre hielo, el patinaje 4. el esquí 5. el windsurfing, la navegación a vela, el buceo, la equitación, la gimnasia, la natación, el patinaje, el correr, el esquí 6. el tenis, el golf, la esgrima, la lucha libre 7. el béisbol, el básquetbol, el fútbol, el fútbol norteamericano, el hockey sobre hielo 8. el fútbol, el béisbol, el fútbol norteamericano, la lucha libre 9. el windsurfing, el hockey sobre hielo, la lucha libre, el fútbol, el fútbol norteamericano 10. el buceo, la equitación, la esgrima, el patinaje, el esquí ACTIVIDAD B 1. los entrenadores 2. los árbitros 3. los campeones 4. los aficionados *A. Subject Pronouns* ACTIVIDAD A 1. Él está contento. Ella no está entusiasmada. 2. Él es aficionado de los Águilas. Ella dice que los Halcones juegan mejor. 3. Él grita con entusiasmo. Ella mira sin mucho interés. 4. Él está desilusionado. Ella está contenta. ACTIVIDAD B 10. Ud. 15. yo 16. Tú ACTIVIDAD C 1. Ella 2. Ella 3. Él 4. Carlos 5. Él *B. The Present Indicative* 1. juego, hago, corro, esquío, miro, soy, conozco, mantengo 2. es, está, requiere, quema, crece, cuesta 3. asistimos, traemos, salimos, leemos, tenemos, patinar 4. son, quieren, hacen, juegan, tienen, viajan 5. eres, esquías, juegas, tienes, navegas, vienes, vas *C. Expressions with tener* ACTIVIDAD A 1. tiene miedo 2. tiene calor, tiene sed 3. tenemos frío 4. no tiene razón, tiene razón 5. tiene hambre, tiene sueño 6. tengo suerte 7. tienen prisa *CH. The Personal a* 1. Los jugadores escuchan al entrenador. 2. Los aficionados miran el partido. 3. El jugador número 11 pasa el balón al jugador número 5. 4. Algunos aficionados gritan al árbitro. 5. El entrenador da una entrevista a una periodista. 6. Alicia ve a sus amigos. 7. El Señor Bustamante mira el partido en la televisión. *D. Pronouns that Follow Prepositions* 1. Hoy todos juegan bien, incluso ella. 2. Entre ellos, no hay dificultad en comprenderse. 3. En el próximo partido, otra tenista española, Conchita Martínez, va a jugar por ella. 4. Gabriela, quiero hablar un poco contigo. 5. «Sí, mis padres siempre vienen conmigo.» 6. Seguramente los que están mirando este partido saben que este trofeo es de ella. *E. The Present Progressive* 1. están corriendo, están saltando, están jugando bien, están ganando, no están leyendo el programa, están oyendo los gritos de los aficionados, no están descansando. 2. estamos aclamando, no estamos comiendo comida china, estamos mirando el partido, estamos aplaudiendo, estamos gritando como locos, no estamos haciendo la tarea, (no) estamos tomando cerveza. 3. estoy pensando en la tarea para el lunes, no estoy esperando una llamada de mi novio/a, estoy charlando con mis amigos, estoy tomando mucha cerveza, estoy escuchando una conversación interesante. 4. no está durmiendo, está estudiando los verbos en latín, no está bailando en una fiesta, está memorizando fórmulas de química, no está leyendo la revista Mad. *Palabras problemáticas* 1. (No) Toco la trompeta. 2. (No) Juego a Nintendo. 3. (No) Juego al bridge. 4. (No) Toco el órgano. 5. (No) Juego a los billares. 6. (No) Toco la flauta. 7. (No) Juego al ajedrez. 8. (No) Juego a los policías y ladrones. *De todo un poco* ACTIVIDAD A 1.a. muy popular b. de moda 2.a. del esquí y la navegación a vela b. combina los mejores aspectos de dos deportes 3.a. livianas b. mucho 4.a. practicando el windsurfing b. todos 5.a. económico b. poco dinero ACTIVIDAD B Horizontales 2. buceo 4. atleta 5. tabla 7. béisbol 8. dos 10. fútbol 11. mar Verticales 1. natación 2. básquetbol 3. ciclismo 6. golf 8. dos 9. vela

CAPÍTULO 2 *En otras palabras...* 1. se convierte 2. obra 3. éxito 4. reúne 5. temas 6. hechos 7. trata 8. actuales 9. papeles 10. personajes 11. campos *En otras palabras...* ACTIVIDAD A 1. escogen 2. artistas 3. sobresaliente 4. conocida 5. estrellas 6. papel 7. directores 8. lloran 9. se ríen 10. mala 11. desenlace 12. emocionante ACTIVIDAD B 1. me río 2. se ríen 3. sonríe 4. se ríe 5. sonríe 6. llora 7. Nos reímos *A. Gender and Number of Nouns and Adjectives* 1. los 2. pésimos 3. la 4. abundante 5. las 6. un 7. animados 8. los 9. famosos 10. la 11. el 12. el 13. una 14. preferidas 15. Rico 16. La 17. los 18. la 19. muchos 20. la 21. sofisticada 22. las 23. los 24. Otra 25. unos 26. favoritos 27. musicales 28. antiguo 29. sensacionales 30. populares 31. pequeños 32. del 33. la 34. pura 35. las 36. fenomenales 37. la (una) 38. trágica 39. heróica 40. decadente 41. La 42. inolvidable 43. las 44. sobresalientes. *B. The Contractions al and del* 1. el 2. los 3. los 4. al, al, del 5. el 6. del 7. al 8. del, los, las *C. Reflexive Pronouns* ACTIVIDAD A 1.vestirse 2. cepillándose los dientes 3. olvidarte de tus problemas 4. acostamos tarde 5. quitarte los zapatos 6. divertirme *CH. Telling Time; ¡Es así!* ACTIVIDAD A 1. Son las ocho y media. 2. Son las nueve y veinte. 3. Son las diez y cinco. 4. Son las once menos diez. 5. Es mediodía. Son las doce en punto. 6. Es la una menos cuarto. 7. Son las dos y diez. 8. Son las cuatro menos veinte. 9. Son las cuatro y veinticinco. 10. Son las siete menos cinco. *D. acabar de and ir a; En otras palabras...* 1. El Señor Treviño acaba de encender el televisor y ahora va a mirar un programa. 2. La Señora Treviño acaba de sentarse y quitarse los zapatos y ahora va a descansar. 3. Los chicos acaban de comer y ahora van a cepillarse los dientes. 4. El Señor Treviño acaba de ver un anuncio ofensivo de un desodorante y ahora no va a comprarlo. 5. La Señora Treviño acaba de acordarse de que tiene que hacer una llamada urgente y ahora va a hacerla. 6. La familia acaba de ver un buen programa y ahora va a cambiar el canal. 7. A las 10:00 los chicos acaban de ponerse el pijama porque ahora van a acostarse. 8. A las 11:00 el Señor Treviño acaba de apagar el televisor y ahora va a prepararse un vaso de leche caliente. *E. The Infinitive After al or a Preposition* 1. en vez de 2. para 3. Al 4. Después de 5. hasta 6. sin *F. Verbs Used in a Reflexive and Nonreflexive Sense* 1. Marisa y José Luis están lavando el perro. Después, van a cepillarlo. 2. Daniel está durmiendo. No quiere despertarse. Muy pronto va a levantarse. 3. El Señor Alonso está afeitándose. Después de afeitarse, va a vestirse. 4. La Señora Alonso está vistiendo a su hija. Está ayudándola a vestirse. Después ella va a peinar a su hija o la niña va a peinarse. 5. La abuela está hablando con su amiga. Después de charlar con ella, va a lavar los platos. 6. Marisa y José Luis están limpiando la mesa. Después van a lavar los platos. 7. Daniel está duchándose. Después va a vestirse, peinarse, reunirse con sus amigos y divertirse. 8. La Señora Alonso se sienta a mirar la televisión. Más tarde va a acostarse. 9. El Señor Alonso está acostando a su hijo, que está poniéndose el pijama. Después va a mirar la televisión con su esposa. 10. La abuela se duerme mientras mira la televisión. Va a acostarse pronto. *Palabras problemáticas* 1. Violeta y su novio están en el cine. Están mirando una película del oeste. 2. La familia está mirando la televisión en casa. Tienen un vídeo de dibujos animados en el televisor. *De todo un poco* ACTIVIDAD B 1. a 2. c 3. d 4. ch 5. b

CAPÍTULO 3 *En otras palabras...* 1. Tiene una maleta. 2. Necesita un portafolio. 3. Necesita una billetera. 4. Tiene su pasaje. 5. Tiene un reloj despertador. 6. Necesita una libreta. 7. Necesita una cama cómoda. 8. Tiene pasajes de avión y de tren. 9. Puede comprar recuerdos del viaje. 10. Sí. Recuerdos malos. El hotel es incómodo. 11. En la aduana. *A. Uses of the Definite Article* 1. la 2. la 3. el 4. la 5. la 6. la 7. X 8. el 9. la 10. la 11. el 12. la 13. los 14. las 15. los 16. los 17. el 18. los 19. el 20. el 21. el 22. el 23. el 24. el 25. X 26. el 27. el 28. la 29. X 30. el 31. X 32. La *B. The Reciprocal Reflexive; More about Reflexives* 1. Ellos están tomando café en un café. Se miran. 2. Él se dice que la chica es atractiva. 3. Ella se dice «¡Ay, qué guapo que es!» 4. Ellos se miran y se sonríen. 5. Ellos se hablan. 6. Ellos se dan el número de teléfono. 7. Al día siguiente, ellos se reúnen. 8. Mientras Bárbara está en Madrid, ellos se ven todos los días. *En otras palabras...* ACTIVIDAD A 1.j 2. i 3. g 4. h 5. e 6. c 7. a 8. k 9. d 10. f 11. ch 12. b *C. Demonstrative Adjectives* 1. esos niños que juegan... 2. estas canciones folklóricas 3. estas comidas típicas 4. esos sitios históricos 5. Estos floreros de cobre son típicos... 6. aquellos jóvenes que practican... 7. aquellas montañas *CH. Demonstrative Pronouns* 1. éstas, ésos 2. ésos 3. ésos 4. ésa 5. ésta 6. aquélla, Aquélla, esto, aquélla *D. Placement of Adjectives: More on Agreement* 1. ¡Estamos practicando este gran deporte en las magníficas montañas blancas de los Andes! 2. ¡Hay magníficos paisajes nevados de gran belleza natural! 3. Afortunadamente las numerosas pistas son para diferentes niveles de experiencia. 4. ¡Hay aficionados jóvenes y viejos en las pistas difíciles! 5. Tenemos clases de esquiar con excelentes instructores chilenos y europeos que tienen mucha experiencia. 6. ¡Nos encanta este hotel cómodo y moderno! 7. Los restaurantes sirven sabrosa comida típica chilena. 8. ¡Tomamos el famoso vino chileno todas las noches! *E. Possessive Adjectives (Unstressed)* 1. Sus 2. sus 3. mi 4. mi 5. tu 6. tu 7. mi 8. mi 9. sus 10. su 11. mi 12. sus 13. sus 14. mis 15. su *F. El clima: ¿Qué tiempo hace?* 1. Está nublado parte del día y hace sol parte del día. 2. Hace sol. Hace buen tiempo. Está despejado. 3. Está nublado. 4. Llueve. 5. Hace sol. Hace buen tiempo. Está despejado. *Palabras problemáticas* 1. La Señora Ojeda le dice al policía que busca El Prado. 2. Lleva un mapa y tiene su cámara. 3. En El Prado, quiere sacar una foto. 4. El guardia le dice «Se prohíbe sacar fotos en el museo». 5. Después va a un café y toma una Coca-Cola. *De todo un poco* ACTIVIDAD B 1. c 2. a 3. j 4. ch 5. g 6. e 7. d 8. f 9. i 10. h 11. b

CAPÍTULO 4 *A. Ser; En otras palabras...* ACTIVIDAD B 1. es 2. es 3. es 4. es 5. es 6. son 7. es 8. es 9. ser 10. es *B. Estar; En otras palabras...* ACTIVIDAD A 1.están en el camerino, están nerviosos 2. está preocupado 3. están sentados, están de buen humor, están entusiasmados 4. están en el escenario 5. está entusiasmado, está animado 6. están cantando, están bailando 7. está de moda 8. está desilusionado 9. están sudando 10. estamos satisfechos, estamos contentos ACTIVIDAD C 1. es 2. es 3. es 4. es 5. es 6. es 7. es 8. es 9. es 10. están 11. está 12. está 13. son 14. son 15. es 16. Es 17. está 18. es 19. es 20. está 21. está 22. estar 23. es 24. está 25. es 26. es 27. es 28. es 29. están 30. es 31. es 32. es 33. es 34. estar *C. The Imperfect Tense* ACTIVIDAD A 1. jugaba 2. miraba 3. gustaban 4. comía 5. tenía 6. me acostaba 7. decía, quería 8. vivía 9. pasaba 10. iba 11. celebraba 12. estaba 13. era 14. éramos 15. teníamos 16. nos llevábamos 17. jugábamos 18. hablábamos 19. hacíamos 20. esperábamos ACTIVIDAD B 1. asistía 2. quería 3. iba 4. estaba 5. tenía 6. íbamos 7. hablábamos 8. nos divertíamos 9. nos preocupábamos 10. pensábamos 11. toleraban 12. decían 13. creían 14. se reían 15. eran 16. estaban *CH. Using Verbs like gustar* ACTIVIDAD B 1. nos fascina 2. me parece 3. nos interesaba 4. te interesa 5. les interesa 6. nos falta 7. me molesta 8. me gusta 9. te gusta 10. me encanta 11. le importan 12. le encanta *Palabras problemáticas* 1. parece 2. se parece 3. Me doy cuenta, aparecen 4. realizar *De todo un poco* ACTIVIDAD A 1. una invitación 2. cuadros 3. pintor 4. es 5. conozco 6. interesa

CAPÍTULO 5 *En otras palabras...* 1. investigaciones, investigadores, investigando 2. ciencia, científicos, científica 3. catedráticos, cátedra 4. creadores, creaciones, crear, crear 5. dibujos, dibujante, dibujan 6. escritora, escribe, escrita *A. The Preterite Tense* ACTIVIDAD A 1. presentaron, causaron 2. dudaron, mencionaron, demostraron 3. pasaron, salieron, viajaron, asistí 4. conocí, jugué, cenamos, hablamos, descubrí 5. decidimos, aprendí, escribí, envié, vi ACTIVIDAD B 1. No se sabe 2. Falso. Asistió a un congreso científico en Caracas. 3. No se sabe 4. Cierto 5. Cierto *B. The Preterite of -ir Stem-changing Verbs* 1. No, no llegué el mismo día porque perdí el avión. 2. Me sentí muy bien. Dormí bien todas las noches. 3. Sí, lo pasé muy bien. Me divertí bastante. 4. No, no hablamos solamente de nuestras investigaciones. También nos reímos bastante. 5. Sí, me encontré con mucha gente. Conocí a científicos de todo el mundo. 6. Escucharon atentamente. 7. Claro que sí. Pedí copias. 8. Volví anoche. No oí ninguna noticia. Me acosté inmediatamente porque llegué muy tarde. 10. ¡Qué horror! ¿Por qué se murieron? *C. The Preterite of dar, ir, and ser; CH. Irregular Preterites* ACTIVIDAD A 1. llegué 2. miré 3. vi 4. di 5. puse 6. Hice 7. hizo 8. Fue 9. fui 10. traje 11. Fue 12. pude 13. dio 14. preguntaron 15. hicimos 16. supimos 17. Fue *E. Ser and estar; En otras palabras...* ACTIVIDAD A 1. El doctor Durán está nervioso, pero está feliz. 2. Ahora el doctor es rico y famoso. 3. Sus colegas están muy entusiasmados y están orgullosos de él. 4. El discurso del doctor Durán es largo y aburrido. 5. El doctor Ceballos está cansado y también está aburrido. 6. La sopa está caliente, la langosta es deliciosa, el postre es(tá) exquisito. 7. El champán está frío. El doctor Ceballos está borracho. 8. La noche es inolvidable y el doctor Durán está contento. ACTIVIDAD B 1. No, era inteligente. 2. No, siempre estaba entusiasmado. 3. Sí, no era estúpido. 4. No, era responsable. 5. No, era testarudo. 6. No, estaba entusiasmado. 7. No, era feliz. 8. No, está muerto. *F. The Impersonal se* ACTIVIDAD A 1. Se llega temprano... 2. Se trabaja mucho. 3. No se come. 4. No se habla por teléfono... 5. Se escucha atentamente... 6. Nunca se dice que algo es imposible. *Palabras problemáticas* 1. asignatura 2. la materia 3. notas 4. apuntes 5. asignatura 6. el curso *De todo un poco* ACTIVIDAD A Párrafo 1: Antes de los descubrimientos... ; Pero Cajal se dio cuenta... ; Cajal descubrió otro hecho sorprendente. Párrafo 2: Para Cajal, el cuadro resultó fascinante; pero no logró impresionar a sus colegas. Párrafo 3: Sabía que tenía razón. Fundó una revista. Decidió asistir a un importante congreso. Juntó el dinero para el viaje. Partió para Alemania. Párrafo 4: Causó una profunda impresión.

Decidieron que aquél era el verdadero cuadro de lo que podía ser el sistema nervioso.

CAPÍTULO 6 *En otras palabras...* ACTIVIDAD A 1. aliarse, aliados, aliados 2. apoyar, apoyo 3. gobernar, gobierno, gobernado 4. reunión, reunirse, reuniéndose 5. luchar, la lucha 6. elecciones, elegir, elegido 7. discusión, discutir, discutido 8. destruir, destrucción, destruido 9. aislar, aislado, aislamiento 10. la política, políticos, político ACTIVIDAD B 1. A 2. S 3. A 4. A 5. S 6. A 7. S 8. S 9. A *A. Using hace to Express How Long Ago* ACTIVIDAD B 1. Hace dos meses que empezó a pedir reparación. 2. Hace un mes que su teléfono dejó de funcionar. 3. Hace dos meses que comenzó a reclamar servicio. 4. Hace seis meses que su teléfono dejó de sonar. 5. Hace un mes que hizo su primer reclamo. 6. Hace mucho tiempo que su teléfono empezó a sufrir frecuentes interrupciones. *B. La fecha* 1. el 5 de diciembre de 1492 2. el 12 de mayo de 1551 3. el 14 de abril de 1890 4. el 30 de abril de 1948 5. el primero de enero de 1959 6. el 12 de octubre de 1964 7. el 20 de noviembre de 1975 8. el 7 de agosto de 1987 *C. Verbs with Different Meanings in the Preterite and Imperfect* 1. votó 2. supo 3. llegó 4. conocían 5. conocieron 6. dijo 7. expresó 8. quiso 9. se limitó 10. salieron 11. querían 12. almorzaron 13. pudieron 14. quisieron *CH. More about Using the Preterite and Imperfect* ACTIVIDAD A 1. fueron 2. nació 3. estudió 4. conocía 5. Fue 6. tenía 7. dirigió 8. resultó 9. se fragmentó 10. fue 11. proclamaron 12. siguieron 13. marchó 14. unió 15. hizo 16. marchó 17. se encontraron 18. dio 19. quería 20. era 21. quiso 22. Regresó 23. se fue 24. murió 25. fue 26. conocía ACTIVIDAD B 1. Simón Bolívar y José de San Martín dirigieron las guerras de la independencia. 2. Bolívar conocía las ideas prevalecientes en Europa en el siglo XIX. 3. Bolívar soñaba con una América hispana unida. 4. Bolívar fue líder de la República de la Gran Colombia. 5. Bolívar y San Martín fueron llamados El Libertador. 6. Bolívar y San Martín unieron sus fuerzas para seguir la lucha. 7. Bolívar quería el mando supremo. 8. San Martín conocía mejor el carácter del pueblo. *D. The Passive se* 1. Se compran las cintas... 2. Se come la mejor pizza... 3. Se encuentra el banco... 4. Se ven buenas películas... 5. Se leen revistas y periódicos... 6. Se venden camisetas... 7. Se consigue... 8. Se toma cerveza... *Palabras problemáticas* 1. llegó a ser, supimos 2. conoció, se hizo, reconocí 3. se convirtió en, se ponía, se hizo *De todo un poco* ACTIVIDAD A 1. a 2. a 3. turista, padre, veterinario 4. b, a, c, c 5. c, b, ch, e, d, a, f ACTIVIDAD B San José, Costa Rica; San Salvador, El Salvador; Ciudad de Guatemala, Guatemala; Tegucigalpa, Honduras; Managua, Nicaragua; Ciudad de Panamá, Panamá; Belmopan, Belice

CAPÍTULO 7 *En otras palabras...* 1. los bigotes, tierno, dulce 2. temer, verde, la olla 3. la carrera, la feria, el sueño 4. orgulloso, las filas, la carrera 5. el corazón *B. Direct Object Pronouns, lo, la, los, las; En otras palabras...* ACTIVIDAD A 1. los invité 2. la aceptaron 3. las compré 4. lo traigo 5. la preparé 6. pelándolas 7. los cortó 8. hacerla *C. Direct Object Pronouns: me, te, nos, os* ACTIVIDAD A 1. Nos atendió bien. 2. Sí, nos escuchó con cuidado. 3. Sí, nos ayudó a comprenderlo. 4. Sí, nos reconoció. 5. Sí, nos saludó. 6. Sí, nos invitó. ACTIVIDAD B 1. Sí, me ama como yo lo amo. 2. Sí, me escucha. Y yo lo escucho. 3. Sí, me mira con adoración. Y yo lo miro con admiración. 4. Sí, me espera debajo del balcón. Y yo lo espero en el balcón. 5. Sí, me invita a escaparme con él. Y yo lo invito a escaparse conmigo. 6. Viene a buscarme pronto. Y yo lo espero. ACTIVIDAD C 1. Toda la familia los come. 2. Yo tengo miedo de probarlos. 3. Estoy comiéndolo. 4. Es obvio que yo tengo que probarlos si quiero ser cortés. 5. La verdad es que yo prefiero no comerlo. 6. Yo los pruebo. 7. ¡Yo también la quiero! *CH. Expressing Obligation* 1. Tienes que acostarte temprano y levantarte temprano. 2. Debes dormir como un tronco, sin pastillas. 3. No debes dormir la siesta. 4. No hay que tomar diez tazas de café al día. 5. No debes beber mucho alcohol. 6. No hay que fumar cigarrillos. 7. No tienes que comer con frecuencia comida rápida. 8. Tienes que practicar un deporte. 9. Debes vivir una vida sana. 10. No tienes que vender tu guitarra acústica. *D. Adverbs ending in -mente* Possible Answers 1. constantemente 2. completamente 3. rápidamente 4. frecuentemente 5. profundamente 6. frenéticamente, rápidamente 7. letárgicamente 8. económicamente 9. cómodamente, normalmente 10. normalmente, lentamente *E. Verb + Verb* 1. No solemos invitar a nuestros amigos a cenar. 2. ¡A mí me fascina cocinar! 3. Nuestros amigos desean traer vino. 4. Podemos preparar una paella. 5. Pero en realidad, yo prefiero servir un plato menos complicado. 6. Y tú, Tina, ¿sabes preparar la sangría? 7. ¿Qué piensas servir de postre? 8. Yo decidí hacer un flan. 9. Alguien debe comprar flores para la mesa. 10. Nosotras esperamos comer a las 9:00. 11. Pero nuestros amigos suelen llegar tarde. 12. Alberto dijo que quiere lavar los platos después.

CAPÍTULO 8 *A. The Subjunctive Mood; Regular Formal Commands* ACTIVIDAD A 1. Aprenda a relajarse más. 2. No piense constantemente en el trabajo. 3. Cierre los ojos y medite quince minutos. 4. Reorganice su horario. 5. No tenga prisa siempre. 6. Deje de trabajar tanto. 7. No salga de la oficina a las 21:00. 8. Haga más ejercicio. 9. Practique un deporte, pero no practique el boxeo. 10. No complique su vida. 11. Almuerce con un amigo de vez en cuando. 12. Juegue más y trabaje menos. ACTIVIDAD B 1. Lleguen a la clase a tiempo. 2. Escuchen bien mis instrucciones. 3. Comiencen lentamente. 4. Hagan lo que yo hago. 5. Tensen los músculos. 6. Relajen el cuerpo y la mente. 7. Utilicen los músculos débiles. 8. Tengan cuidado cuando hacen este ejercicio. 9. No pongan stress en la columna. 10. Repitan este ejercicio cincuenta veces. 11. Respiren profundamente. 12. Corran 20 minutos. *B. Irregular Formal Commands* 1. Esté preparada. No deje las cosas par el último momento. 2. Sepa decir «No». Sea prudente. 3. No sea empollón. Corra o dé un paseo de vez en cuando. Vaya al centro deportivo. Vaya a fiestas. 4. No exija demasiado de sí mismo. 5. No tomen las cosas en serio. Sean corteses y comprensivos. *C. Direct Object Pronouns with Commands; CH. Reflexive Pronouns with Commands* ACTIVIDAD A 1. Pídala ahora. 2. Envíelo en un sobre. 3. Búsquelo en las páginas amarillas. 4. Póngaselo. 5. Pruébelas. 6. Exíjala. 7. Cuídelo con Weight Watchers. 8. Cómprela en Sears. 9. Páguelos para el 15 de abril. 10. Sépalas con la Enciclopedia Británica. 11. Mátelas con Motel de Cucarachas. 12. Cepílleselos después de cada comida. ACTIVIDAD B 1. Hágalo antes de comer. 2. No se lo desabroche hasta llegar a casa. 3. Córtelo antes de llevárselo a la boca. 4. Siéntese sin decir nada. 5. Dígalo antes de comer. 6. No se las limpie con el escarbadiente. Es para limpiar los dientes, no las uñas. *D. Verb + a + Infinitive* 1. comencé 2. empezó a 3. vine 4. empezar a 5. ayuda a 6. enseña a 7. aprendiendo a 8. venga a *E. Indirect Object Pronouns; En otras palabras...* 1. Les envía la cuenta a mis padres. 2. Nos habla a nosotros. 3. Les pido una carta de refencia a mis profesores. 4. Nos ofrece consejos a nosotros. 5. Me dan regalos a mí. 6. Te presta libros a ti. 7. Le hablamos español al profesor de español. 8. Me cuentan chistes a mí. *Palabras problemáticas* 1. ordenar 2. hacerle una pregunta 3. preguntar 4. pedir *De todo un poco* ACTIVIDAD B 1. sintió 2. le 3. irse 4. tenía 5. Era 6. estaba 7. tenía 8. dio 9. bruscamente 10. relacionó 11. sentía 12. iba 13. le 14. produjo 15. relacionó 16. le 17. la 18. Fue 19. cenar 20. miraba 21. dio 22. tenía 23. creía 24. estaba 25. completamente 26. su 27. estaba 28. dio 29. le 30. pasaba 31. tenía 32. le 33. preguntó 34. te 35. recordó 36. manejaba 37. el 38. insoportablemente 39. sumaron 40. llegar 41. estaba 42. explotar 43. comenzó 44. sufrían 45. perfectamente 46. generalmente 47. nos 48. Sepa 49. su 50. Sáquese 51. la 52. Cuide 53. coma 54. descuidadamente 55. Elimine 56. Haga 57. lo 58. tome 59. a 60. Organice 61. Permítase 62. disminuir 63. tómese 64. radicalmente 65. cambie

CAPÍTULO 9 *En otras palabras...* 1. regaló 2. recorría 3. entregó 4. agradeció 5. aconsejó 6. dejó de pensar *A. Verb + de or en + Infinitive* 1. me alegro de 2. Acabamos de, consistió en, Nos cansamos mucho de 3. dejé de, Traté de 4. Te acordaste de, tardes en 5. se olvidó de 6. insistieron en *B. Informal Commands* ACTIVIDAD A 1. Toma la leche. No se la des a los gatos. 2. No leas las cartas. Entrégaselas sin leerlas. 3. No se escondan detrás de la cabaña. No fumen cigarrillos. 4. No recojas yedra venenosa. Decora la cabaña con otra cosa. 5. No llores.

Vete al médico. 6. No te olvides de hacer tu cama. Hazla ahora. 7. No pases todo el día leyendo. Juega con los otros chicos. 8. No escondas los zapatos de Nicolás. Sácalos ahora y dáselos. ACTIVIDAD B 1. No pongas un sapo en la cama de tu amigo. Sé bueno. 2. Ten cuidado. No vayas muy lejos. 3. No les digas que hay fantasmas. Di la verdad. 4. Ven cuando te llamo. Pon atención. 5. No seas obstinado. Haz lo que hacen los otros. 6. Sal inmediatamente. No leas Batman en el cuarto de baño. 7. No digas que estás aburrido. Haz algo. 8. Ven aquí. Dime qué te duele. *En otras palabras... C. The Subjunctive Mood; Forms of the Present Subjunctive* INDICATIVO 1. están 2. Prefiero, gustan 3. sugieren 4. Insisto 5. dice, son 6. Recomienda 7. quiero 8. Sugiero 9. Prefieres 10. Quieres 11. pido 12. está SUBJUNTIVO 1. Pruebe 3. fume 4. fumen 6. pase 8. compren 10. abra 11. hagan *CH. Uses of the Subjunctive; D. The Subjunctive to Express Persuasion* ACTIVIDAD A 1. planche sus camisas, invite a su jefe para cenar, prepare su plato favorito, pase más tiempo con él. 2. los lleve al parque, les haga una torta, les permita mirar la televisión, los ayude con la tarea. 3. salgan más a menudo, se vayan de vacaciones sin los chicos, no sean complacientes, vengan a su casa el domingo. 4. le cuide sus chicos por unas horas. Le diga si no son obedientes, le preste una taza de azúcar, le dé la receta del flan. 5. le enseñe a su esposo a planchar, haga algo por sí misma, consiga un empleo, se asocie al movimiento feminista. ACTIVIDAD B 1. No fumes, fumes, fume 2. Escúchenme, se sienten, hagan 3. Díganme, prueben, pidan 4. Protéjese, nos apliquemos, hagan *Palabras problemáticas* 1. pensando 2. ¿Qué piensas que está pensando? 3. Está pensando en 4. pensaba 5. piensa, Piensa, pensando *De todo un poco* ACTIVIDAD A 1. soy 2. Pase 3. pensaba 4. teníamos 5. son 6. Lo 7. siento 8. Tardé 9. encontré 10. tengo 11. Siéntese 12. hablamos (hablemos) 13. saber 14. tengo 15. fume 16. piensan 17. En 18. tener 19. cambien 20. lleven 21. hagan 22. les 23. decimos 24. Regáleles 25. deja de 26. vuelve 27. les 28. vengan 29. ayudarlos 30. Sabe 31. colocarlos 32. Mírelo 33. les 34. publiquen 35. de 36. decirle 37. Lo 38. se olvide 39. lo 40. ser 41. regalarle 42. La COMPRENSIÓN 1. Falso 2. Falso 3. Cierto 4. Cierto 5. Falso 6. Falso 7. Cierto

CAPÍTULO 10 *En otras palabras...* ACTIVIDAD A 1. ama 2. criarlos 3. Cuide 4. respeten 5. mienta 6. odiar 7. pelear *A. Using Double Object Pronouns* ACTIVIDAD A 1. El operador (La operadora) nos los da. 2. Los candidatos políticos (Las candidatas políticas) nos lo piden. 3. El meteorólogo (La meteoróloga) nos lo da. 4. El cartero (La cartera) nos las entrega. 5. Nuestros padres (abuelos) nos las contaban. 6. El consejero (La consejera) (Nuestros padres, Nuestros profesores) nos los ofrece(n). 7. Nuestros padres (hijos) nos lo dan. ACTIVIDAD B 1. Y su papá se la cuenta. 2. Papá Noel no se los trae, pero sus padres sí se los regalan. 3. Y Fernando y Andrea se la muestran. 4. Y Fernando se los presta. 5. Y Fernando se las lava. 6. Y Andrea no se los quita. 7. Y Fernando se las pone. 8. Y su papá se lo presta. 9. Y Andrea se lo da. 10. Y Fernando y Andrea se las escriben. ACTIVIDAD C 1. Se la echo a... Me la echa(n)... a mí 2. Se lo doy a... Me lo da(n)... a mí 3. Se las comunico a... Me las comunica(n)... a mí 4. Se los demuestro a... Me los demuestra(n)... a mí 5. Se las escribo a... Me las escribe(n)... a mí 6. Se los cuento a... Me los cuenta(n)... a mí 7. Se los compro a... Me los compra(n)... a mí *En otras palabras...* 1. significa 2. es un antónimo de 3. significa 4. significa 5. significa 6. es un antónimo de 7. significa 8. significa *B. The Subjunctive to Express Feelings, Emotion or Judgment; C. The Subjunctive with Impersonal Expressions* ACTIVIDAD B 1. saber 2. se acuerden 3. estar 4. haya 5. encantan 6. acompañen 7. pensar 8. pueda 9. irse 10. se vayan 11. piensen 12. dejen 13. sea *CH. Unequal Comparisons* 1. Las oportunidades del hombre eran más grandes que las de la mujer. 2. La mujer tenía menos posibilidades que el hombre. 3. El hombre podía hacer más cosas que la mujer. 4. La familia era más grande que la familia de hoy. 5. La mujer que trabajaba fuera de casa ganaba menos dinero que los hombres. 6. La mujer de antes practicaba menos deportes que la mujer moderna. 7. La mujer de antes se casaba más joven que la mujer de hoy. 8. La mujer moderna es más independiente que su abuela. 9. ¿Era la vida de la mujer de antes mejor que la vida de la mujer moderna? 10. ¿Eran nuestras abuelas más felices que nosotras? *De todo un poco* ACTIVIDAD A 1. Indíquenles 2. asustarlos 3. sean 4. les 5. sientan 6. queden 7. conducir 8. prestárselo 9. enséñenlo 10. a 11. lo 12. decirle 13. hagas 14. usarlo 15. lavarlo 16. Acuérdense 17. cumpla 18. le 19. a 20. de 21. falten 22. hagan 23. les 24. les 25. digan 26. a 27. de 28. los ACTIVIDAD B 1. Cierto 2. Cierto 3. Cierto 4. Falso. Es normal que el adolescente esté en un estado de confusión y frustración. 5. Cierto 6. Cierto 7. Falso. Los padres deben preguntarles a los profesores de sus hijos si asisten a sus clases. 8. Falso. Hay que respetar los gustos de sus hijos. 9. Falso. Hay que evitar repetir lo que los padres los hicieron a ellos, los padres. 10. Falso. Tienen que ser flexibles. Pueden aprender mucho de sus hijos. ACTIVIDAD C Aunque ya tengo 19 años, mis padres no me tienen confianza. No les gusta que vuelva tarde de una cita y siempre me piden explicaciones. Por ejemplo, quieren saber con quién estaba, adónde fuimos y qué hicimos. Yo ya no soy una niña, pero ellos creen que tienen el derecho de saber todos los detalles de mi vida. ¿Qué puedo hacer para convencerles que ya soy adulta?

CAPÍTULO 11 *En otras palabras...* 1. se enamoró de, corazón 2. se comprometieron, casarse 3. anillo, pareja, comerciantes, venta, precio 4. casamiento, despedida de soltera, despedida de soltero 5. boda, matrimonio 6. se despidieron de, luna de miel *En otras palabras...* 1. cerveza 2. son de chocolate, se marchan, están encima de la torta 3. soplan las velas, cumplen 7 años 4. desanimados, rotos, rompiendo globos, marchándose de la fiesta 5. trae un regalo *C. Superlatives* 1. e 2. h 3. i 4. k 5. f 6. g 7. c 8. j 9. a 10. d 11. b 12. ch *D. The Subjunctive with tal vez, quizás, and acaso* 1. Tal vez (Quizás, Acaso) venga a dar conciertos en los Estados Unidos. 2. Tal vez (Quizás, Acaso) tenga éxito el Plan Arias. 3. ¡Sí! 4. ¡Sí! 5. Tal vez (Quizás, Acaso) los padres de Flo la escuchen. 6. Tal vez (Quizás, Acaso) esté furioso el comerciante que recibe la carta. 7. Sí. 8. Tal vez (Quizás, Acaso) sus padres le compren otros juguetes. *Palabras problemáticas* 1. funciona 2. trabajamos 3. Anda *E. Diminutives* 1. Teresita, velitas 2. Anita, hermanito 3. amiguitos 4. Mamita, caramelito 5. amorcito, ratito 6. Pablito, camioncito *De todo un poco* ACTIVIDAD A 2. e 4. b 6. a 8. g 1. Para vender más caramelos. Como relaciones públicas. 2. Está enojada. 3. Responde que eso se llama relaciones públicas. 4. Se sirve un caramelo y dice «Gracias». ACTIVIDAD B Manolo les ofrece caramelos gratis a sus amiguitas. Mafalda le dice «Gracias» y come el caramelo. Sin embargo, acusa a Manolito de ofrecérselos no por amistad, sino por interés en el comercio. Cuando Manolito le ofrece un caramelo a Susanita, ella se sirve muchos. Manolito cree que sus amigas no comprenden sus intenciones.

CAPÍTULO 12 *En otras palabras...* ACTIVIDAD B 1. gastamos 2. contribuí 3. valorar 4. comparar 5. reporten *A. Another Look at the Subjunctive to Express Persuasion* 1. Ana permite que Pablo se aproveche de ella. 2. Le pide a su esposo que la ayude con los quehaceres domésticos. 3. Pero él le dice que el marido no tiene la obligación de hacer los deberes domésticos. 4. Sin embargo, Pablo permite que Ana comparta los gastos. 5. ¿Sugiere Ud. que Pablo valore más el trabajo de Ana? 6. ¿Recomienda Ud. que él sea más responsable? 7. Juan prohíbe que Susana contribuya económicamente para los gastos de la casa. 8. ¿Les aconseja Ud. que consulten con un consejero (una consejera)? *B. Affirmative and Negative Words and Expressions* ACTIVIDAD A 1. No, no hay nadie que venga a limpiar la casa. 2. No, no me ayuda mi esposo con ningún quehacer doméstico. 3. No, no hace nada. 4. Sí, siempre. Nunca me ayuda. 5. No, no me ayuda ni a preparar la cena ni a limpiar la cocina después. 6. Tampoco me ayuda los fines de semana. ACTIVIDAD B 1. No viene nadie nunca a limpiar la casa de Ana y Pablo. 2. Pablo no comparte ningún quehacer doméstico con su esposa. 3. Pablo nunca ayuda a su esposa. 4. Juan no quiere que su esposa contribuya con nada para los gastos de la casa. 5. Pablo ni lava los platos ni hace las camas. 6. Susana tampoco está satisfecha con la actitud de su esposo. *En otras palabras...* 1. fuera 2. Por eso (Por lo mismo) 3. debajo de 4. debajo de 5. Antes de 6. Ante 7. tras 8. antes de 9. ante 10. tras

11. Después de   *C. The Subjunctive in Noun Clauses: More Practice*   1. La autora desea que haya una integración de los papeles.   2. Según ella, es absurdo que las cosas tengan que ser o blancas o negras.   3. Quizás las cosas cambien.   4. La autora no quiere que las parejas ocupen un papel determinado.   5. Según Irene Sánchez, es mejor compartirlo todo.   6. Según la autora, es malo que las cosas sigan como siempre.   7. Según Pedro Sánchez, es necesario que haya una integración de los papeles.   8. La autora duda que existan soluciones.   9. Sugiere que haya una integración de los papeles.   *CH. Use of the Subjunctive to Refer to the Unreal or Indefinite*   1. juegan   2. pasan   3. son   4. prestan   5. quieran   6. sean   7. estén   8. se conformen   9. gusta   10. formar   11. son   12. fuman   13. hacen   14. tienen   15. quieren   16. tengan   17. tengan   18. busquen   19. hablen   20. deseen   21. es   22. existe   23. fabrica   24. tienen   25. conoce   26. es   27. hay   28. sea   29. tenga   30. ofrezca   31. sea   32. sea   *D. Equal Comparisons*   1. La abuela de Estela no viajaba tanto como Estela.   2. La abuela no ganaba tanto dinero como Estela.   3. La abuela no pagaba tantos impuestos como Estela.   4. Estela no tiene tantos hijos como su abuela.   5. El apartamento de Estela no es tan grande como la casa de la abuela.   6. Estela tiene más electrodomésticos que su abuela.   7. El abuelo trabajaba tanto como Estela y su esposo.   8. La abuela estaba tan ocupada como Estela y su esposo.   9. Ellos disfrutan de la vida tanto como los abuelos de Estela.   *De todo un poco*   ACTIVIDAD B   1. trabaja   2. aprenda   3. a   4. defina   5. espere   6. convierta   7. en   8. haga   9. tiene   10. haya   11. reconocen   12. trabaja   13. sea   14. funcione   15. esperen   16. sea   17. hay   18. llevan   19. es

CAPÍTULO 13   *En otras palabras...*   ACTIVIDAD A   1. protegido, protección, proteger   2. destrucción, destruirlo, destruido   3. desarrollo, desarrollar, desarrollados, desarrollo   4. enfermedades, se enferma, enferma   5. supervivencia, sobrevivir   6. ambientales, medio ambiente   7. consciencia, conscientes   8. amenazan, amenazadas, amenaza   9. dañinos, daño, dañan   10. avances, avanzados, avanzar   ACTIVIDAD B   1. desaparecer   2. irresponsable   3. prehistórico   4. anormal   5. subdesarrollado   6. inestable   7. desvestirse   8. incapaz   9. submarino   10. desconocido   11. inútil   12. inconsciente   *A. Using por to Express Cause, Source, or Motive; B. Using para to Express Purpose or Effect*   ACTIVIDAD A   1. cierto   2. supuesto   3. para   4. lo mismo   5. por   6. por   7. medio   8. para   9. por   10. lo mismo   11. lo menos   12. para   13. completo   14. por   15. ciento   16. Para   17. para   18. fin   19. para   20. para   ACTIVIDAD B   Possible Answers   1. por la contaminación   2. para proteger el medio ambiente   3. para solucionar algunos problemas ambientales   4. por los hechos del hombre   5. por los pesticidas   6. para tenerlos mañana   7. para salvar el medio ambiente   8. para no destruir nuestro planeta   9. para cultivar las tierras   10. por descuido   11. por su ayuda   12. por la desaparición de los bosques   *En otras palabras...*   1. el daño, las sustancias químicas   2. el desarrollo, el avance   3. destruirlos, liberarlos   *C. Present Perfect Tense*   1. (no) ha aplicado   2. (no) ha permitido   3. (no) ha aumentado   4. (no) ha creado   5. (no) ha coleccionado   6. (no) ha limpiado   7. (no) ha plantado   8. (no) ha dejado   *CH. Irregular Past Participles; En otras palabras...*   ACTIVIDAD A   1. han dicho, han visto   2. han descrito, cabeza, cuello, cola   3. han escrito, han visto   4. han convencido, he vuelto   5. He planeado, búsqueda   6. He hecho, he tenido   7. He llegado, ha roto   8. He puesto   9. He cubierto   10. he abierto, he mostrado   11. he muerto, han señalado   12. hemos escondido   13. hemos estado, hemos visto   *D. Passive Voice*   1. En 1541 el río Amazonas fue navegado por una expedición española.   2. La expedición fue dirigida por Francisco de Orellana.   3. Los españoles fueron atraídos por la leyenda del mítico país, El Dorado.   4. Según la leyenda, el rey de El Dorado era bañado en oro por los sirvientes reales todos los días.   5. La expedición fue atacada por una tribu de mujeres guerreras.   6. Las mujeres fueron descritas por un miembro de la expedición   7. La batalla fue ganada por las guerreras.   8. El río fue nombrado en honor de las amazonas de la mitología por los españoles.   *En otras palabras...*   1. por   2. por   3. Por lo general   4. porque   5. para   6. Por eso   7. para   8. Por lo general   9. para   10. por ejemplo   11. Por otro lado   12. Por lo mismo   13. ya que   14. para   15. Por otra parte   16. por   17. Por lo tanto   18. para   *De todo un poco*   ACTIVIDAD A   1. ha cazado   2. he coleccionado   3. ha ido   4. para   5. he viajado   6. por   7. Ha hecho   8. he estado   9. ha matado   10. he cazado   11. por   12. Por   13. por   14. ha visto   15. he encontrado   16. he visto   17. para   18. ha dicho   19. se ha vuelto   20. Por   21. ha cambiado   22. se han deteriorado   23. ha terminado   24. para   25. ha hecho   26. por   27. He comenzado   28. ha hecho   29. por   30. ha dicho   31. se ha vuelto   32. me he explicado   33. Ha pensado   ACTIVIDAD B   1. Falso. Ha cazado por todo el mundo.   2. Cierto.   3. Falso. Nunca ha visto dinosaurios en África.   4. Cierto.   5. Falso. Está organizando un safari fotográfico.   6. Cierto.   7. Cierto.

CAPÍTULO 14   *A. The Future*   ACTIVIDAD A   1. seguirán, terminarán   2. nos ayudarán, nos controlarán   3. descubrirán, todavía buscarán   4. vivirán en paz, lucharán   5. cuidará, asolará   6. destruirán el mundo, serán destruidos   7. permanecerá, desaparecerá   8. aumentarán, disminuirán   ACTIVIDAD B   1. (No) Las compraré.   2. (No) Viajaré a la luna.   3. ...me acompañará(n).   4. Leeré...   5. Llevaré...   6. Encontraré   *B. Irregular Future Stems*   ACTIVIDAD A   1. Habrá...   2. Les diré...   3. (No) Hablarán...   4. Querrán ver...   5. (No) Podré mandar...   6. (No) Sentiré...   7. Saldré...   8. (No) Vendrán...   9. Pondré (Dejaré)...   *C. The Future of Probability*   1. Se venderán rápidamente / Nadie las comprará   2. Será inminente / No ocurrirá nunca   3. Cambiará radicalmente / Se quedará como es ahora   4. Estará en peligro / Estará asegurado   5. Ocurrirá otra vez / La posibilidad siempre existirá   6. Podrá ocurrir / Podremos evitarla   *CH. Por and Para: Additional Uses*   1. Para   2. por   3. por   4. por   5. por   6. para   7. para   8. Por, por   9. Para, por   10. por   11. por   12. Para, por   13. para   14. para, por   15. para   16. Por   17. Por, por   18. por   *D. The Future Perfect*   ACTIVIDAD A   1. habrán descubierto   2. habrá perfeccionado   3. Se habrán desarrollado   4. habrán reemplazado   5. habrá aumentado   6. habrá cambiado   7. Habremos podido controlar   8. se habrá mejorado   ACTIVIDAD B   1. (No) Estaré estudiando. (No) Me habré graduado.   2. (No) Seré soltero/a. (No) Me habré casado.   3. (No) Estaré buscando trabajo. (No) Habré estado trabajando...   4. (No) Viviré con mi familia. (No) Habré conseguido...   5. (No) Viviré en el mismo sitio. (No) Me habré trasladado...   6. (No) Seré rico/a o famoso/a. (No) Habré logrado...   *E. Subjunctive with Adverbial Clauses of Time*   ACTIVIDAD A   1. se preocupe   2. sea   3. ocurra   4. aplique   5. estén   6. pueden   7. ocurra   8. pierdan   9. empiece   10. se hagan   11. sea   12. tratará   13. entre   14. ocurra   15. haga   16. sea   17. cuiden   18. comprendan   19. tengan   20. apliquen   21. puedan   22. toque   23. estarán   ACTIVIDAD B   1. Cierto   2. Falso. La gente no se preocupa de estos problemas hasta que sean graves.   3. Falso. No se aplica la tecnología hasta que los recursos sean casi extinguidos.   4. Cierto.   5. Cierto.   6. Cierto.   *Palabras problemáticas*   1. alcanzar   2. logrado   3. tengas éxito   4. ocurrido   5. pasar

CAPÍTULO 15   *En otras palabras...*   1. f   2. e, d   3. j   4. ch   5. i   6. c   7. a   8. k   9. h   10. g, b   *A. Subjunctive with Other Adverbial Conjunctions*   ACTIVIDAD B   Possible Answers   1. ...antes de que termine el semestre   2. ...antes de comenzar a trabajar   3. ...con tal de que comience a trabajar antes de que las clases terminen   4. ...a condición de que pueda trabajar...   5. ...con tal de que (a condición de que) salga bien...   6. ...con tal de que (a condición de que) se dedique a sus estudios   7. ...a menos que tenga dinero.   8. ...sin vender su coche.   9. ...en caso de que necesite una asignatura más...   10. ...con tal de que tenga suficientes asignaturas   11. ...sin tomar ninguna vacación   12. ...sin trabajar   13. ...para ayudar en un proyecto de reforestación   14. ...para que aprendan a cultivar árboles   *En otras palabras...*   1. el coche, el tren, el barco, el autobús, el avión, la bicicleta, la motocicleta   2. la clase baja, la clase media, la clase alta   5. posible   6. apropiado   7. temprano   8. experimentar   *B. Relative Pronouns: que, quien, quienes, lo que, el que, el cual*   ACTIVIDAD A   1. del que (cual)   2. al que (cual)   3. los cuales   4. la que (cual)   5. que   6. la que (cual)   7. que   8. lo que   9. quien   ACTIVIDAD B   1. Felipe habla con su amigo Carlos, quien (que) está pensando en asociarse al Club.   2. Le muestra a Carlos un anuncio que salió en el periódico.   3. El Club da hojas de ruta y mapas que son muy útiles.

4. Felipe tiene una hija, Teresita, que aprendió a manejar en la escuela de conductores del Club. 5. El Club también ofrece auxilio mecánico que Felipe ha usado muchas veces. 6. Para asociarse al Club, Carlos debe hablar con el Sr. Romero, quien (que) es el director del Club. *De todo un poco* ACTIVIDAD A 1. nos asfixiemos 2. pensemos 3. encuentren 4. que 5. las que (cuales) 6. que 7. del que (cual) 8. tener 9. al que (cual) 10. el que (cual) 11. moleste 12. se recarguen 13. se muevan 14. la que (cual) 15. que 16. escoja 17. ser 18. cooperen 19. entrar 20. circulen 21. circulen 22. varíe 23. salgan 24. establezcan 25. aumenten 26. las que (cuales) ACTIVIDAD B 1. los últimos adelantos de la agrobiotecnología 2. explicar 3. ¿Cómo? ¿Cuáles son? ¿Qué es? 4. Comeremos mejor. Optimista.

CAPÍTULO 16 *En otras palabras...* 1. Los profesores, de los estudiantes 2. Los exámenes, de los estudiantes 3. Los estudiantes, antes de (después de) los exámenes 4. Los estudiantes, en los exámenes (las pruebas) 5. Los profesores, de los estudiantes (de la materia) 6. Los profesores, los exámenes (las pruebas) 7. Los profesores, los exámenes (las pruebas) 8. Los profesores (estudiantes), el sistema de exámenes 9. Los estudiantes, los exámenes (los profesores) 10. Los estudiantes, de los profesores *B. Using the Indicative or the Subjunctive with aunque, como, and donde* ACTIVIDAD A 1.a. nieve b. no estoy aquí c. Ud. no esté preparado/a ch. es un día feriado 2. a. prefieran b. siempre lo escriben c. quieran ch. les digo que lo escriban 3. a. estén cómodos b. haya un asiento desocupado c. les digo que se sienten ch. puedo verlos *C. Indirect Commands* ACTIVIDAD A Possible Answers 1. El profesor Contreras: Que permita que Lidia tome el examen mañana. Lidia: Que no estudie siempre en la residencia sino que se vaya a la biblioteca. 2. La profesora Martínez: Que los llame a su oficina. Que les haga preguntas para saber lo que pasó. Marta: Que le diga la verdad a la profesora. Que no se siente cerca de Domingo otra vez. Domingo: Que no estudie con Marta. 3. El profesor Paz: Que le devuelva la composición a Claudia para que la escriba bien. Claudia: Que la escriba a máquina o en la computadora. Que tenga más cuidado en el futuro. ACTIVIDAD B Possible Answers 1. Que te recuperes rápidamente. 2. Que tengan mucha felicidad. 3. Que tengan un feliz viaje. 4. Que tengas suerte. 5. Que lo pases bien. Que lo disfrutes. *CH. Past Perfect Tense* ACTIVIDAD A 1. Lisa nunca había probado empanadas. Yo sí (tampoco) las había probado. 2. Rick nunca había tomado cerveza mexicana. Yo sí (tampoco) la había tomado. 3. Pamela y Bob nunca habían bailado la cumbia. Yo sí (tampoco) la había bailado. 4. Mary Ann nunca había escuchado la música folklórica andina. Yo sí (tampoco) la había escuchado. 5. Greg nunca había visto la película *El norte*. Yo sí (tampoco) la había visto. 6. Patricia nunca había charlado con un estudiante boliviano. Yo sí (tampoco) había charlado con un estudiante boliviano. ACTIVIDAD B Possible Answers 1. Los otros estudiantes no habían estudiado suficientemente. El profesor Díaz había dado un examen injusto. 2. Mario nunca había visto el *tofu*. Nunca lo había comido. 3. Patricio no había estudiado. No había comprado el libro. 4. La profesora no había corregido los exámenes rápidamente. 5. Enrique no había ido a la oficina de su consejero antes. 6. Nunca había usado (aceptado) un artículo de Tina antes. 7. Nunca habíamos tenido un buen equipo antes. *Palabras problemáticas* 1. carrera 2. conferencias 3. lecturas 4. conferencias 5. suspendida 6. apruebo 7. título

CAPÍTULO 17 *En otras palabras...* ACTIVIDAD A Possible Answers 1. dinero dado al estudiante por el gobierno o la universidad para pagar los estudios 2. indicar las clases que uno quiere tomar después de pagar la matrícula 3. cierta cantidad de dinero 4. un grupo de obreros 5. dar seguridad 6. una opinión para dirigir los asuntos 7. tratar con otros para llegar a un acuerdo ACTIVIDAD B 1. el becario (la becaria) 2. el desempleado (la desempleada) 3. el egresado (la egresada) 4. el obrero (la obrera) 5. el universitario (la universitaria) *A. The Conditional* ACTIVIDAD A 1. Yo no haría... Yo haría lo mismo. 2. Yo no dormiría... Yo haría lo mismo. 3. Yo no pensaría... Yo haría lo mismo. 4. Yo no escucharía... Yo haría lo mismo. 5. Yo no estudiaría... Yo haría lo mismo. 6. Yo no iría... Yo haría lo mismo. 7. Yo no tomaría... Yo haría lo mismo. 8. Yo no me pondría... Yo haría lo mismo. ACTIVIDAD B 1. ¿Me podría indicar... ? 2. ¿Tendría un momento... ? 3. ¿Me permitiría... ? 4. ¿Podrías hablar... ? 5. ¿Me permitirías... ? *B. Reviewing the Preterite and the Imperfect* ACTIVIDAD A 1. tenía 2. era 3. vivía 4. tenía 5. preguntó 6. podía 7. fue 8. vacilé 9. iba 10. acepté 11. llegué 12. dijo 13. dormían 14. respondí 15. había decidido 16. era 17. había trabajado 18. se despertó 19. vio 20. estaba 21. comenzó 22. levanté 23. hice 24. di 25. ofrecí 26. hacía 27. había 28. di 29. había olvidado 30. Había 31. había cambiado 32. hice 33. Fui 34. llamé 35. vino 36. volvió 37. jugaban 38. estaba 39. pagó 40. iba 41. volví 42. enseñó ACTIVIDAD B 1. La Sra. Rojas le preguntó si podía cuidar a sus hijoa. 2. Ella le dijo cuánto le iba a pagar. 3. No había tenido ninguna experiencia previa. 4. Comenzó a llorar a gritos. 5. Sabía muy poco de cuidar a los niños. 6. No sabía cambiar pañales. 7. Aprendió a cambiar pañales. *C. Present Perfect Subjunctive* ACTIVIDAD A Possible Answers 1. hayan sido estudiantes serios. 2. hayan tratado de conseguir empleo. 3. hayas comenzado tres carreras. 4. hayas tomado una decisión. 5. hayan venido a la casa. 6. hayan comido toda la comida que estaba en el refrigerador. 7. haya pasado. 8. hayan buscado trabajo (fumado porros). 9. hayan acabado sus estudios. 10. hayan acabado sus estudios? 11. hayan votado. 12. hayan votado. *Palabras problemáticas* 1. sino que 2. sino que 3. sino 4. sino 5. sino que 6. pero 7. pero 8. sino *De todo un poco* ACTIVIDAD A 1. sino que 2. pueden (podrían) 3. sea 4. han tenido 5. sino que 6. quieran 7. traigan 8. están 9. andan 10. usen 11. tienen 12. pasen 13. coman 14. pero 15. guste 16. pero 17. ha sido 18. se ha mejorado 19. ha entrado 20. ha alcanzado 21. ha ya llevado 22. cambien

CAPÍTULO 18 *En otras palabras...* ACTIVIDAD A 1. El aspirante que solicita un puesto tiene que enviar el currículum... 2. Es necesario completar una solicitud de trabajo de la empresa... 3. A veces hay que atravesar dificultades que no tienen nada que ver con la capacidad... 4. La situación tiene que ver con la oferta y la demanda... ACTIVIDAD B 1. b 2. a 3. b 4. b 5. c 6. b 7. b 8. a 9. a 10. b 11. a 12. c 13. b 14. a 15. c 16. a 17. a 18. c *A. Using the Indicative or the Subjunctive with decir* 1. se presente 2. estar 3. lleve 4. avise, llegue 5. lleve 6. tiene 7. se siente 8. tarde *B. Preterite Review* ACTIVIDAD A 1. iniciaron 2. estuvieron 3. se matricularon 4. dijeron 5. hicieron 6. pudieron 7. fueron 8. pensaron 9. consiguieron 10. atravesaron *En otras palabras...* 1. entrenamiento, ejecutivos/gerentes 2. contratos 3. finanzas 4. gerente, ingresos 5. capacitó 6. compitieron 7. ejerciendo 8. estar al tanto/al día 9. imprescindible, estén al día/al tanto 10. por su cuenta *C. The Past Subjunctive* ACTIVIDAD A 1. dieran 2. hiciera 3. dijera 4. fuera 5. impusieran 6. estuvieran, consiguieran 7. vinieran 8. supieran 9. tuvieran 10. pudieran 11. quisieran ACTIVIDAD B 1. incluyera 2. aceptara 3. leía 4. dijeran 5. tuviera 6. pensara 7. fuera 8. se olvidara 9. rellenara 10. enviara 11. preparara 12. contestaran 13. recortar 14. buscaba 15. tuvieran 16. vieran 17. oyeran 18. sugirió 19. tomara 20. fueran *CH. More about the Subjunctive with Adverbial Clauses of Time* Possible Answers 1. el jefe de personal volviera de un viaje a Phoenix. 2. la completara. 3. tomara un examen de aptitud. 4. se hiciera un examen médico. 5. esperara su llamada. 6. recibió la carta. 7. fuera a la entrevista. 8. consiguiera el puesto. *D. The Subjunctive with como si* 1. como si todo fuera normal. (como si no tuviera miedo.) 2. como si todo estuviera bien. 3. como si no tuviera nada que ver con el desempleo. 4. como si fuera experta. (como si supiera mucho.) 5. como si fuera un angelito. 6. como si fueran enormes. 7. como si tuviera 18 años. *De todo un poco* ACTIVIDAD A 1. terminar 2. estudiar 3. graduarse 4. tuviera 5. pagara 6. pudiera 7. leyera 8. fuera 9. ofreciera 10. pareciera 11. puedan 12. llamara 13. estuviera 14. viniera 15. pudiera 16. necesitaba 17. pudieran 18. tuvieran 19. durmieran 20. durmieran 21. puede 22. había tenido 23. dormía 24. pegara 25. necesite 26. puede 27. comiencen 28. volvió 29. era

CAPÍTULO 19 *En otras palabras...* 1. bilingüe, idiomas, analfabeto 2. gobernador, boletas electorales, ciudadanos 3. ascendencia, ciudadanía, impuestos 4. firmar, enmienda, beneficiaría, perjudicaría 5. censeo, bilingües, impresionante 6. intercambio, inversión, bilingüismo 7. inversionista, aprobó, impuestos *A. Stressed Possessive Adjectives and Pronouns* ACTIVIDAD A 1. el suyo 2. las suyas 3. el mío 4. la tuya 5. nuestro 6. el tuyo 7. mía 8. los suyos (tuyos) ACTIVIDAD B 1. la suya 2. suya 3. mía 4. la mía 5. el suyo 6. el suyo 7. mío *B. The Conditional Perfect* Possible Answers 1. habríamos ido a... 2. habría vivido.... Habría vivido... 3. habría faltado.... Habría asistido a todas las clases. 4. habríamos probado.... Habríamos probado... 5. habría comprado.... Habría comprado... 6. no habríamos ido.... Habríamos visto... 7. habría ido 8. habríamos pasado (nos habríamos quedado) *En otras palabras...* 1. modales, atraer, pretenda 2. voluntad 3. ni siquiera 4. desconsiderada 5. minoritario, mayoritario *C. Nosotros Commands* 1. ¡Sí! Visitemos la Universidad. 2. ¡Sí! Pasemos unos días en la playa. 3. ¡Sí! Caminemos por el Viejo San Juan. 4. ¡Sí! Veamos la Bahía de San Juan. 5. ¡Sí! Vámonos al Museo Pablo Casals. 6. ¡Sí! Quedémonos en un parador. *CH. Using the Past Subjunctive in si Clauses* ACTIVIDAD A Possible Answers 1. Si mis hijos fumaran mariguana, yo estaría furioso/a. 2. Si mi hijo quisiera ser boxeador, le diría que está loco. 3. Si mi hija y su novio quisieran casarse a los 17 años, sugeriría que esperaran. 4. Si mi hijo quisiera abandonar los estudios en la secundaria, sugeriría que lo pensara bien. 5. Si mi hija quisiera unirse al Cuerpo de Paz, le ofrecería mi apoyo. 6. Si mis hijos vinieran a casa vestidos de punk, no diría nada. *D. Using the Indicative in si Clauses* Possible Answers 1. lo haría 2. es 3. pudiéramos 4. lo haremos 5. hubiera 6. quieres 7. me darán 8. pueden 9. puedes *Palabras problemáticas* 1. hecho 2. datos 3. se mudan 4. se trasladan 5. se mudan 6. se mudan 7. se mudan 8. mudarse *De todo un poco* ACTIVIDAD A 1. Las 2. la 3. ante 4. ser 5. ese 6. de 7. estamos 8. propague 9. faxeas 10. faxeada 11. Utilicemos 12. las 13. las 14. anotemos 15. Cómo 16. Escribamos 17. qué 18. para 19. la 19. es 20. lo que 21. del 22. podemos 23. es 24. sustantivo 25. es 26. enriqueciendo 27. el 28. será 29. en 30. Una 31. habrá 32. teletransmifonofacsigrafiado ACTIVIDAD B 1. c 2. ch 3. e 4. d 5. a 6. b

CAPÍTULO 20 *En otras palabras...* 1. g 2. h 3. e 4. c 5. a 6. i 7. j 8. f 9. ch 10. d 11. k 12. b *A. Using se to Express Unintentional Occurrences* ACTIVIDAD A 1. se les descompuso 2. se les ocurrió 3. se les había acabado 4. se les cayeron 5. se les quedaron 6. se le perdieron 7. se le rompió 8. Se me olvidaron ACTIVIDAD B 1. En la calle donde se me descompuso. 2. Se me perdieron. 3. Se me rompió cuando caminaba después de que se descompuso el coche de Luis. 4. No se me ocurrió. 5. Sí, señor. Se me descompuso anoche y se me quedaron las llaves adentro. *B. Review of Impersonal se and Passive Forms* ACTIVIDAD A 1. Los delincuentes que pintan las fachadas de edificios públicos o privados serán arrestados por la policía. 2. Estas medidas se justifican por la proliferación del graffiti. 3. Se dañan material y estéticamente las ciudades. 4. Se requieren tiempo, esfuerzo y dinero para reparar los daños. 5. Después de la limpieza, frecuentemente los graffiti se repiten. 6. No se pueden tolerar más estos abusos. ACTIVIDAD B 1. Se escriben mensajes en los muros y las paredes. 2. También se escribe en las paredes de las cabinas telefónicas. 3. Los mensajes son escritos por los jóvenes. 4. Los mensajes raramente son puestos en las paredes y los muros por los partidos políticos y los sindicatos. 5. Se ponen pegatinas en los coches. 6. Se venden camisetas que llevan un lema. 7. En Nueva York se ven *los graffiti* en el metro. 8. Se dice que *los graffiti* son pintados por jóvenes artistas o delincuentes. *En otras palabras...* 1. A 2. S 3. S 4. A 5. S 6. S 7. A 8. S *C. Using the Present Participle with Verbs of Motion* 1. venía 2. seguía 3. continuaría 4. seguía 5. continúa 6. entró *CH. Ordinal Numbers* 1. sexto, décimo 2. tercer 3. quinto 4. primer 5. cuarta 6. novena 7. séptima 8. tercera 9. segunda 10. octavo *Palabras problemáticas* 1. una cita 2. asunto mío 3. una pregunta 4. datos 5. pregunta 6. la fecha 7. las cuestiones 8. pregunta 9. una cita *De todo un poco* ACTIVIDAD A 1. nada 2. de 3. la 4. a la 5. la 6. El 7. estos 8. sino 9. hace 10. fuera 11. las 12. la 13. una 14. otra 15. ha 16. otra 17. nuestro 18. hechos 19. hiciera 20. sino 21. parecida 22. sustentada 23. por 24. de 25. todos los 26. ordena 27. representan 28. interrogante 29. modificara 30. volviera 31. el 32. para 33. obligaban 34. para ACTIVIDAD B 1. d 2. c 3. b 4. a 5. e

CAPÍTULO 21 *En otras palabras.,,* 1. la selva 2. Los indígenas, rostros 3. mediano, del idioma 4. Se disponía, valerse de 5. el lecho *A. The Pluperfect Subjunctive* 1. hubieran llegado 2. se hubiera desintegrado 3. tuvieran 4. hubieran construido 5. pudieran 6. revelara 7. estuviéramos 8. hubieran sugerido, pasáramos 9. desapareciera *B. Using the Past Perfect in si Clauses* ACTIVIDAD A Possible Answers 1. no habríamos sabido tanto de la civilización maya. 2. habríamos podido ver aún más. 3. habría sido aún más interesante. 4. habríamos ido al Perú. 5. habríamos sabido más. 6. no habrían resuelto el misterio. ACTIVIDAD B 1. aparecieran 2. expliquen 3. se desarrollaran 4. fueron 5. surgieran 6. fueron 7. había 8. era 9. pudieran 10. podría 11. construyeran 12. hubiera 13. habría *En otras palabras...* ACTIVIDAD B 1. b 2. ch 3. a 4. c *C. Uses of the Infinitive* 1. salir 2. ser, llegar 3. llegar, hablar, aprender, contestar, hablar 4. asistir, ser, escribir 5. visitar 6. asistir 7. buscar, volver, comer *CH. Uses of the Present Participle* 1. hablar 2. escuchando 3. memorizando 4. defenderse 5. entenderse 6. escuchándola 7. saber 8. ir 9. escuchar 10. hablar 11. ver 12. comprender 13. mirando 14. escuchando 15. aprendiendo 16. Leer 17. aprender 18. saber 19. hacer 20. poder 21. leer 22. introducir 23. Leer 24. aumentar 25. ser *Palabras problemáticas* 1. un cuento 2. un relato 3. una historia 4. una historia 5. la cuenta 6. un cuento *De todo un poco* ACTIVIDAD A 1. importaba 2. habían 3. pude 4. quería 5. Quería 6. decía 7. tenía 8. podía 9. pensaba 10. tenía 11. llegamos 12. sabía 13. tenía 14. veíamos 15. Estábamos 16. iba 17. gustaba 18. era 19. quedábamos 20. poníamos 21. estaba 22. tenía 23. quería 24. sufría 25. molestaba 26. era 27. entendía 28. veía (veíamos) 29. preguntaba 30. estaba 31. ponía 32. oía 33. seguía 34. explicara 35. tenía 36. ponía 37. pegaba 38. ponía 39. retaba

CAPÍTULO 22 *¿Recuerda Ud.?* yo tú él, ella, Ud. nosotros (nosotras) vosotros (vosotras) ellos, ellas, Uds. mí ti él, ella, Ud. nosotros (nosotras) vosotros (vosotras) ellos, ellas, Uds. conmigo, contigo ACTIVIDAD 1. Uds. 2. ellos 4. Uds. 6. ella 10. ellos 11. Uds. 12. él 13. ella 14. ellos 16. nosotros 17. Uds. *En otras palabras...* 1. fe 2. juicio 3. raciocinio 4. sabiduría 5. se atreve 6. le cae bien 7. esta harta, superar *Comentarios de hoy: Me gustan los Estados Unidos... ¿Y qué? ¿Recuerda Ud.?* Resumen de ser y estar 1. ser 2. estar 3. estar 4. ser 5. ser 6. ser 7. estar 8. estar, ser 9. ser 10. ser 11. ser 12. ser 13. ser, estar 14. estar 15. estar 16. estar 17. ser ACTIVIDAD A Possible Answers 1. Es viejo. 2. Está casado. 3. Es republicano. 4. Es conservador. 5. Está en la Casa Blanca. 6. Era vice-presidente antes. 7. Es padre y abuelo. 8. Está en contra del aborto. 9. Es protestante. 10. Eran ingleses. 11. Eran de Liverpool. 12. Eran originales 13. Era un grupo formado por cuatro artistas. 14. Algunos son cantantes. 15. Está muerto. 16. Son millonarios. 17. Estamos trabajando ahora. 18. Somos buenos estudiantes. 19. Somos estupendos. 20. Estamos medio dormidos los lunes por la mañana. 21. Estamos contentos. 22. Estamos siempre presentes. 23. Estamos tranquilos. 24. Soy de... 25. Soy estudiante de... 26. Soy... 27. Estoy... 28. Estoy... 29. Soy... 30. Estoy casado/a, Soy soltero/a. 31. Seré... 32. Estoy 33. Es... 34. Es a... 35. Es... 36. Es... 37. Es... 38. Es... ACTIVIDAD B 1. estoy 2. Es 3. era 4. está 5. está 6. estoy 7. son 8. Es 9. es 10. Están 11. es 12. es 13. soy 14. estado 15. estado 16. son 17. Es 18. es 19. es 20. es 21. ser 22. es 23. fue 24. Es 25. estaba 26. era 27. sería 28. es 29. es 30. sido 31. Está 32. sido 33. Estoy *¿Recuerda Ud.?* LOS COMPLEMENTOS DIRECTOS me te lo, la nos os los, las LOS COMPLEMENTOS INDIRECTOS me te le nos os les

VERB FORM	OBJECT PRONOUN PRECEDES...	OBJECT PRONOUN FOLLOWS AND IS ATTACHED TO...
conjugated verb	X	
infinitive		X
conjugated verb + infinitive	X	X
conjugated verb + present participle	X	X
affirmative command		X
negative command	X	

ACTIVIDAD A 1.a. (No) Estoy mirándolos... (No) Los estoy mirando... b. (No) Estoy leyéndolo... (No) Lo estoy leyendo... c. (No) Estoy haciéndolas... (No) Las estoy haciendo... ch. (No) Estoy contestándoselas... (No) Se las estoy contestando... 2.a. (No) Se lo compraron. b. (No) La lavaron. c. (No) Las escucharon. ch. (No) Me invitaron al cine. 3.a. (No) Tenemos que terminarlo. (No) Lo tenemos que terminar. b. (No) Tenemos que entregárselas. (No) Se las tenemos que entregar. c. (No) Tenemos que escucharlas. (No) Las tenemos que escuchar. ch. (No) Tenemos que leerlo. (No) Lo tenemos que leer. 4.a. (No) Quiero que me la explique. b. (No) Quiero que me las haga. c. (No) Quiero que me lo dé. ch. (No) Quiero que me la cuente. 5.a. (No) Me gustaría verlas. b. (No) Me gustaría leerlas. c. (No) Me gustaría escucharlas. ch. (No) Me gustaría conocerlas. 6.a. Véala. No la vea. b. Escálelas. No las escale. c. Págueselos. No se los pauge. ch. Cómpresela. No se la compre. ACTIVIDAD B 1. Sí, tienes que entregárselo. 2. Lo revisa y le pone el sello oficial. 3. Claro que te lo devuelve. 4. Tienes que buscarlas y llevarlas a la aduana. 5. Te pide que las abras. 6. Puede ser que te las revise. 7. Te las va a confiscar. (Va a confiscártelas.) 8. Te va a decir que pases. (Va a decirte que pases.) 9. No te los puedo explicar (No puedo explicártelo) una vez más. *¿Recuerda Ud.?* los habitantes esta ciudad *¿Recuerda Ud.?* yo me atrevo tú te atreves Ud., él, ella se atreve nosotros nos atrevemos vosotros os atrevéis Uds., ellos, ellas se atreven ACTIVIDAD 1. divirtiéndome 2. se acuestan 3. se levanta 4. irse 5. acostumbrarme 6. me he adaptado 7. Imagínate 8. se llamaba 9. me reí 10. se parece 11. se visten 12. me entusiasmé 13. me compré 14. me miro 15. me reconozco 16. quedarme 17. me he enamorado 18. me he encontrado 19. te preocupes 20. olvidarme *En otras palabras...* 1. ch 2. f 3. e 4. d 5. c 6. g 7. b 8. a *Comentarios de hoy: Estampas bostonianas (primera parte)* ACTIVIDAD 1. un 2. un 3. un 5. un

CAPÍTULO 23 *En otras palabras...* ACTIVIDAD A 1. Es pintor. Pinta. En museos y galerías. 2. Es escultora. Hace esculturas. Con piedra, madera o metal. 3. Es fotógrafa. Toma (Saca) fotos. En museos, galerías, revistas y periódicos. 4. Es escritor. Escribe. En revistas, periódicos o libros. 5. Un guión. Es guionista. En programas de televisión y en películas. 6. Es director. Con actores (artistas). En la televisión y en el cine. ACTIVIDAD B 1. Acude 2. Inició 3. currículum 4. formación 5. adquirir 6. acabar *Comentarios de hoy: Aprender en Nueva York ¿Recuerda Ud.?* 1. imperfecto 2. pretérito 3. imperfecto 4. imperfecto 5. imperfecto, pretérito 6. imperfecto 7. pretérito 8. imperfecto 9. pretérito 10. imperfecto ACTIVIDAD A 1. terminó 2. encontró 3. era 4. Trabajó 5. preparaba 6. abrieron 7. acabó 8. tenía 9. decidió 10. Pasó 11. intentó 12. flirteó 13. trabajó 14. consiguió 15. se trasladó 16. había 17. tenía 18. hizo 19. llevó 20. Había 21. obtuvo 22. participó 23. estaba 24. Era 25. fue 26. era 27. eran 28. incita (incitó) 29. dijo 30. aprendí 31. aprendí 32. era 33. interesaba 34. iba 35. rodeaba 36. era 37. era 38. Beneficié 39. era 40. Recibí 41. compartieron 42. estuvieron *En otras palabras...* 1. anécdotas 2. gordas 3. maleducada 4. callado 5. inmovilidad *Comentarios de hoy: Tejas* ACTIVIDAD A 1. exploraron 2. colonizaron 3. logró 4. estableció 5. abrió 6. inició 7. precedió 8. ocurrió 9. promovió 10. era (fue) 11. concedió 12. murió 13. fue 14. llevó 15. fundó 16. siguió 17. había 18. llegaron 19. coincidieron 20. constituyeron 21. querían 22. causó 23. salió 24. murieron 25. derrotó 26. perdió 27. ganó 28. ingresó 29. provocó 30. terminó ACTIVIDAD B 1. Moisés Austin fue el líder de la colonización de Tejas. 2. Santa Ana fue un general mexicano. 3. Esteban Austin fue el hijo de Moisés Austin que llevó a cabo la colonización de Tejas. 4. Sam Houston fue el líder de los tejanos que derrotaron a las fuerzas mexicanas. 5. San Jacinto era el sitio de la batalla de San Jacinto entre los tejanos y los mexicanos. 6. El Álamo era la fortaleza donde fue victorioso el general Santa Ana. *¿Recuerda Ud.?* ACTIVIDAD 1. Las 3. el 4. el 5. el 6. las 7. el 8. la 9. la 10. la 11. del 12. los 13. el 14. el 15. el 16. la 17. el 18. el 19. el 20. la 21. el 22. La 23. los 24. del 25. la 26. las 27. los 28. la 29. la 30. del 31. los 32. la 33. las 34. la 35. las 36. los 37. las 38. el 39. las 40. los 41. el 42. el 43. la 44. el 46. el 47. la *¿Recuerda Ud.?* 1. Ud. 2. Uds. 3. tú 4. tú 5. nosotros 6. Uds. 7. Ud. 8. tú 9. tú 10. nosotros ACTIVIDAD A 1. Maneje 2. Abróchese, Apague 3. Escuche 4. aguante, Pruebe 5. Empuje, Tire

CAPÍTULO 24 *Comentarios de hoy: Cómo son ¿Recuerda Ud.?* 1. para 2. por 3. para 4. por 5. para 6. por 7. para 8. para 9. por 10. por ACTIVIDAD A 1. por 2. para 3. para 4. por 5. por 6. para 7. por 8. para 9. para 10. Por 11. por 12. para 13. por 14. para 15. por 16. por 17. por 18. por 19. por 20. por 21. por 22. por 23. por 24. por 25. para 26. por 27. para 28. por 29. por 30. para 1. El artículo fue escrito por el Sr. César Magrini. Fue publicado por la revista «El Informador Público». 2. Lo escribió para dar a sus compatriotas sus impresiones de los norteamericanos. 3. Llamó por teléfono a sus amigos en Nueva York para avisarles de su llegada. 4. Les dijo que estaría con ellos por dos semanas porque tenía que volver a Buenos Aires para el 28 de octubre. 5. Le sugirieron que enviara el artículo por FAX y que se quedara por más tiempo. 6. Viajaron a Washington, D.C. por unos días. 7. Fueron a la Galería Nacional por la mañana, al Museo Smithsonian por la tarde y por la noche cenaron en Georgetown. 8. Aprendió que el límite de velocidad es 55 millas por hora y que la policía les pone una multa a los que manejan más rápidamente. 9. Le dijo que para un extranjero hablaba inglés muy bien. 10. Estuvo en los Estados Unidos por un mes. 11. Se sintió feliz por haber prolongado su visita y por haber viajado por varios lugares interesantes, por haber conocido a muchos norte-americanos. *¿Recuerda Ud.?* ACTIVIDAD Possible Answers 1. Que tengan mucha felicidad. 2. Que se recupere muy pronto. 3. Que disfruten de la Navidad con su familia. 4. Que lo pases bien. Que tengas un feliz viaje. 5. Que tengas suerte. 6. Que te diviertas. *¿Recuerda Ud.?* cláusula, sujeto, duda, expresión ACTIVIDAD 1. Prepararemos el cuarto de huéspedes antes de que lleguen. 2. Yo les mostraré la ciudad para que ellos se orienten. 3. Los llevaré al centro a fin de que sepan dónde están los almacenes y el museo. 4. Mis padres les ofrecerán su coche sin que ellos se lo pidan. 5. Los llevaremos a comer en un buen restaurante con tal de que nos permitan pagar la cuenta. 6. Mis hermanos menores no les harán preguntas personales a menos que se las hagan a ellos. 7. Mis padres les darán el número de teléfono del lugar donde trabajan en caso de que haya una emergencia. 8. No los invitaremos a ir al acuario hasta que nos digan que les interesan los peces. *En otras palabras...* PRIMERA PARTE anotar, agenda, dando vueltas, grosera, A fin de cuentas SEGUNDA PARTE 1. 2:00 Almorzar - Consuelo y Patricia - Café Águila 2. tarde: Sears - cortinas - 36 cm. x 84 cm. 3. tarde: Saludar a los nuevos vecinos del Apto. 6D. 4. 9:00 - Llamar a Tito - cuándo nos encontramos 5. tarde: Librería - comprar «Los Estados y la Unión Soviética» para mamá 6. tarde: ...pedirles que hagan algo para que su perro no ladre a las 6:00 de la mañana.